AF567798

Chris Campe

# HANDBUCH Handlettering

Haupt
GESTALTEN

Chris Campe

# HANDBUCH

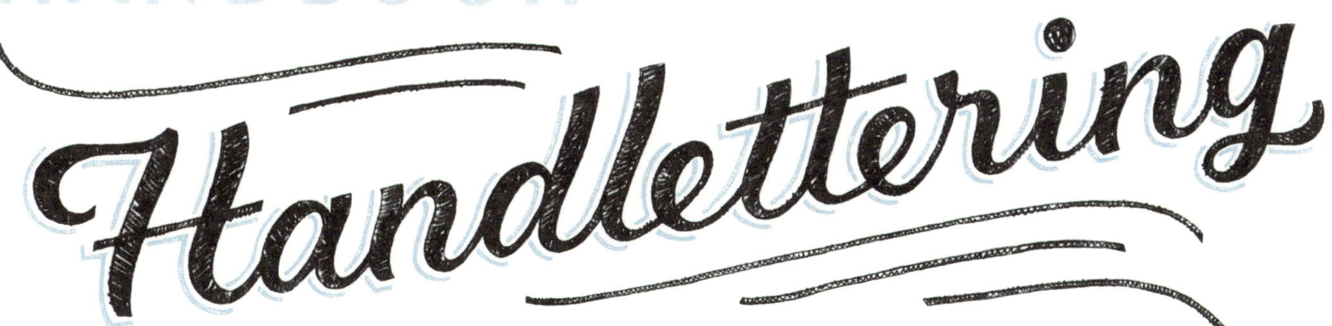


## Eigene Buchstaben & illustrative Schrift gestalten

Haupt Verlag

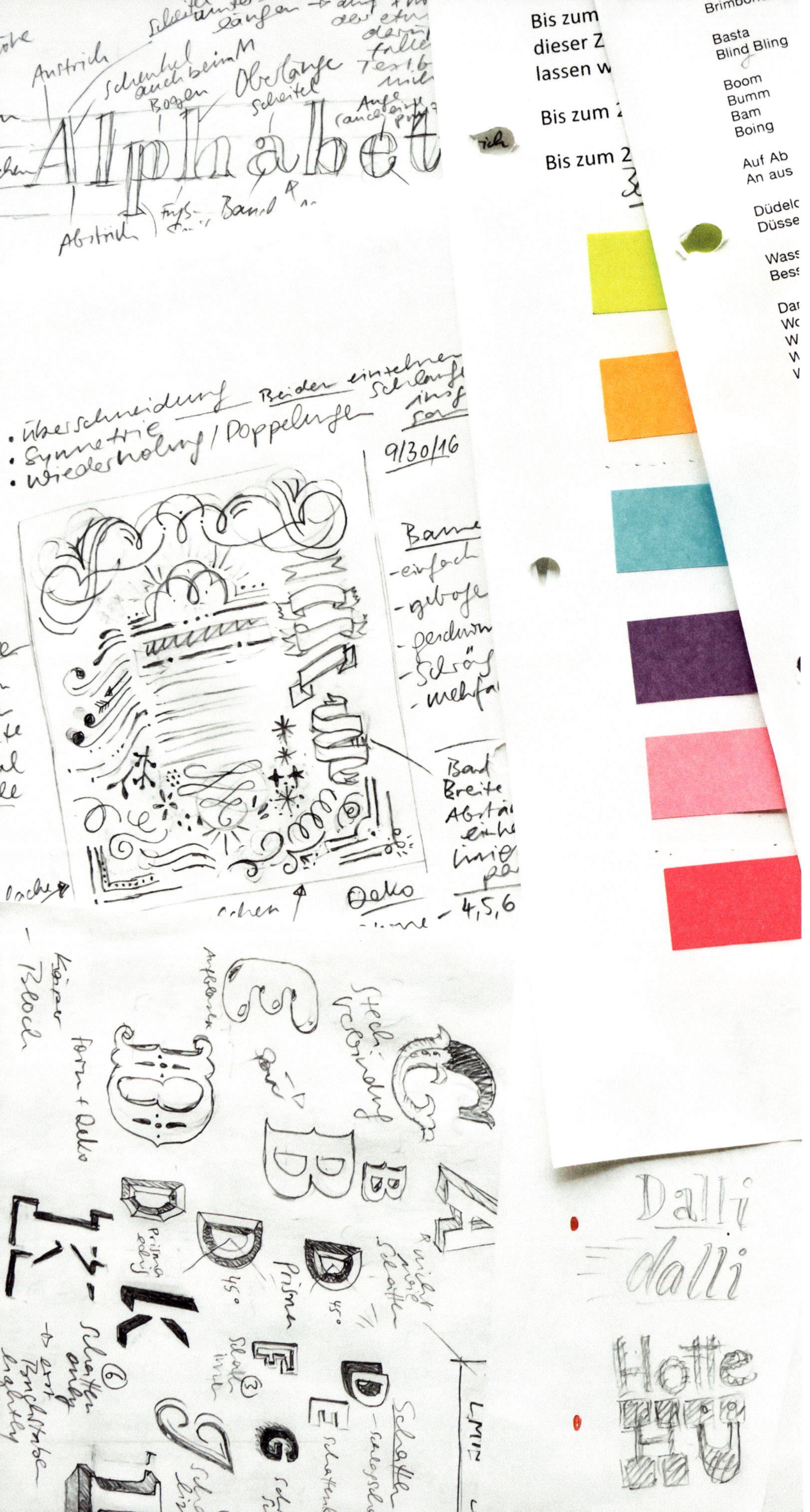
Alphabet
9/30/16
Deko
Basta
Blind Bling
Boom
Bumm
Bam
Boing
Auf Ab
An aus
Dalli
dalli

# Inhalt

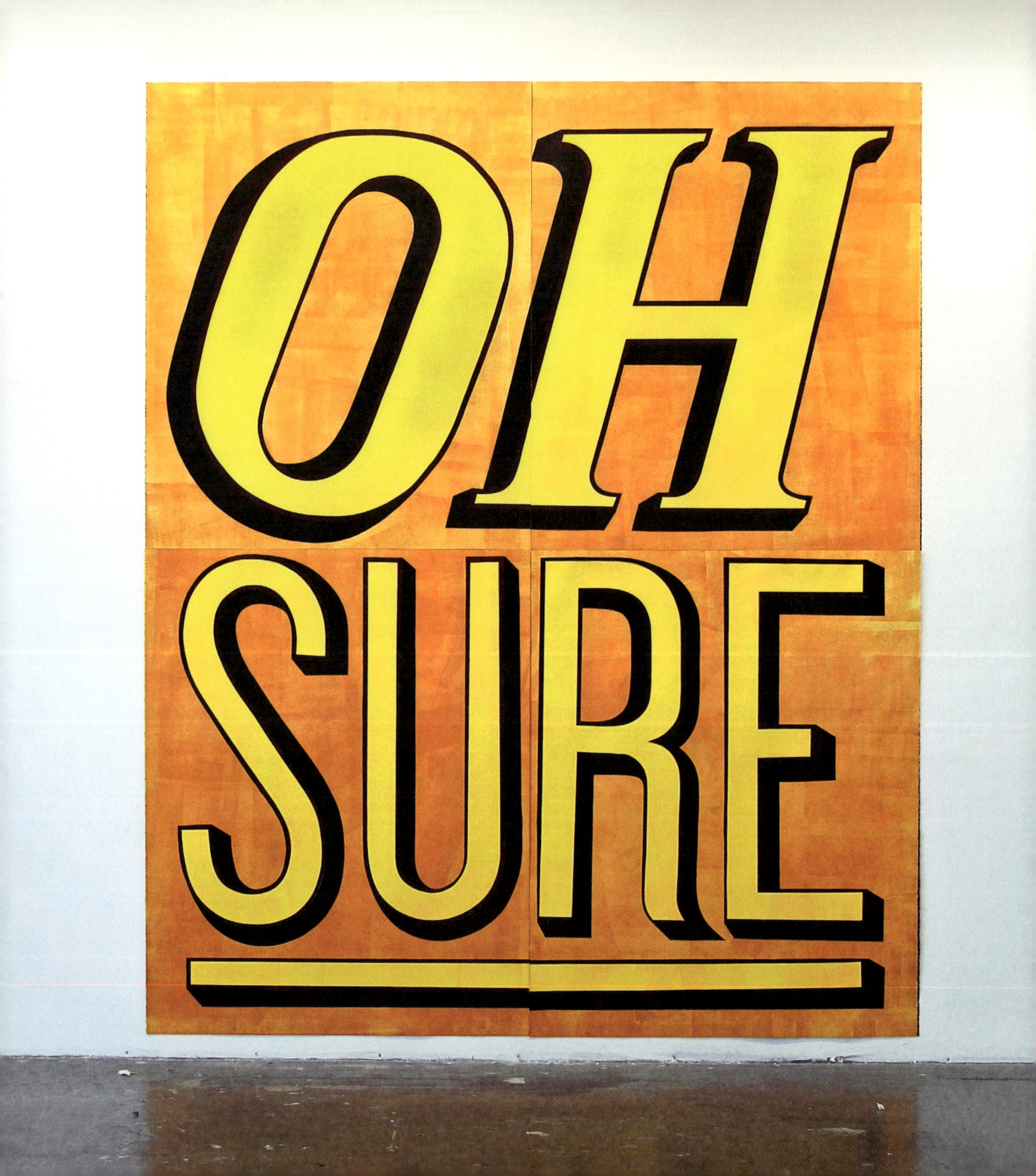

OH
SURE

*Einleitung*

# Ein A ist ein a ist ein *a*

**Typografie ist echt schwierig, aber Handlettering – das kann doch jeder! Schließlich hat man schon Notizen in langweiligen Sitzungen verziert, Bubble-Schriften in Schulhefte gemalt und den Namen der Angebeteten reich dekoriert. Niemand fängt bei null an, wer schreiben kann, kann auch Buchstaben zeichnen, Stift und Papier her und dann geht's los!**

Das denkt man vielleicht erst mal. Und tatsächlich: Mit dem Lettering zu beginnen, ist gar nicht so schwer. Wenn man weiß, dass ein a, auch ein *a* oder ein a sein kann, ist der erste Schritt schon getan. Buchstaben aber so zu zeichnen, dass sie genau das vermitteln, was man ausdrücken möchte, ohne dass sich das Auge an formalen Schwächen stört – das ist gar nicht so leicht. Und selbst mit viel Übung tritt man ganz ohne Wissen über Schrift irgendwann auf der Stelle.

Dabei kann man beim Lettering im Grunde machen, was man will, das ist ja gerade der Reiz daran. Lettering dient aber meist nicht allein dem kreativen Ausdruck, sondern auch dazu, konkrete Inhalte und Stimmungen zu kommunizieren. Ob Glückwunschkarte oder Buchcover – auch kunstvoll gestaltete Worte sollen gelesen werden und müssen daher lesbar sein. Wie sie wahrgenommen und interpretiert werden, hängt davon ab, was ihre Gestaltung vermittelt. Denn Lettering ist illustrative, erzählerische Schrift: Die Formen der Buchstaben und ihre Anordnung fügen dem Text eine Bedeutung hinzu, die über seinen wörtlichen Inhalt hinausgeht.

Die tradierten Regeln der Schriftgestaltung werden von Experten an Spezialisten weitergegeben und selbst im Designstudium wirkt Typografie oft wie ein Buch mit sieben Siegeln. Doch inzwischen gehen viele Menschen am Computer ganz alltäglich mit Schrift um und durch langjährige Sehgewohnheiten haben fast alle ein Bauchgefühl für die Anmutung unterschiedlicher Schriftarten. Auf diesem Gefühl baut illustrative Schrift auf. Lettering will einen bestimmten Eindruck erwecken und

**OH SURE** Das riesige Lettering auf dem Foto links war das Hintergrundbild für eine Installation aus Collagen. Es misst fast zwei mal zweieinhalb Meter und ist aus vier Bögen zusammengesetzt. Diese sind aus vier Schichten mit Offsetfarbe eingewalztem Papier collagiert, pro Farbe eine Schicht. Der Text ist daraus von Hand ausgeschnitten.

So groß zu arbeiten, war eine beeindruckende Erfahrung, denn – sieh an – Handfertigkeit beim Zeichnen lässt sich nicht einfach skalieren. Ein ein Meter hohes o erfordert ganz andere Bewegungen als ein auf DIN A4 gezeichnetes, zumal das Papier für die Vorzeichnung so groß war, dass sich darauf nur auf dem Fußboden arbeiten ließ. Dagegen war das Schneiden so langer Linien freihand mit dem Cutter ein Kinderspiel.

Das Foto auf der folgenden Seite zeigt die ganze Installation, sie wurde im September 2012 in der Ausstellung **And Then She's Like / And He Goes** in der A+D Gallery in Chicago präsentiert.

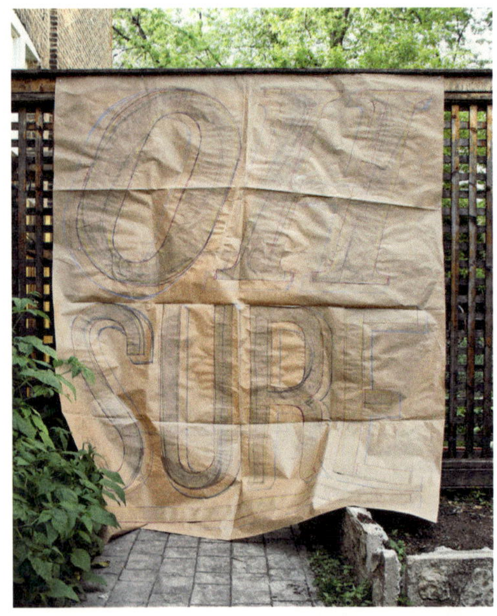

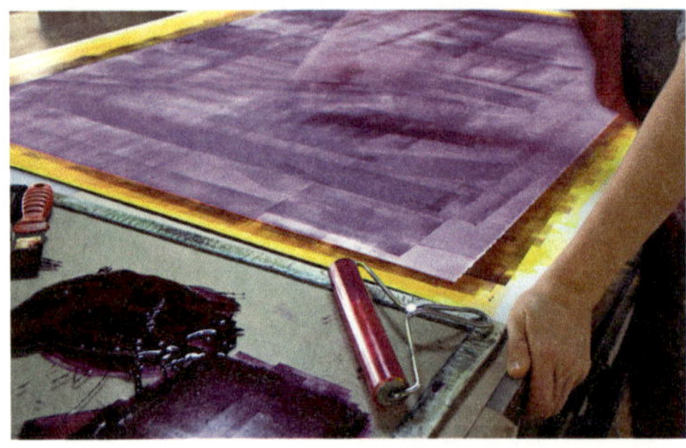

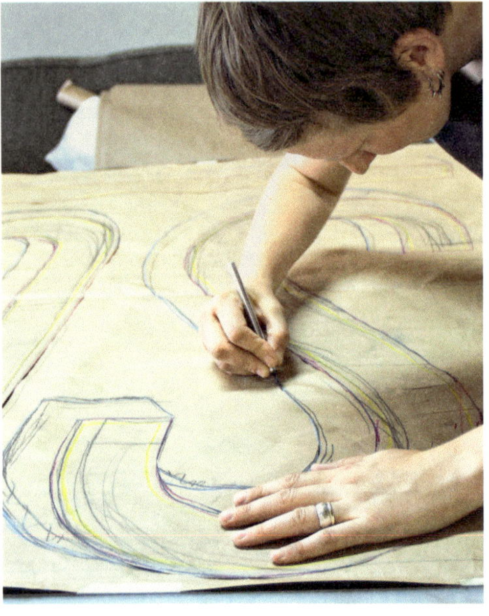

an das Schriftgefühl der Betrachterinnen und Betrachter anknüpfen. Buchstaben so zu gestalten, lernt man, indem man das eigene Gespür für Schrift mit etwas Wissen über die Ursprünge der lateinischen Schriften unterfüttert, einige Konventionen der Schriftgestaltung lernt und viel übt.

## Über dieses Buch

Das **Handbuch Handlettering** bietet einen fundierten Einstieg in das Thema Lettering. Es leitet an, das Auge zu schulen und die Hand zu trainieren. Neben den Erklärungen in den Kapiteln machen Übungen darauf Lust, gleich zu beginnen. So finden Sie den Einstieg und entwickeln mit der Zeit Ihren eigenen Stil. Zwar ist dieses Buch, wie jedes Anleitungsbuch, voller Regeln und Richtlinien à la „Machen Sie es so!", Vorlagen und Projekte zur unmittelbaren Nachahmung finden Sie jedoch kaum. Die werden Sie auch nicht brauchen, denn wenn Sie verstehen, wie Buchstaben funktionieren, müssen Sie sie nicht mehr abzeichnen und können stattdessen frei variieren – und machen, was Sie wollen.

Dieses Buch richtet sich an Gestalterinnen und Gestalter, die ihr Repertoire um den souveränen Umgang mit handgestalteter Schrift erweitern wollen. Es ist für Grafikdesigner, die sich zwar mit Satzschriften auskennen, Schrift aber nicht selbst gestalten können, und für Illustratoren, die zeichnen können, sich aber nicht recht an Schrift herantrauen. Es eignet sich auch für Ambitionierte ohne Design-Background und Interessierte mit Sinn für Ästhetik, die gerne selbst mit Schrift gestalten wollen, statt nur Alphabete zu kopieren.

Vielleicht haben Sie schon angefangen, Lettering zu üben, aber irgendwie geht es Ihnen nicht so recht von der Hand und jetzt wollen Sie mehr wissen. Sie haben Lust, sich in die Grundlagen zu vertiefen, suchen nach speziellen Techniken und schätzen motivierende Übungen und professionelle Tipps. All das finden Sie in diesem Buch.

**Kapitel 1** leitet hin zum Thema und beantwortet häufig gestellte Fragen: Ist Lettering das Gleiche wie Kalligrafie? Was unterscheidet es von Typografie? Welche grafischen Traditionen inspirieren diese Ausdrucksform? Und welche Materialien und Werkzeuge braucht man dazu? Das umfangreiche **Kapitel 2** erklärt, welche Aspekte von Typografie und Schriftgestaltung beim Lettering eine Rolle spielen. Es rekapituliert die Regeln guter Komposition und stellt einige Schriftklassen und ihre Anmutungen vor. Mit **Kapitel 3** beginnt der praktische Teil dieses Buchs. Es vermittelt den Zusammenhang von Werkzeug und Form anhand der Basics des Brushpen Lettering. Darauf aufbauend zeigt **Kapitel 4** eine Zeichentechnik für illustrative Schrift. Mit Überarbeitungen auf Transparentpapier entwickelt man die eigene Idee von der Rohskizze zur Reinzeichnung. **Kapitel 5** geht den Schritt vom analogen zum digitalen Zeichnen und erläutert unterschiedliche Arten, Entwürfe digital zu verfeinern. Der **Anhang** gibt Tipps für aktuelle und historische Handlettering-Bücher und die weiterführende Recherche im Internet.

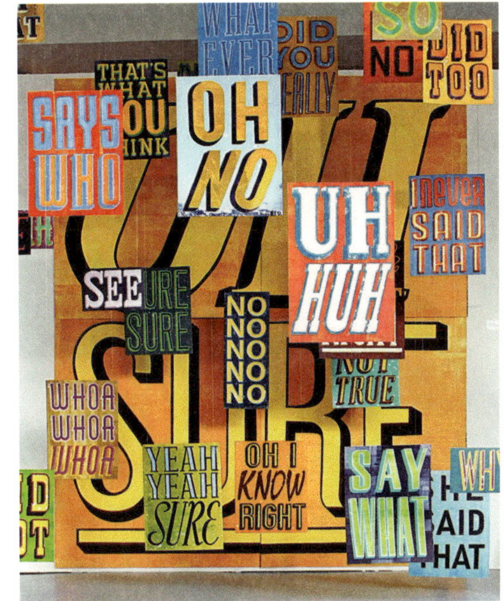


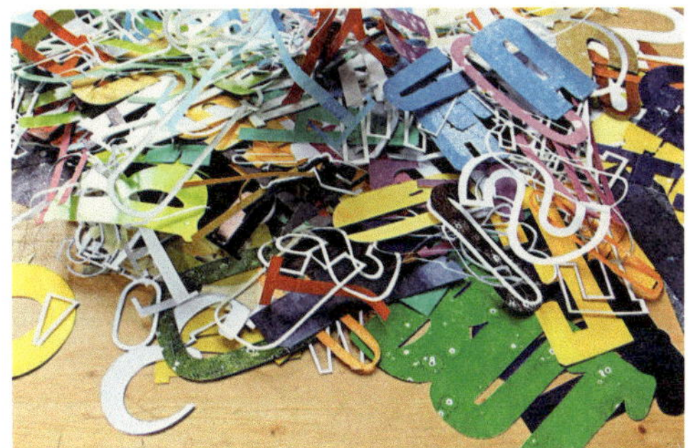

## Herangehensweise

Lettering hat viele Herangehensweisen, dieses Buch stellt meine vor. Ich komme von der Sprache, vom Text und von der Illustration zur gezeichneten Schrift, mein Zugang ist inhaltlich und erzählerisch, nicht grafisch und formal. Lettering ist für mich eine Art zu kommunizieren und Gestaltungsaufgaben zu lösen – und zwar mit Schrift und Bild gleichzeitig. Es geht mir in meiner Arbeit nicht um die perfekte Form, sondern um die für einen bestimmten Inhalt und Zweck passende.

Nach dem Abitur habe ich eine Ausbildung zur Buchhändlerin gemacht und danach wollte ich immer Buchcover gestalten. Zwei Kunsthochschulabschlüsse und einige Auslandsaufenthalte später gestalte ich mit meinem Designbüro **All Things Letters** nicht nur Cover, sondern *alles* mit Buchstaben: Bücher, Illustrationen, Logos, Verpackungen und Wände. Mein künstlerisches Handwerk und die konzeptionelle Herangehensweise gebe ich in Workshops weiter. Das **Handbuch Handlettering** ist nun gewissermaßen ein Workshop in Buchform – mit wesentlich mehr Inhalt, als sich an einem Tag vermitteln lässt. In den Workshops ist die Zeit immer viel zu kurz, 160 Seiten könnten gerade eben so reichen.

*Kapitel* **1**

# Das A und Ö

**Typografie, Handlettering, Kalligrafie – was ist denn nun was? Und gibt es Lettering wirklich erst seit gestern oder bezieht es sich auf ältere grafische Traditionen? Wo finde ich inspirierende Beispiele? Und was sind das eigentlich für Stifte, mit denen man so schön schreibt?**

**Häufig gestellte Fragen – in diesem Kapitel werden sie beantwortet.**

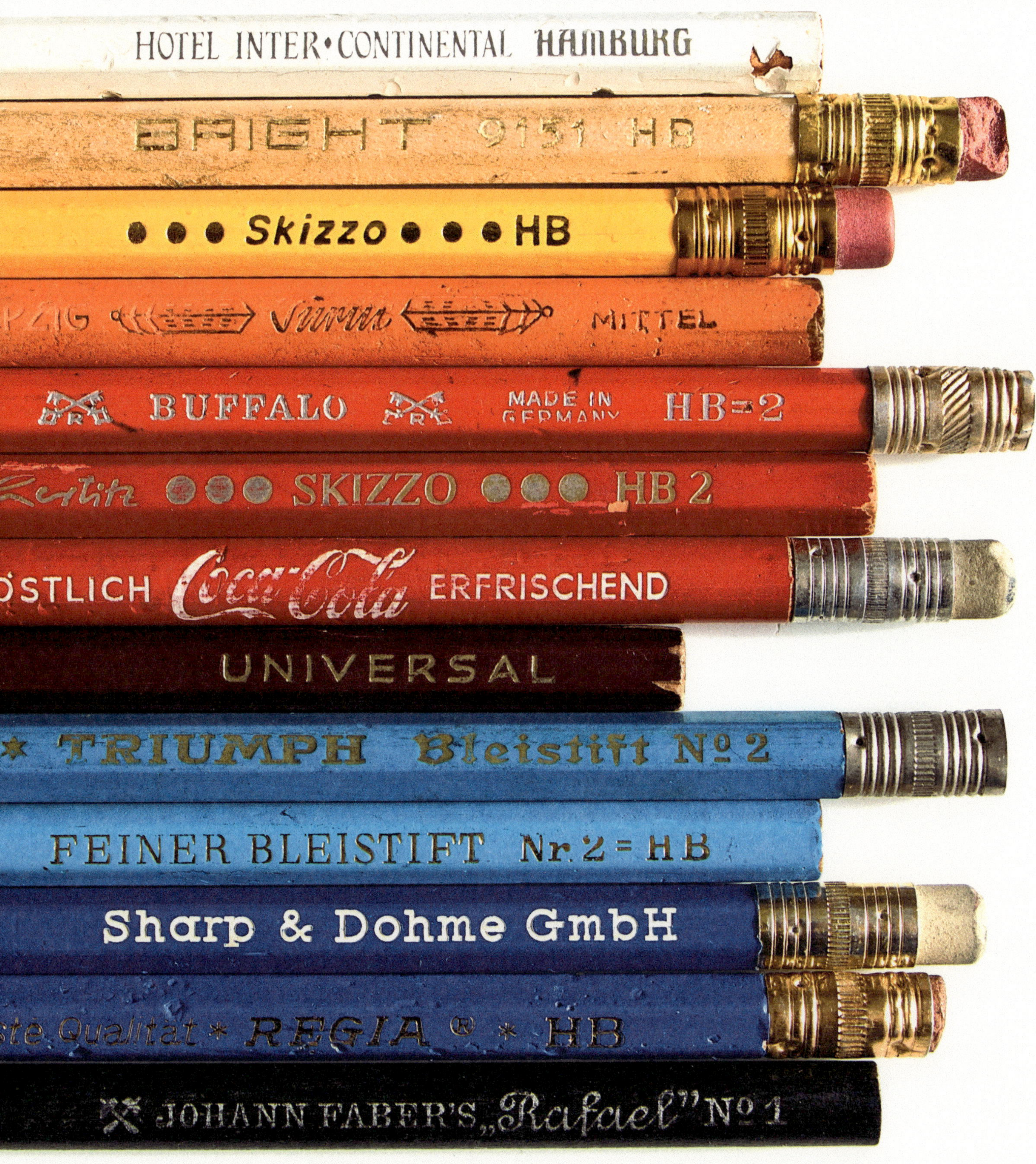

HOTEL INTER•CONTINENTAL HAMBURG
BRIGHT 9151 HB
Skizzo HB
MITTEL
BUFFALO
MADE IN GERMANY HB=2
SKIZZO HB 2
Coca-Cola ERFRISCHEND
UNIVERSAL
TRIUMPH Bleistift Nº 2
FEINER BLEISTIFT Nr. 2 = HB
Sharp & Dohme GmbH
Qualität * REGIA ® * HB
JOHANN FABER'S „Rafael" Nº 1

*Einführung*

# Was ist was?

**Handlettering, Kalligrafie, Handschrift, Schriftgestaltung, Typografie – oft werden diese Begriffe synonym verwendet. Die Bezeichnung „Handlettering", oder kurz „Lettering", ist inzwischen auch im Deutschen geläufig, denn so richtig griffig lässt sich das englische Wort nicht übersetzen.**

Was heute Lettering genannt wird, entspricht vielleicht am ehesten dem, was früher Schriftenmaler machten – auf Schrift spezialisierte Handwerker mit einem Händchen für Grafik und Kalligrafie. Das deutsche Wort „Beschriftung" klingt jedoch viel zu nüchtern für die ausdrucksvollen, individuell gestalteten Schriftbilder, die in den letzten Jahren unter dem Stichwort Handlettering so beliebt geworden sind. Aber was ist Handlettering? Ganz einfach gesagt: Lettering ist gezeichnete, illustrative Schrift, also die Schnittstelle von Schriftgestaltung und Illustration.

Schriftgestalter entwerfen Satzschriften, deren Buchstaben in der Regel gut lesbar sein und sich am Computer immer wieder neu kombinieren lassen sollen. Meistens versuchen sie, ihre Schriften so zu optimieren, dass sie in möglichst vielen Kontexten funktionieren. Beim Lettering geht es dagegen darum, Buchstaben einzigartig und für einen bestimmten Zweck zu gestalten.

Lettering ist eine angewandte Kunst, sie dient der Kommunikation. Für einen gegebenen Text sucht man eine passende visuelle Darstellung, die eine vorher definierte Idee oder Anmutung interpretiert und vermittelt. Weil Lettering – wie Illustration – in einer technisierten und digitalen Welt das Individuelle, Spontane und Emotionale repräsentiert, glänzt es überall dort, wo Schrift nicht nur nüchtern Inhalte vermitteln soll, sondern gleichzeitig auch Bild und Ornament ist: als Headline in Zeitschriften, auf Buchumschlägen, als Markenschriftzug auf Verpackungen, im Kreidelook auf Menütafeln, als Muster auf Gegenständen und Kleidung, plakativ als Poster, dekorativ auf Wänden, komprimiert in Logos.

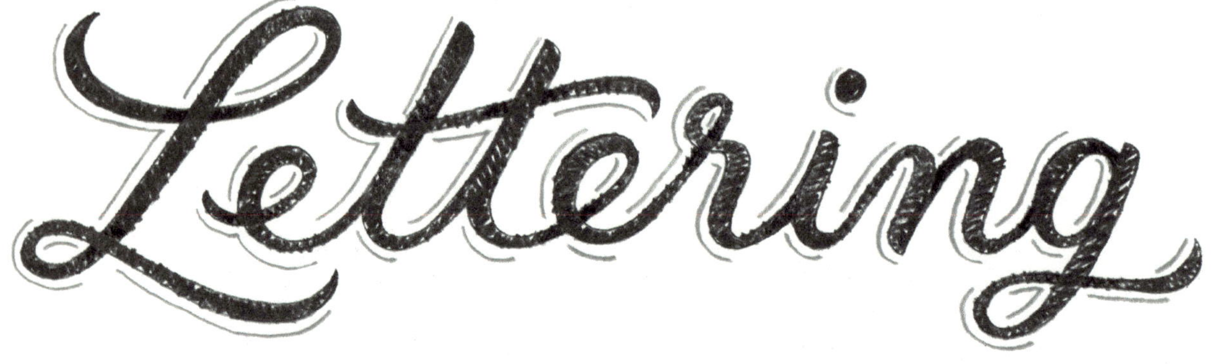

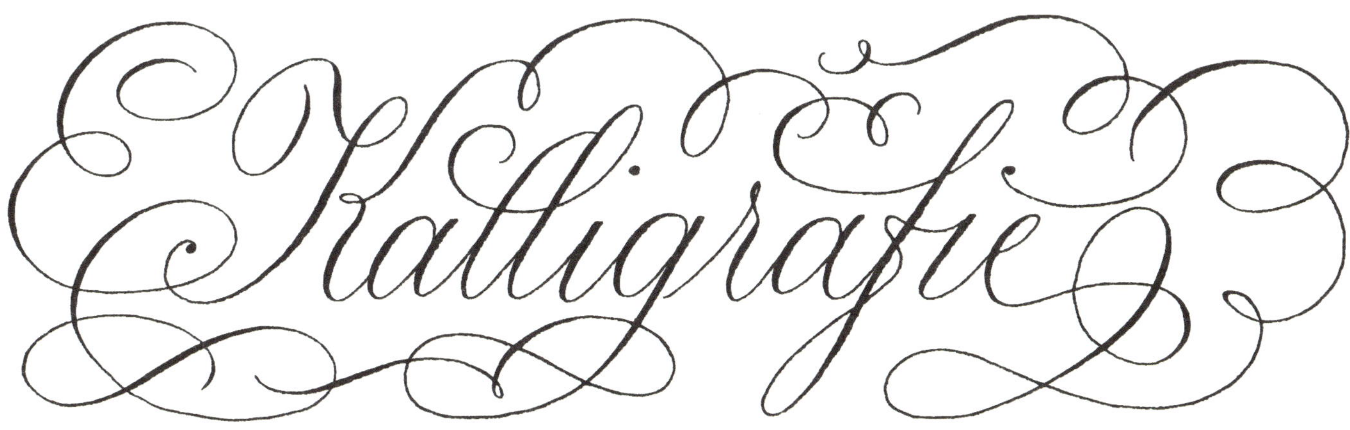


Handlettering ist weder alltägliches Schreiben noch expressive Schönschrift, weder die Gestaltung von Satzschriften noch die grafische Gestaltung mit Satzschriften. Also weder Handschrift noch Kalligrafie, weder Type Design noch Typografie.

Wer schreiben kann, kann auch handlettern, aber mit **Handschrift** hat Handlettering trotzdem nicht viel zu tun. Eine schöne Handschrift ist keine Voraussetzung dafür, beim Lettering zu reüssieren, und eine Sauklaue ist kein Hindernis. Lettering ist ohnehin mehr mit dem Zeichnen verwandt als mit dem Schreiben. Es unterscheidet sich von Handschrift und Kalligrafie unter anderem dadurch, dass die Buchstaben nicht in einem oder mehreren Zügen geschrieben, sondern nach und nach mit zeichnerischen Mitteln entwickelt werden. So hat man mehr Kontrolle und vor allem die Möglichkeit zu korrigieren.

**Kalligrafie** ist die Kunst des Schönschreibens, wie das Beispiel von Stefanie Weigele oben zeigt. Die Formen entstehen durch die Schreibbewegung und die spezifische Spur unterschiedlicher Werkzeuge, das Ergebnis bleibt mehr oder weniger unkorrigiert. Kalligrafische Schrift ist ein spontaner, gestischer Ausdruck und nicht wiederholbar. Für alle, die darin noch keine Meisterschaft erlangt haben, gibt es **kalligrafische Satzschriften**. Häufig erkennt man sie daran, dass der gleiche Buchstabe – anders als bei handgeschriebenen Texten – immer gleich aussieht. Das Beispiel unten nutzt die Möglichkeiten der Schriftgestaltung dagegen aus: Fast jeder Buchstabe der **Liebe Gerda** von Ulrike Rausch hat mehrere Alternativformen, die automatisch durchgetauscht werden und so den handschriftlichen Charakter der Satzschrift betonen. **Modern Calligraphy** ist eine im Vergleich mit älteren Schreibschulen weniger strenge, zeitgenössische Form der Kalligrafie, die häufig für Hochzeitspapeterie verwendet wird. Die Schriftprobe oben

Handschrift

kalligrafische Satzschrift

modern calligraphy

faux calligraphy

# nö

**Die** Buchstabenkombination **nö** dient in diesem Buch immer wieder zur Veranschaulichung. Das ist nicht etwa Ausdruck einer Antihaltung, es hat praktische Gründe: In der Schriftgestaltung beginnt man meistens mit den Buchstaben **n** und **o** nicht etwa der Reihe nach mit **a**, **b** und **c**. Mit den runden und vertikalen Formen dieser beiden Buchstaben kann man die grundlegenden Gestaltungsprinzipien einer Schrift festlegen und daraus viele der übrigen Buchstaben ableiten. Die Punkte auf dem **o** sind hier nur eine Spielerei, sie lassen sich so schön variieren und **nö** klingt einfach netter als **no**.

ist ebenfalls von Stefanie Weigele. **Faux Calligraphy** ist der Begriff für gezeichnete Schreibschrift, die den Schwellstrich der Spitzfeder dadurch imitiert, dass die Senkrechten verstärkt sind. **Brush Lettering** wie unten im Beispiel von Klaus Schade kommt aus der Sign Painting Tradition amerikanischer Schildermaler. **Calligraffiti** verbindet Graffiti und Kalligrafie, oft mit gebrochenen Schriften und ausladenden Ornamenten. Das Beispiel rechts ist von Drury Brennan.

**Typografie** ist grafische Gestaltung mit bereits bestehenden Satzschriften, nicht die Gestaltung dieser Satzschriften selbst, das ist **Schriftgestaltung** oder **Type Design**. Typografen nutzen Schriften, Schriftgestalter entwerfen Schriften. Die Typografie hat einen mechanischen Charakter, ihre Ergebnisse sind wiederholbar: Mit den gleichen Schriften und den identischen Vorgaben können zwei Personen genau das gleiche Design gestalten. Exakt das Gleiche zeichnen kann man nicht – und gerade das ist das Besondere am Lettering.

BRUSH LETTERING

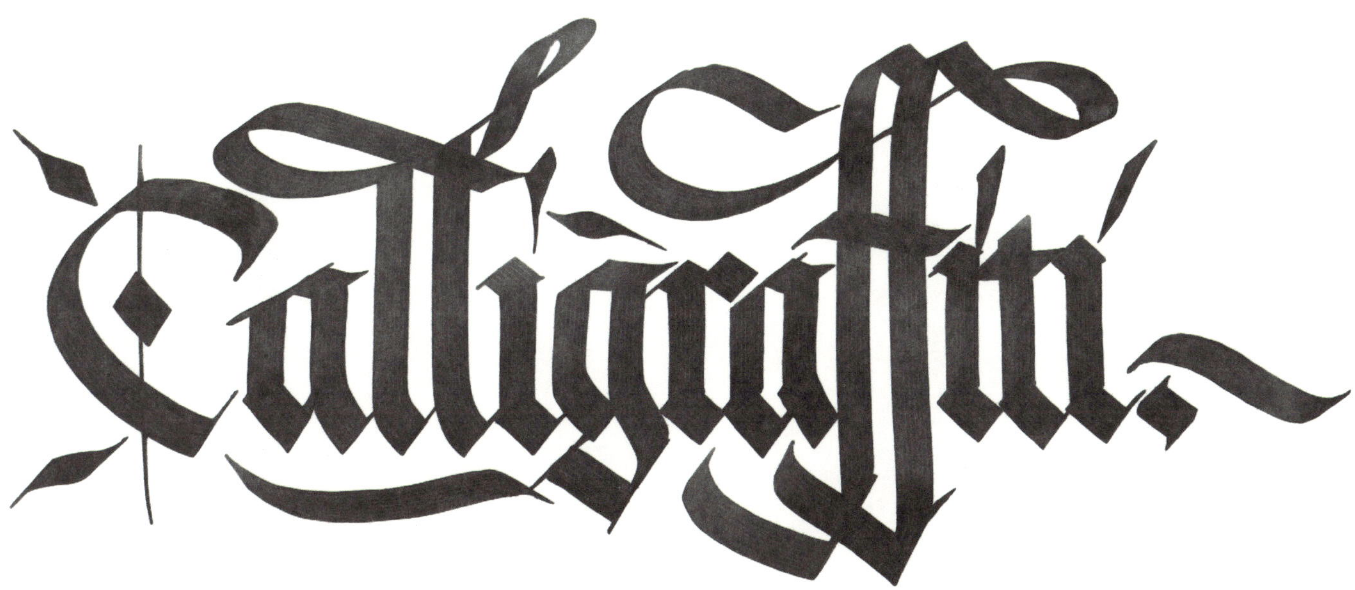

Denn man könnte tatsächlich fragen: Warum überhaupt von Hand zeichnen? Warum Lettering? Es gibt inzwischen doch so viele Schriften, die Handschrift mit Buchstaben-variierenden OpenType-Funktionen imitieren und Layered Fonts mit vielen Dekorationsebenen. Manche sind so hervorragend ausgebaut, dass man damit auch illustrativ arbeiten kann und kaum noch zu erkennen ist, ob es sich um eine Satzschrift oder um individuell gefertigtes Lettering handelt. Doch das ist kein Grund, den Bleistift fallen zu lassen. Im Gegenteil, Lettering ist am interessantesten, wenn es Grenzen auslotet und tut, was mit Fonts kaum oder gar nicht funktioniert, sondern nur von Hand: spektakuläre Kompositionen, individuelle Buchstabenverbindungen, abwechslungsreiche Details, unregelmäßige Formen und Strukturen. So wird Schrift mehr und mehr zum Bild.

Lettering ist beliebt, nicht zuletzt weil es mit Persönlichkeit, Authentizität, Handgemachtem und Hochwertigem assoziiert wird. In den Medien, in der Werbung und im Packaging ist Lettering so allgegenwärtig, dass sich immer mehr Menschen für individuell gestaltete Schrift interessieren. Den Handlettering-Trend der letzten Jahre kann man auch im Zusammenhang einer größeren sozialen Entwicklung vermuten. Als Gegenpol zu all dem Wischen über smarte, glatte Oberflächen sollen Dinge wenigstens so aussehen, als hätten sie eine Oberflächenstruktur und Spuren eines Daseins in der echten Welt.

Es heißt, dass eine Technik zur Kunst wird, wenn sie keinen praktischen Nutzen mehr erfüllt, weil neue Techniken sie ersetzen. Vielleicht: Gerade weil neue Beschriftungen inzwischen fast immer am Rechner gestaltet werden und es immer weniger Anlass gibt, von Hand zu schreiben, möchte man endlich mal wieder einen Stift in die Hand nehmen und mit Geduld und Übung ein Händchen für Lettering entwickeln – fast wie die alten Schriftenmaler.

Typografie

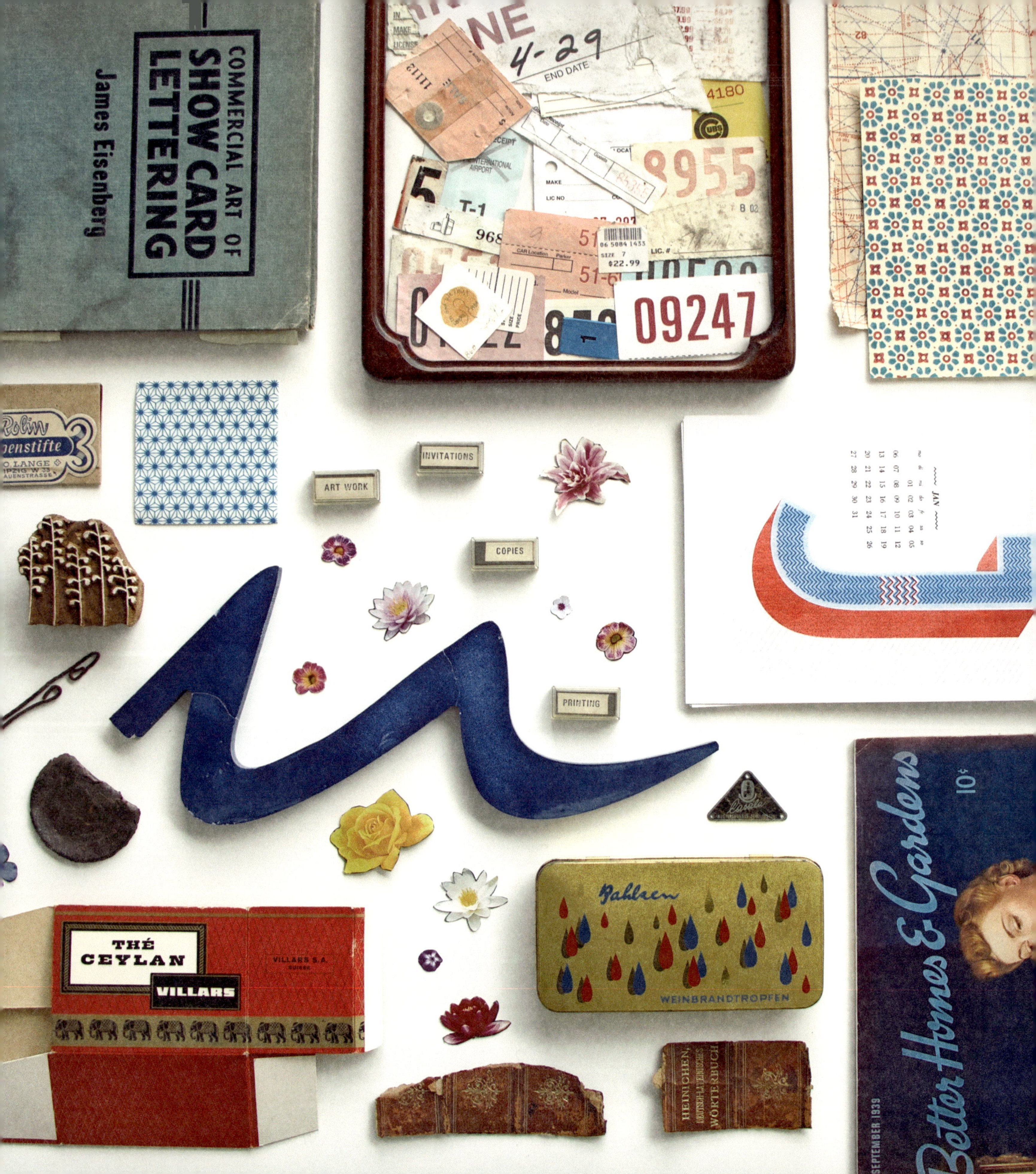

COMMERCIAL ART OF
SHOW CARD LETTERING
James Eisenberg
4-29
END DATE
4180
8955
T-1
$22.99
09247
INVITATIONS
ART WORK
COPIES
PRINTING
JAN
THÉ
CEYLAN
VILLARS
WEINBRANDTROPFEN
HEINICHEN
WÖRTERBUCH
10¢
Better Homes & Gardens
SEPTEMBER 1939

*Inspiration*

# Siehste?!

**Tolle, neue Ideen aus dem Nichts? Nein, nein, keine Sorge. Ideen sind ja selten ganz neu, sondern meistens eine unverhoffte Kombination von Dingen, die es bereits gibt. Deswegen gilt vor allem: die Augen offen halten und den inneren Ideenpool stetig frisch auffüllen.**

Nach Lettering-Inspiration braucht man nicht groß zu suchen, Buchstaben sind überall. Interessiert man sich für Schrift, muss man sich nie mehr langweilen, selbst wenn der Handy-Akku leer ist. Man kann sich dann zum Beispiel die Beschriftungen in der Umgebung ansehen. Um aus ihnen zu lernen, genügt es jedoch nicht, bloß versonnen zu schauen. Erst durch analytisches Betrachten wird der Blick geschult. Wie später beim Schriftzeichnen geht es auch hier vom Groben ins Feine. Welchen Gesamteindruck macht ein Schriftzug? Welche Details sehen Sie? Alle Buchstaben sind gestaltet, irgendjemand hat mit mehr oder weniger Fachkenntnis entschieden, ihnen für diesen Zweck genau diese Form zu geben. Warum?

Wenn Sie Ihr Telefon wieder aufgeladen haben, melden Sie sich doch bei Instagram und Pinterest an, falls Sie dort nicht schon aktiv sind, und beginnen Sie, Lettering-Künstlern zu folgen. Gerade auf Instagram zeigen viele Lettering-Designer Work-in-Progress-Fotos und geben unmittelbare Einblicke in ihre Arbeitsweise. So erfährt man ganz nebenbei von Techniken, Tricks und aktuellen Themen. Vielleicht legen Sie einen öffentlichen Account an, mit dem Sie Ihre Handlettering-Fortschritte präsentieren und Teil der internationalen Lettering-Community werden. Es motiviert, wenn andere Ihre Entwürfe wertschätzen und kommentieren. Posten Sie dort auch Fotos von Lettering-Beispielen, die Sie inspirieren, und erläutern Sie in der Bildunterschrift, was Ihnen daran gefällt. Etwas zu benennen und zu beschreiben, lenkt die Aufmerksamkeit und trainiert Schriftgefühl, Auge, Vokabular und Urteilsvermögen. Falls Ihnen die sozialen Medien nicht liegen, legen Sie vielleicht ein Notizbuch zu Ihren Beobachtungen an, in dem Sie interessante Beispiele auch gleich skizzieren können.

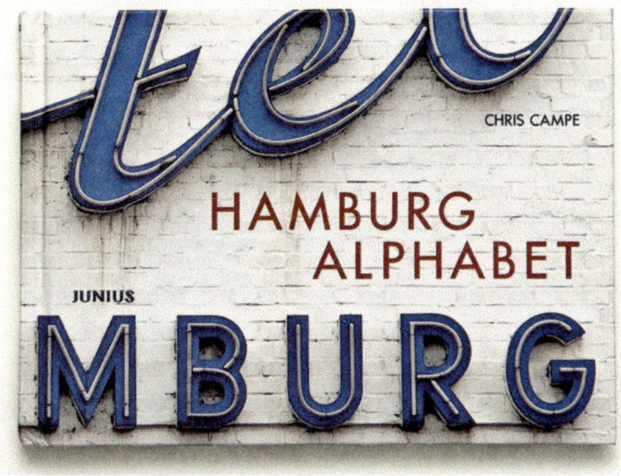


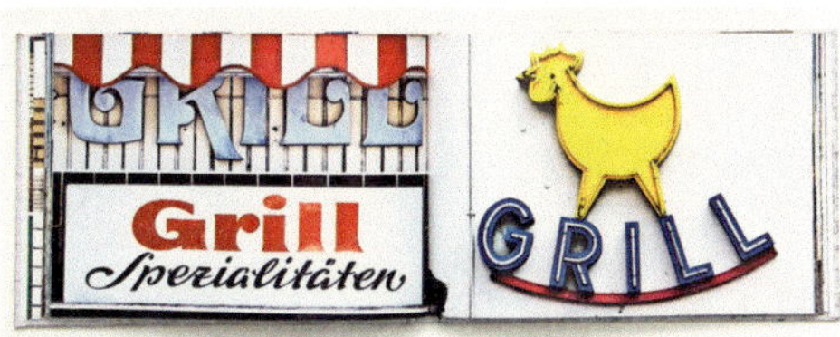


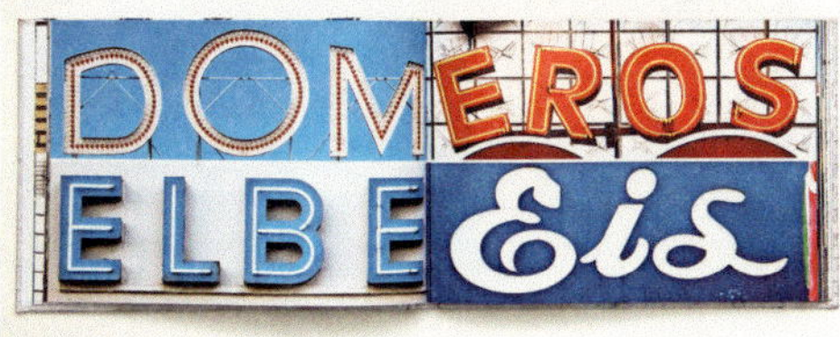


**Beschriftungen** Für das Buch **Hamburg Alphabet** bin ich vor ein paar Jahren 547 km mit dem Fahrrad durch Hamburg gefahren und habe Fotos von mehr als 1000 Ladenschildern gemacht. Viele von ihnen sind inzwischen verschwunden, aber die 220 schönsten bleiben im Buch erhalten, in alphabetischer Reihenfolge.

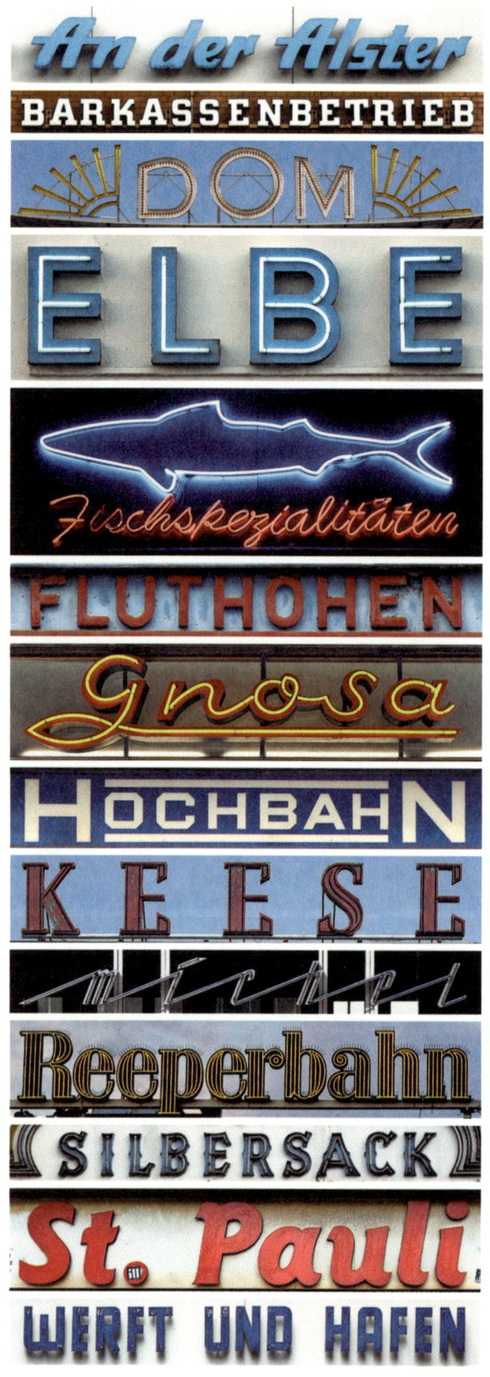


Wer sich für Schrift interessiert und auch nur latent zum Sammeln neigt, wird wahrscheinlich eine eigene Kollektion mit bemerkenswerten Lettering-Beispielen anlegen: Blechdosen und alte Schachteln, antiquarische Bücher und Zeitschriften, historische Schriftmusterbücher und Musterblätter aktueller Veröffentlichungen; Film-, Zirkus- und Letterpress-Plakate; Reiseprospekte aus den 1950er-Jahren, Schallplattenhüllen von vorgestern, Gebrauchsanweisungen von anno; Abriebe von Grabinschriften, Fotos von gemalten Schildern und Neonbuchstaben, Graffiti, Fahrradbeschriftungen, Chrome-Logos auf Autos und Geräten, vielleicht sogar einige echte Bleibuchstaben, Holzlettern oder dreidimensionale vintage Fassadenschriften. Für die meisten dieser Dinge sind Flohmärkte, Haushaltsauflösungsläden, Antiquariate, Omas Dachboden und eBay großartige Quellen. Vieles kann man sich auch in Büchern oder online ansehen, aber es geht doch nichts darüber, das reale, dreidimensionale Objekt in der Hand zu halten und von allen Seiten zu betrachten. „In echt“ ist zu erkennen, dass eigenwillige Schriftlösungen manchmal schlicht technische Gründe haben.

Bei der Suche nach Inspiration geht es darum, Anregung zu finden, nicht Kopiervorlagen. Manchmal ist man mit einem Entwurf nicht aus Mangel an eigenen Ideen zu nah am geistigen Eigentum einer anderen Person, sondern aus Bewunderung. Das lässt sich vermeiden, indem man sich stets an mehreren unterschiedlichen Quellen orientiert, denn so läuft man weniger Gefahr, direkt zu kopieren. Mit der Analyse von geschätzten Vorbildern können Sie sich auch besser klarmachen, was das Typische an einer Gestaltung ist, die Ihnen gefällt, und welche Elemente sie ausmachen.

Für größere Projekte ist es hilfreich, visuelles Material in einem Moodboard zu strukturieren und zu verdichten. Wählen Sie dafür die Elemente aus Ihrer Sammlung aus, mit denen Sie arbeiten wollen. Dann ordnen Sie sie digital oder analog so in einem Format an, dass sie sich aufeinander beziehen – dadurch kommen Sie auf neue Ideen.

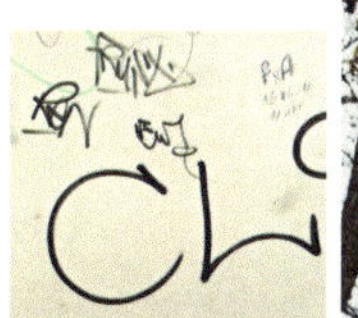

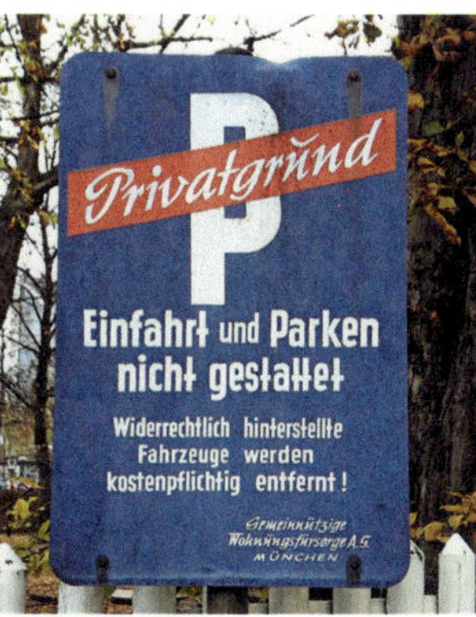
P
Privatgrund
Einfahrt und Parken
nicht gestattet
Widerrechtlich hingestellte
Fahrzeuge werden
kostenpflichtig entfernt!

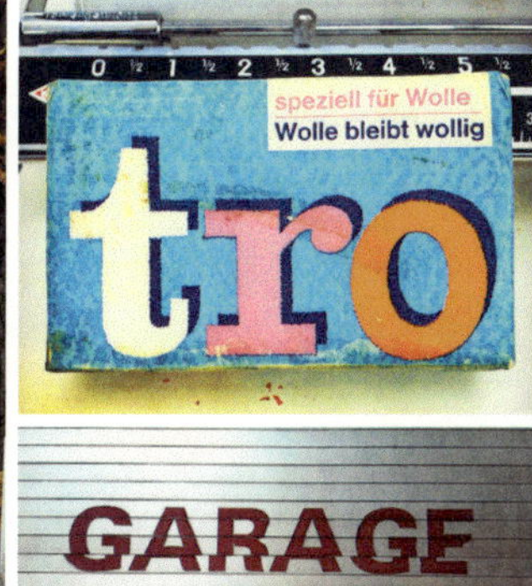
speziell für Wolle
Wolle bleibt wollig
tro
GARAGE

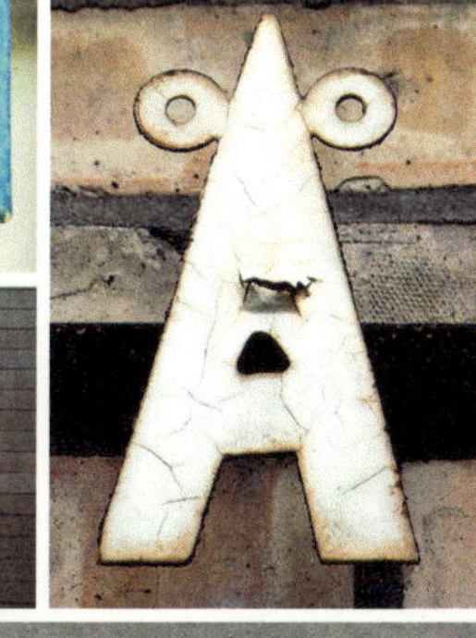

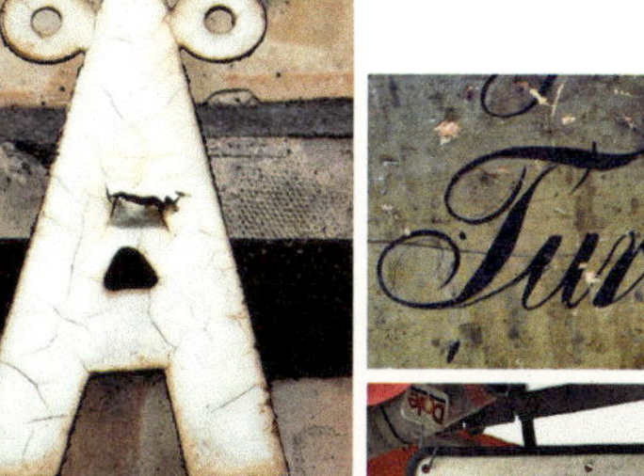
Tür

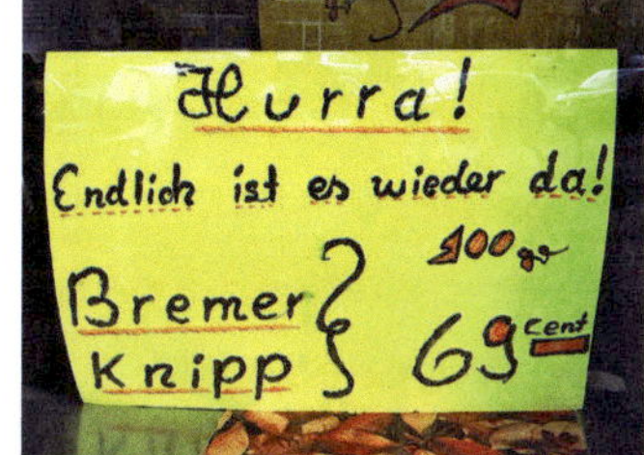
Hurra!
Endlich ist es wieder da!
Bremer
Knipp
100 gr
69 Cent

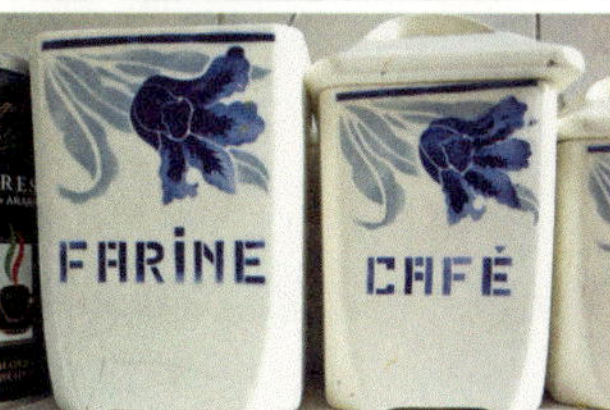
FARINE
CAFÉ

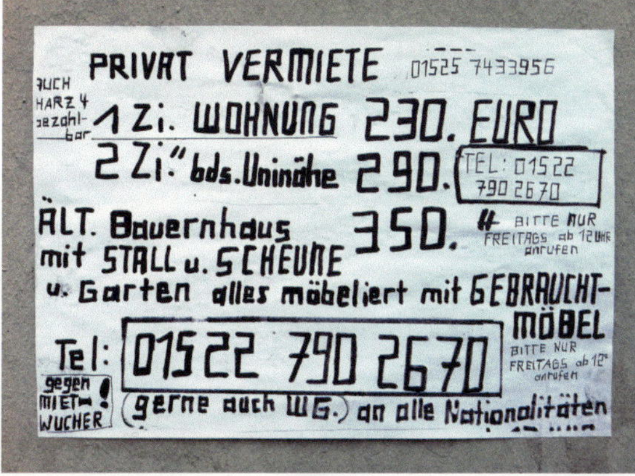
PRIVAT VERMIETE 01525 7433956
AUCH HARZ 4 bezahlbar
1 Zi. WOHNUNG 230. EURO
2 Zi." bds. Uninähe 290.
TEL: 01522 790 2670
ÄLT. Bauernhaus mit STALL u. SCHEUNE 350.
BITTE NUR FREITAGS ab 12 Uhr anrufen
u. Garten alles möbeliert mit GEBRAUCHT-MÖBEL
Tel: 01522 790 2670
BITTE NUR FREITAGS ab 12 Uhr anrufen
gegen MIET-WUCHER!
(gerne auch WG.) an alle Nationalitäten

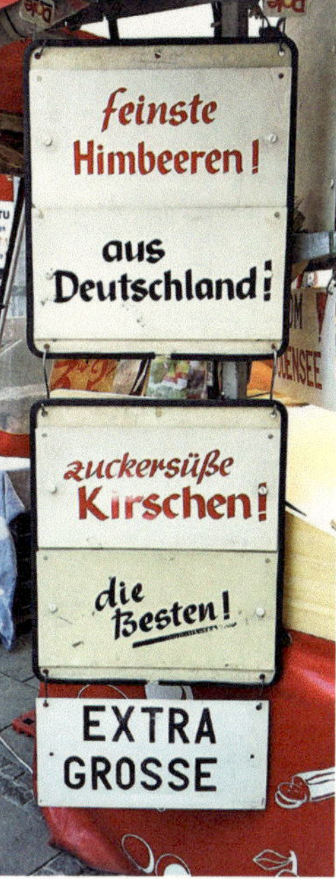
feinste Himbeeren!
aus Deutschland!
zuckersüße Kirschen!
die Besten!
EXTRA GROSSE

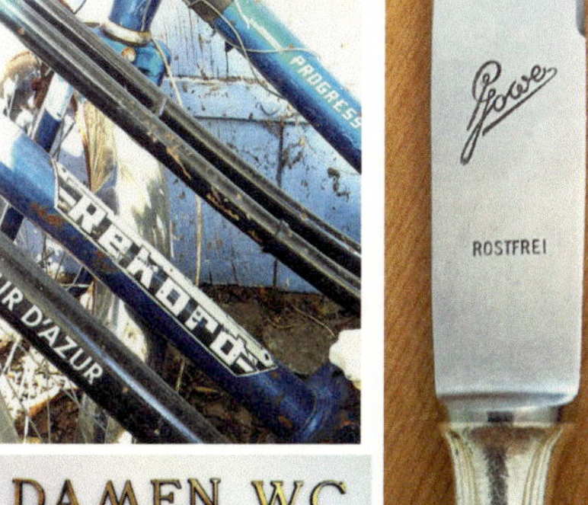
PROGRESS
REKORD
COUR D'AZUR
DAMEN WC

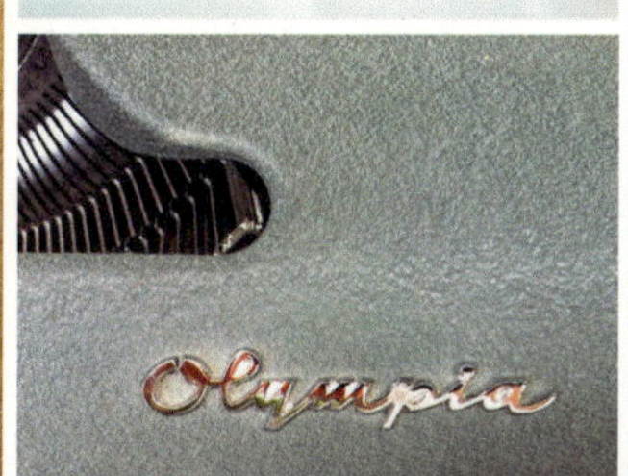
ROSTFREI
Olympia

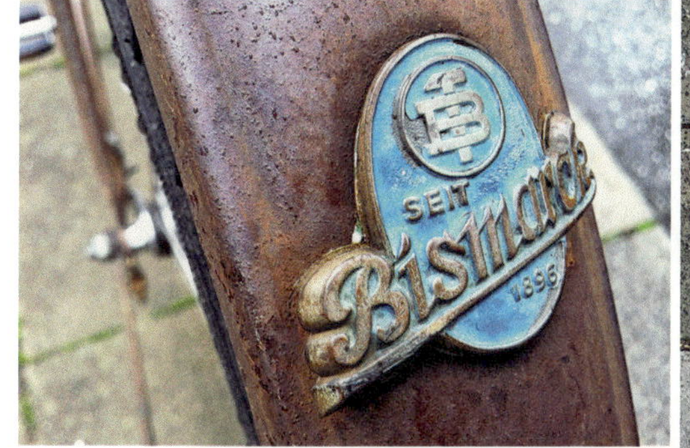
SEIT
Bismarck
1896

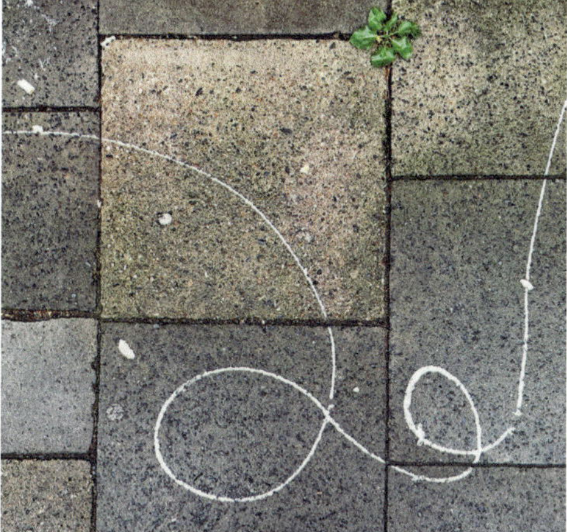

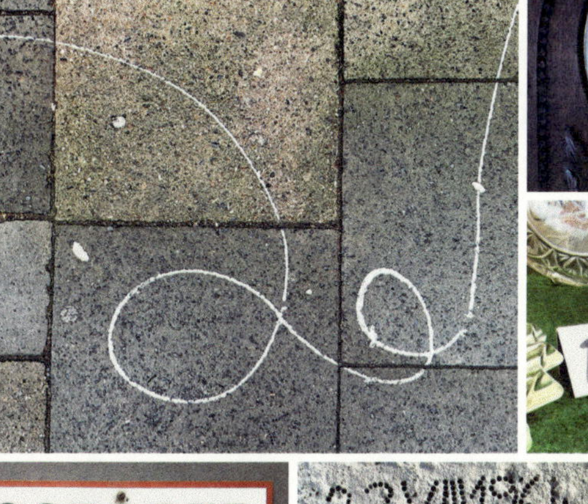
Mokkaservice

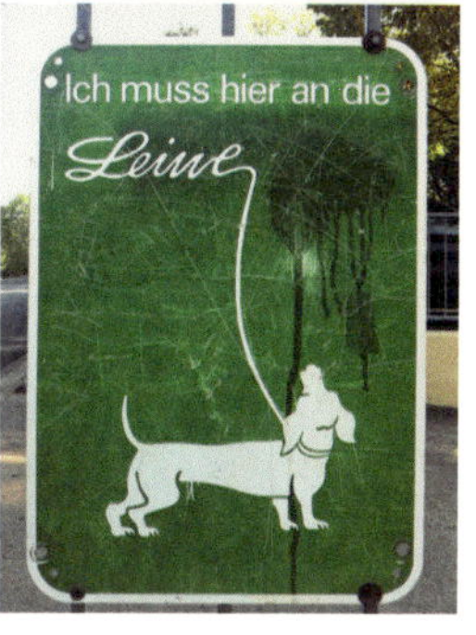
Ich muss hier an die
Leine

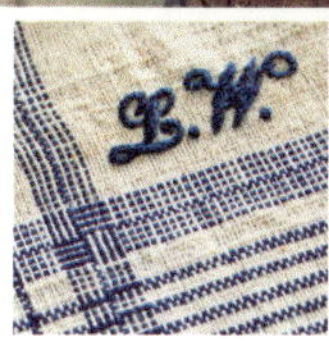
L.W.

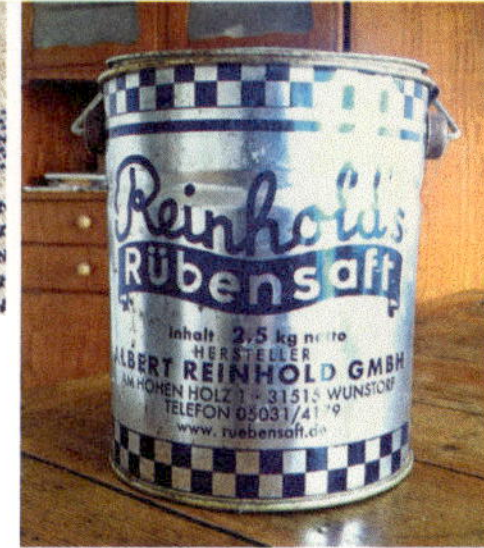
Reinholds
Rübensaft
ALBERT REINHOLD GMBH

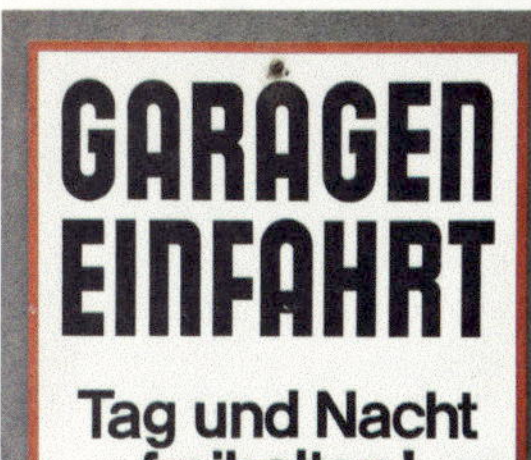
GARAGEN
EINFAHRT
Tag und Nacht
freihalten!

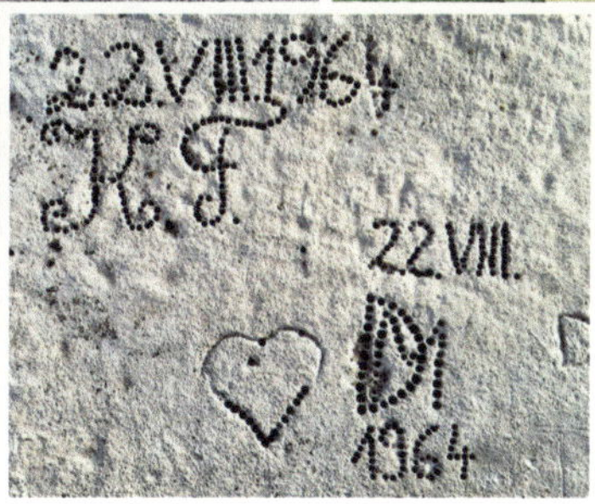
22.VIII.1964
K.F.
22.VIII.
1964

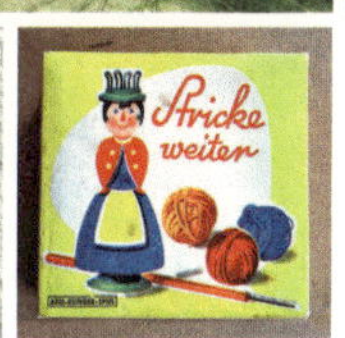
Stricke
weiter

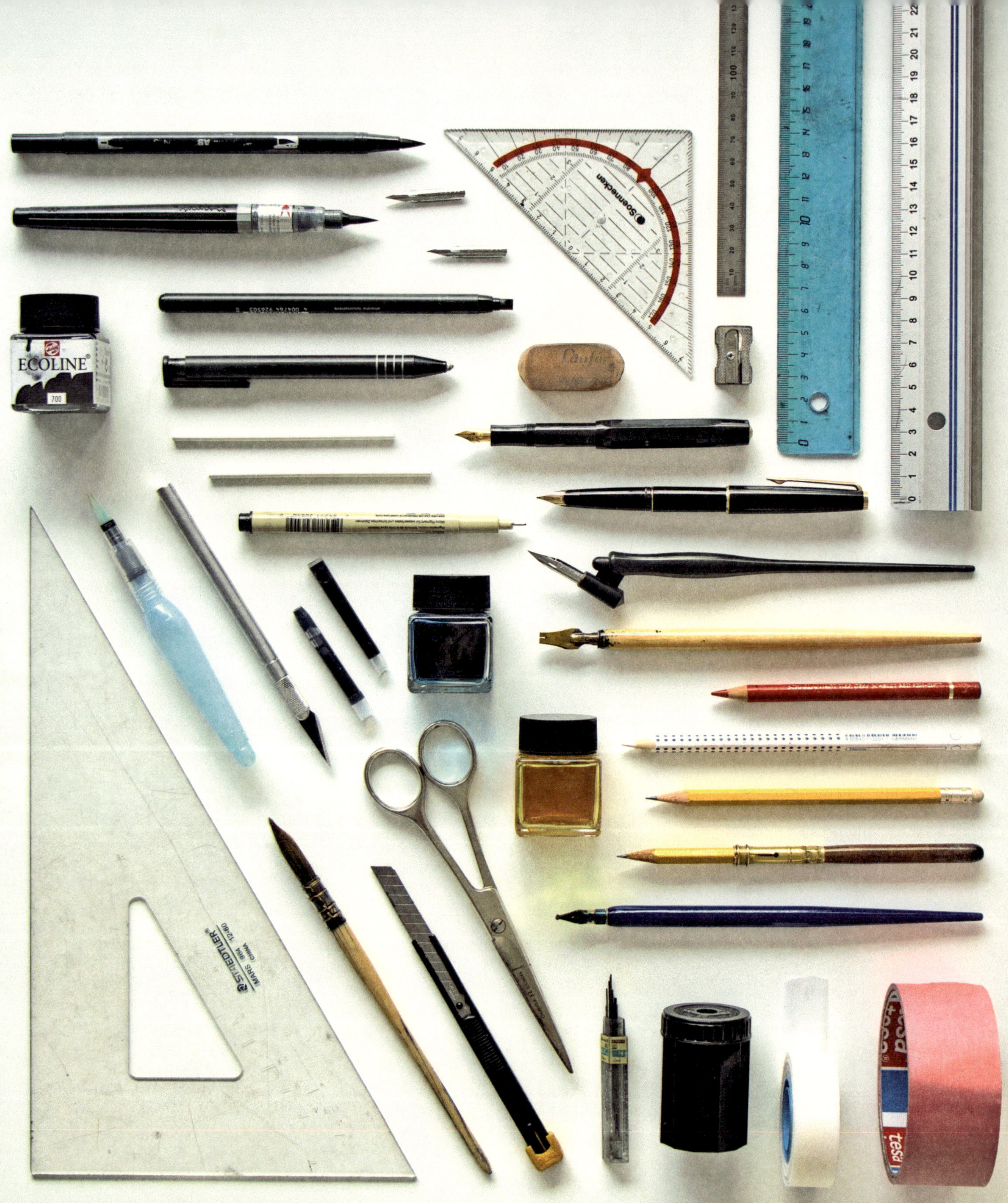
ECOLINE
700
Soennecken
STAEDTLER
MARS
tesa

*Material & Werkzeuge*

# Pinsel, Schere, Papier

**Im Grunde braucht man zum Lettering nicht viel: Papier, Bleistift, Radiergummi, einen Fineliner und einen Pinselstift – das reicht für den Anfang. Manches haben Sie sicher bereits zur Hand. Die übrigen Materialien und Werkzeuge können Sie bei Bedarf anschaffen, vorzugsweise in der besten Qualität, die Sie sich leisten können.**

## Analoge Werkzeuge

Die meisten der Utensilien sind problemlos in Schreibwaren- oder Künstlerbedarfsläden erhältlich oder online zu bestellen. Fast alle werden in großer Auswahl angeboten, Sie können also eigene Vorlieben entwicklen.

### Schreibwerkzeuge

**Bleistift** Klassisch mit holzgefasster Mine oder als Druckbleistift, je nach Geschmack. Die Härtegrade HB, B und 2B machen kräftige, gut sichtbare Striche, lassen sich aber leicht radieren.

**Buntstift** Bei mehreren Versuchen und Überarbeitungen auf einem Blatt hilft ein Buntstift in einer kräftigen Farbe, den Überblick zu bewahren. Vor dem Scannen markiert man damit die Versionen, die man weiterbearbeiten will.

**Pinselstift** Der **Color Brush** von **Pentel** ist der einzige Stift, den Sie sich wirklich anschaffen sollten, denn die Pinselspitze aus einzelnen Nylonhaaren ist sehr flexibel und bleibt unverwüstlich in Form. Man kann damit sowohl sehr feine als auch ganz fette Striche ziehen und daher in unterschiedlichen Schriftgrößen und mit vielfältigen Strichstärkenkontrasten arbeiten. Der Stift hat eine Kartusche, aus der die Tinte beim Schreiben nachläuft, sodass man keine zusätzliche Flüssigkeit benötigt. Es gibt ihn in vielen Farben – und leer. Füllt man die leere Kartusche mit Wasser, kann man mit dem Stift Aquarellfarben verwenden.

**Brushpen Marker Pentel, Tombow, Edding, Faber-Castell, Neuland, Molotow, Ecoline** – inzwischen gibt es viele Anbieter von Filzstiften mit elastischer Spitze. Brushpen Marker sind etwas leichter zu handhaben als die Pinselstifte von Pentel, denn ihre Spitzen bestehen nicht aus einzelnen Haaren. Die Spitzen sind unterschiedlich fest und unterscheiden sich daher im Schreibwiderstand. Auf glattem Papier fransen sie langsamer aus. Probieren Sie verschiedene Stifte aus, um Ihren Favoriten zu finden. Fehlt Ihnen für Versuchsreihen die Muße und Sie wollen einfach loslegen, besorgen Sie sich einen **Tombow ABT Dual Brush Pen** und einen **Pentel Sign Pen.** Die Spitze des Tombow Markers ist fest und schön groß und daher gut geeignet für eine Bandbreite von Schriftgrößen. Die feste Acrylspitze des Pentel Sign Pen zerfasert nicht und hält länger als die Spitzen vieler anderer Brushpen Marker.

**Pinsel** Auch klassische Pinsel, wie runde Aquarellpinsel, eignen sich statt der Pinselstifte zum Brush Lettering – und für kalligrafische Experimente. Je nach Qualität bleibt die Pinselspitze aber nicht so gut in Form wie die Haare des Color Brush. Daher ist es schwieriger, die Strichendungen zu gestalten. Für einen ungeschliffeneren, expressiven Stil ist genau das von Vorteil. Wichtig ist, dass der Pinsel genug Farbe aufnehmen kann, deswegen bieten sich Aquarellpinsel an.

**Federhalter und Schreibfedern**
Zum Umgang mit den klassischen kalligrafischen Schreibgeräten Breit-, Spitz- und Redisfeder gibt es zahlreiche Bücher, hier werden diese Werkzeuge nur am Rande erwähnt. Trotzdem sollte man einen Federhalter und unterschiedliche Schreibfedern besitzen und sich mit ihnen vertraut machen. Sie helfen dabei nachzuvollziehen, welches Schreibwerkzeug welche Art von Spur hinterlässt und wie sie die Buchstabenformen prägen.

**Parallel Pen** Eine Alternative zur Breitfeder ist der **Parallel Pen** von **Pilot.** Seine breite Spitze verhält sich wie eine

Bandzugfeder, aber die Tintenpatrone des Stifts macht das Schreiben tropffrei und damit komfortabel.

**Fineliner** Das Angebot an Finelinern ist so umfangreich wie das an Brushpen Markern. Es gibt sie in verschiedenen Strichstärken, die meisten trocknen wasserfest auf. Man verwendet sie für die sorgfältige Reinzeichnung von Entwürfen. Beliebt sind die **Pigma Microns** von **Sakura** und die **PITT Artist Pens** von **Faber-Castell**.

**Schreibflüssigkeit** Zusätzlich zur Kartusche des Stifts kann man beim Schreiben mit dem Color Brush eine Schreibflüssigkeit verwenden. Durch das regelmäßige Eintauchen lässt sich die Farbmenge besser kontrollieren. Neben herkömmlicher wasserbasierter Tinte eignet sich flüssige Aquarellfarbe, zum Beispiel die aus der **Ecoline**-Serie von **Royal Talens**. Diese nichtdeckenden Farben gibt es in vielen kräftigen Tönen. Sie sind hoch pigmentiert, sodass sich auch bei breiten Strichen keine „Wolken" in der Farbfläche bilden. Falls solch ein Effekt gewünscht ist, kann man die Farbe verdünnen.

Die wasserfeste Tusche **Scribtol** deckt zwar wunderbar und ist für bestimmte Breit- und Ornamentfedern die beste Wahl, aber Pinselstifte verkleben davon und werden unbrauchbar.

## Weitere Werkzeuge

**Anspitzer** Praktisch sind die Anspitzer mit Dose zum Auffangen der Späne, doch das Wichtigste ist eine scharfe Klinge. Je stumpfer die Klinge ist, desto häufiger brechen die Minen beim Spitzen ab.

**Bleistiftverlängerung** Mit dieser Art von Stifthalter kann man Bleistifte fast ganz aufbrauchen – und hat mit der Zeit eine wundervolle Stummelsammlung.

**Radiergummi** Radierer aus halbtransparentem Kunststoff sind das einzig Wahre. Sie radieren gründlich und ohne zu schmieren.

**Knetradiergummi** Wie der Name schon sagt: Knetradiergummis sind weich und lassen sich in in jede Form kneten. Sie sind am besten geeignet, um durchgepauste Linien sanft zu entfernen und punktgenau zu korrigieren.

**Radierstift** Für detailliertes Radieren ist ein Radierstift unentbehrlich. Der Halter funktioniert wie ein Druckbleistift, die Radierminen kann man nachfüllen.

**Lineale** Beim Lettering geschieht das meiste nach Augenmaß – aber ganz ohne Lineal kommt man nicht aus. Ideal ist ein rutschfestes Metalllineal von mindestens 30 Zentimetern Länge, ein Geodreieck und ein größeres, dreieckiges Lineal.

**Schneidewerkzeuge** Ein hochwertiges Schneidemesser mit feststellbarer Abbrechklinge ist eine Anschaffung fürs Leben. Dasselbe gilt für eine gute Schere, die ihren festen Platz haben und regelmäßig geschärft werden sollte.

**Klebeband** Um einen Entwurf zu überarbeiten, fixiert man darüber ein neues Blatt und zeichnet den Entwurf darauf durch. Dazu braucht man ein Klebeband, das das Papier nicht beschädigt und sich leicht wieder ablösen und neu positionieren lässt. Das **Malerband Tapeten** von **Tesa** wie auch das **Scotch Magic Tape** eignen sich gut.

## Papier

**Skizzenbuch** In einem kleinen Notizbuch können Sie Ideen und interessante Buchstaben aus Ihrer Umgebung skizzieren. Wählen Sie eins, das Sie wirklich gerne in die Hand nehmen, das erhöht die Wahrscheinlichkeit, dass Sie es auch nutzen.

**Kopierpapier** Für die Übungen mit dem Pinselstift und für gezeichnete Entwürfe muss es kein feines Zeichenpapier sein. Kopierpapier von etwas besserer Qualität mit einem Gewicht von 70 bis 90 Gramm und einer glatten Oberfläche ist völlig ausreichend, zum Beispiel das naturweiße **Biotop 3** von **Mondi**. Dahinter steckt Psychologie: Wenn das Papier vom 500-Blatt-Stapel kommt und nicht vom 50-Blatt-Block, ist die Hemmschwelle zu experimentieren und zu verwerfen viel geringer.

Brushpen Marker gleiten besser über Papier mit einer glatten Oberfläche als über eines mit einer leichten Oberflächenstruktur, außerdem nutzt sich die Pinselspitze auf glattem Papier nicht so schnell ab. Andererseits hebt leicht raues Papier die Struktur der Striche hervor, wenn man mit einem eher trockenen Pinsel arbeitet.

Damit Sie ein Linienblatt verwenden können, sollte das Papier eher durchscheinend sein. Kaufen Sie aber nicht das allerbilligste Papier, denn dessen Oberfläche ist manchmal nicht geschlossen und saugt die Farbe auf wie Löschpapier.

Zum Zeichnen mit dem Bleistift ist etwas weniger glattes Papier mitunter vorzuziehen, weil der Stift darauf einen deutlicheren Abrieb mit Struktur hinterlässt.

**Zeichenpapier** Will man einen Entwurf nicht digital weiterbearbeiten, sondern als Original verwenden, kann man die Zeichnung am Ende mit Transferpapier auf festes, glattes Zeichenpapier übertragen und mit Finelinern oder anderen Stiften reinzeichnen. Gut geeignet ist das Skizzenpapier **Hahnemühle Nostalgie**.

**Transparentpapier** Man überarbeitet Lettering-Entwürfe auf Transparentpapier. 40 Gramm schweres von der Rolle ist fest genug, um darauf zu zeichnen und zu radieren. Gleichzeitig ist es so günstig, dass es nicht darauf ankommt, wenn etwas nicht auf Anhieb gelingt, oder man mehrere Varianten probiert. Transparentpapier vom Block ist auch geeignet, es ist teurer, oft aber auch robuster. Wenn man vorsichtig oder wenig radiert, ist einfaches Butterbrotpapier die erschwinglichste Variante.

**Transferpapier** Mit wachsfreiem Transferpapier lassen sich finalisierte Vorzeichnungen von Transparentpapier auf Zeichenpapier übertragen. Anders als bei gewöhnlichem Kohlepapier kann man die durchgepausten Linien anschließend spurlos wegradieren. Von **Saral** gibt es Transferpapier in verschiedenen Farben und für dunkle Untergründe wie Kreidetafeln auch in weiß.

## Digitale Werkzeuge

Auch wenn es Handlettering heißt und viele Menschen sich für gezeichnete Schrift interessieren, weil sie den ganzen Tag vor dem Computer sitzen und endlich mal wieder einen analogen Stift in die Hand nehmen wollen – oft kann man erst mit der Kombination von analogen und digitalen Werkzeugen das volle Potenzial einer Idee ausschöpfen. Auch hier genügen für den Anfang einfache Mittel und Freeware, Sie müssen nicht gleich professionelle Software abonnieren. Falls Sie sich damit noch nicht auskennen – im Internet finden Sie leicht zugängliche Tutorials.

### Hardware

**Computer** Um einen Entwurf digital zu bearbeiten, brauchen Sie natürlich einen Computer. Falls Sie mit einem Laptop arbeiten, ist auf die Dauer ein großer zusätzlicher Bildschirm zu empfehlen.

**Grafiktablett** Ein Grafiktablett erleichtert das genaue Bearbeiten von Pixelbildern sehr. Zwar braucht man einen Moment, um sich an die Arbeit damit zu gewöhnen, aber die Mühe zahlt sich aus. Ein Einsteigermodell zum Beispiel von **Wacom** kostet weniger als man denkt.

**Scanner** Zum Digitalisieren analog gezeichneter Letterings eignet sich ein gewöhnlicher Flachbettscanner. Will man den Entwurf von Hand mit Vektoren nachzeichnen, tut es für eine Zeichenvorlage auch eine Scan App wie **Scanner Pro** oder sogar ein Foto der Handykamera.

**Drucker** Die Schwächen eines digitalen Entwurfs sieht man oft erst im Ausdruck. Für Korrekturausdrucke genügt ein Schwarz-Weiß-Laserdrucker.

### Software

**Bildbearbeitungsprogramm** Um eine Zeichnung als Pixelbild weiter zu bearbeiten und zu colorieren, benötigen Sie ein Bildbearbeitungsprogramm. Kostenlose Alternativen zu **Adobe Photoshop** sind zum Beispiel **Gimp** und **Paint.NET**. Mit ihren Funktionen kommt man recht weit.

**Vektorzeichenprogramm** Mit einem Zeichenprogramm wie **Adobe Illustrator** kann man handgezeichnete Entwürfe automatisch vektorisieren oder von Hand nachzeichnen. Vektorisiert lassen sich die Zeichnungen unbegrenzt vergrößern und flexibel farblich gestalten. Das kostenlose Programm **Inkscape** ist eine gute Alternative zu Adobe Illustrator.

**Glyphs** Die Software Glyphs ist die beste Wahl, wenn es darum geht, Schriftzüge mit Vektoren von Hand nachzuzeichnen. Eigentlich dient das Programm dazu, Satzschriften zu gestalten, deswegen kann man nur in Schwarz-Weiß arbeiten. Aber die Vektorzeichenfunktionen sind viel praktischer als die in Illustrator. Glyphs ist mit einem 200-seitigen Handbuch und Tutorials gut dokumentiert.
Es erschließt sich schnell, auch wenn man sich in die Terminologie aus der Schriftgestaltung ein wenig einlesen muss. In der vereinfachten Version **Glyphs Mini** stehen die wesentlichen Funktionen zur Verfügung, es lassen sich auch damit ganze Satzschriften gestalten.

NOODLE
RAINBOW
dis
VOGUE

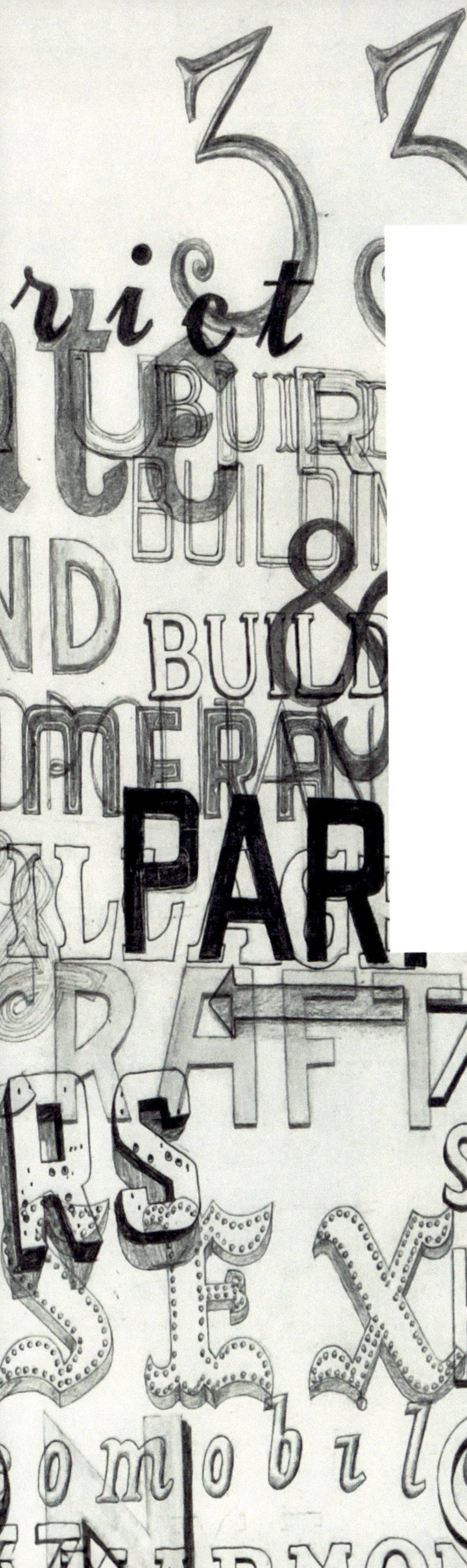

Kapitel 2

# Grundlagen

**Das Schöne am Lettering: Man kann machen, was man will. Das ist sogar genau das, was Lettering ausmacht. Aber die ganz große Freiheit hat eine Einschränkung: Hauptsache, es sieht gut aus!**

**Damit Lettering am Ende gut aussieht, sollte man am Anfang ein paar wesentliche Regeln der Schriftgestaltung lernen und sich mit den wichtigsten Schriftklassen vertraut machen.**

*Buchstabenanatomie*

# Hand und Fuß

**Wie jetzt, wirklich? Vokabeln lernen?! Och, nö!**
**Doch, doch, denn wie bei jeder Fachsprache erleichtern typografische Begriffe die Verständigung. Man sagt dann nicht mehr umständlich: „Die kleinen Querstriche unten beim N“, sondern knapp: „Die Fußserifen am N.“ Außerdem helfen Fachwörter dabei, Unterschiede zu sehen und zu benennen. Man kann sie sich auch leicht merken, denn viele Bezeichnungen der Buchstabenanatomie entsprechen der Anatomie des Menschen.**

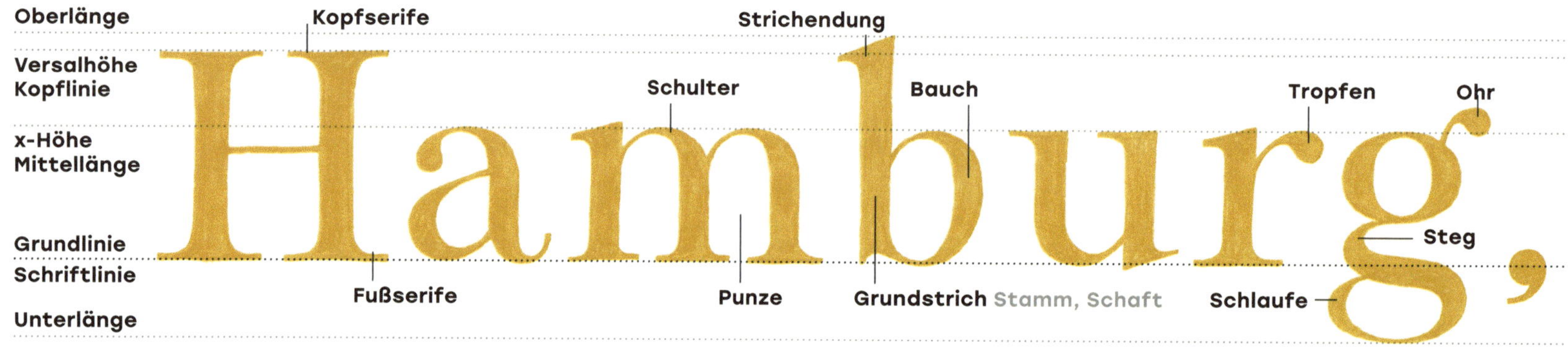


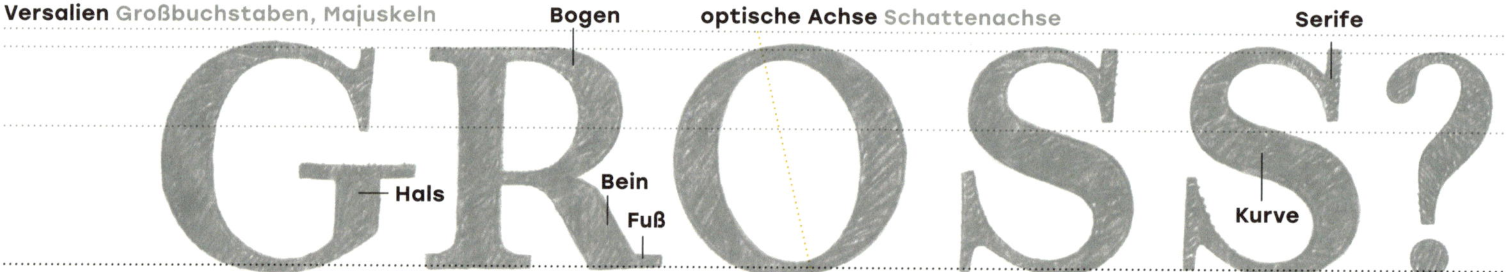


**Liniensystem** Die Buchstaben stehen auf der **Grundlinie** oder Schriftlinie. Die Kleinbuchstaben reichen von der Grundlinie bis zur **x-Höhe,** die Großbuchstaben von der Grundlinie bis zur **Versalhöhe**. Die x-Höhe bestimmt das Größenverhältnis zwischen Kleinbuchstaben und Versalien und damit den Charakter einer Schrift. Die **Oberlänge** der Kleinbuchstaben wird ab der x-Höhe gemessen und überragt die Versalhöhe manchmal ein wenig, ihre **Unterlänge** ist meist etwas geringer als die Oberlänge.

**Weitere Begriffe** Mit dem Wort **Punze** bezeichnet man die ganz oder teilweise geschlossene Innenfläche eines Buchstabens, zum Beispiel beim **a**, beim kleinen **n** und beim **O**. Das **g** in der Zeichnung oben hat sogar zwei Punzen. **Serifen** sind die kurzen Strichabschlüsse an den Strichen

**Versalziffern** Majuskelziffern

**Mediävalziffern** Minuskelziffern

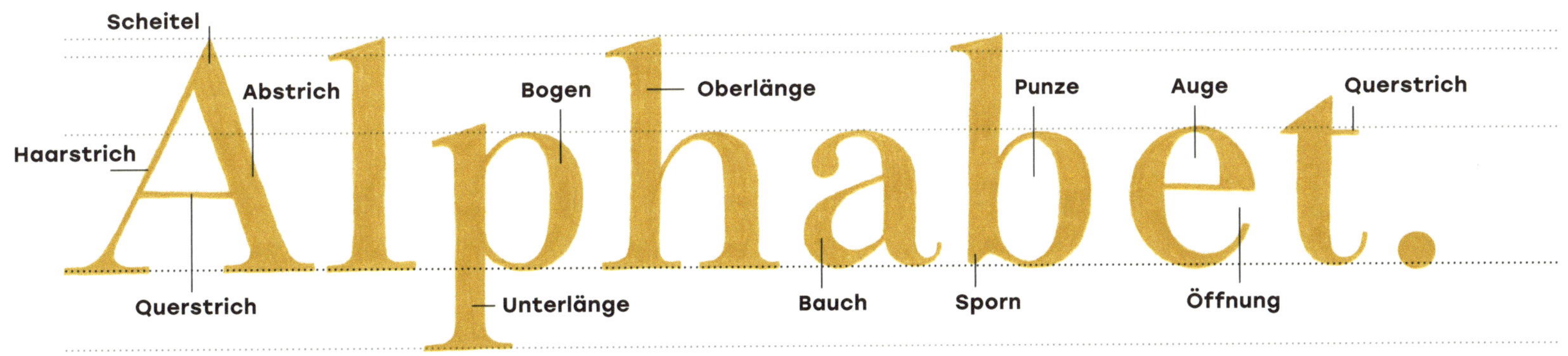


**Kleinbuchstaben** Gemeine, Minuskeln

Diagonale
Punze
i-Punkt
Schenkel

der Buchstaben. Die **Versalien** sind meist etwas kräftiger gezeichnet als Kleinbuchstaben, damit werden ihre größeren Innenräume ausgeglichen. Um die **optische Achse** zum Beispiel beim **O** bewegt sich der **Kontrast** einer Schrift, also der Unterschied zwischen dünnen und dicken Strichstärken. Die Achse ist senkrecht oder geneigt.

**Ziffern** Es gibt zwei verschiedene Arten, Ziffern zu schreiben: **Versalziffern** sind so hoch wie die Großbuchstaben oder etwas niedriger. Sie lassen sich gut mit ihnen kombinieren.

**Mediävalziffern** haben Ober- und Unterlängen wie die Kleinbuchstaben, sie fallen im Schriftbild weniger auf. Alle Ziffern sind etwa gleich breit. Die **0** ist schmaler als ein **O**, die **8** ähnelt dem **S**, die **9** ist eine angepasste, umgedrehte **6**, die Punze der **4** kann oben offen sein.

ABCDEF
GHIJKLM
NOPQR
STUVW
XYZ

*Buchstabenstruktur*

# Haut und Knochen

**Buchstaben sind in vieler Hinsicht wie Menschen: Sie sehen immer unterschiedlich aus, aber ihre Grundstruktur ist gleich – und das schon seit über 2000 Jahren. Die gemeißelten Inschriften im antiken Rom haben in der Renaissance die Antiquaschriften inspiriert, die wir bis heute verwenden. Ihre idealtypischen Proportionen sind also ein guter Anfang für das Lettering.**

**Klassische Porportionen** Im Alphabet auf der linken Seite sind die Großbuchstaben der römischen Capitalis Monumentalis als Skelettschrift dargestellt. Die Proportionen dieser Buchstaben lassen sich anhand der geometrischen Formen Quadrat, Dreieck und Kreis erklären, ihre Breite entspricht einem halben, einem dreiviertel oder einem ganzen Quadrat. Wenn man aus dem zugrundeliegenden Quadrat ein Rechteck macht, bleiben die Proportionen der Buchstaben erhalten.

**Buchstabenbreite** Die Buchstaben sind nicht mathematisch exakt in die Teilabschnitte eines Quadrates eingepasst, sie brauchen optische Anpassungen, damit sie harmonisch wirken. So ist das **K** ein wenig breiter als ein halbes Quadrat. **A** und **V** zeichnet man zum Ausgleich ihrer dreieckigen Form breiter als das **H**, die Endpunkte ihrer Schenkel liegen jedoch nicht auf den Eckpunkten des Quadrats, sondern etwas weiter innen. **C**, **D** und **G** sind etwas schmaler als ein ganzes Quadrat, da sie nur auf einem Kreisausschnitt beruhen. **M** und **W** sind breiter. Das **M** ist ein erweitertes **V**, seine äußeren Schenkel sind steiler als die Inneren – Achtung, das **M** ist kein umgedrehtes **W**! Das **W** besteht aus zwei gleichen v-förmigen Winkeln, diese sind jedoch schmaler als das **V**. Das **I** ist eine Strichstärke breit.

Buchstaben mit Ober- und Unterlängen schrieben die Phönizier schon mehrere Jahrhunderte, bevor die Römer die Großbuchstaben der Capitalis Monumentalis entwickelten. Die lateinischen Kleinbuchstaben entstanden aber erst im Laufe der Jahrhunderte bis zum Mittelalter durch das schnelle Schreiben verschiedener Schriftstile mit der Hand. Zur groben Orientierung über die Breitenverhältnisse der Kleinbuchstaben kann man sie dennoch gruppieren:

- **sehr schmal** f i j l t
- **schmal** a c e r s
- **mittel** b d g h k n o p q u v x y z
- **breit** m w

**Moderne Proportionen** Buchstaben mit klassischen Proportionen sind zwar gefällig für das Auge, ihre unterschiedliche Breite und die großen Innenflächen lassen einen Text jedoch leicht ungleichmäßig aussehen. Schriften mit modernen Proportionen lösen sich daher von der Grundform des Quadrats. Die Breite ihrer Großbuchstaben ist soweit angeglichen, dass helle und dunkle Flächen in einem Wort möglichst gleichmäßig verteilt sind. Die klassizistische Antiqua auf Seite 52 ist dafür ein Beispiel.

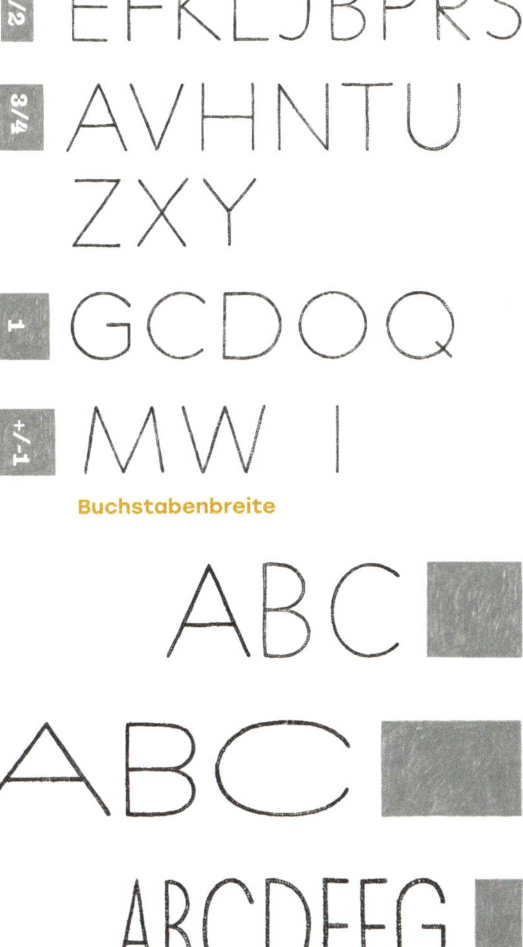

Buchstabenbreite

Klassische Proportionen

*Parameter*

# Körperbaukasten

**Mager oder fett, hochgewachsen oder gedrungen, aufrecht oder geneigt – das Skelett der Buchstaben lässt unendlich viele Ausformungen zu. Doch will man beim Gestalten des Buchstabenkörpers die ganze Bandbreite der Möglichkeiten auschöpfen, sollte man die Stellschrauben kennen, an denen man drehen kann.**

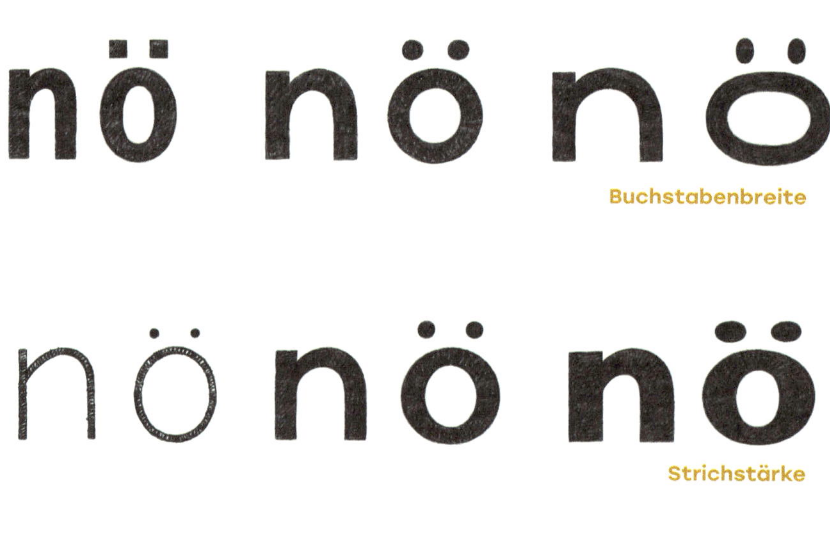


Buchstabenbreite

Strichstärke

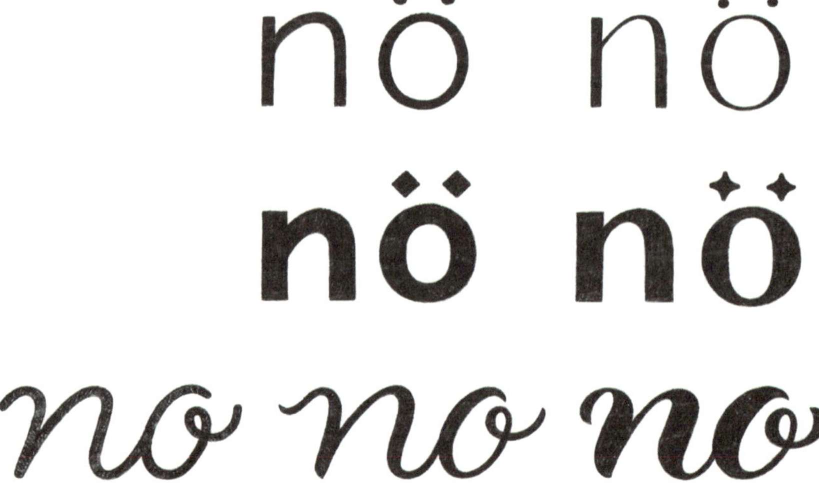


Strichstärkenkontrast

**Buchstabenbreite** Die Breite eines Buchstabens ist unabhängig von seiner Strichstärke. In den Beispielen links sind die Buchstaben unterschiedlich breit, aber ihre Strichstärke ist gleich.

**Strichstärke** Die Strichstärke wiederum hat nicht unbedingt etwas mit der Buchstabenbreite zu tun. Die drei **nö** links haben die gleiche Grundstruktur, aber eine unterschiedliche Strichstärke. Durch die zunehmend fetteren Striche verkleinern sich die Innenräume bei **n** und **ö**. Da sich die Buchstabeninnenräume und -abstände für ein gleichmäßiges Schriftbild entsprechen sollten, beeinflusst die Strichstärke auch die Abstände der Buchstaben zueinander. Mehr über Buchstabenabstände siehe Seite 38.

**Strichstärkenkontrast** Der Kontrast ist das Verhältnis von dicken und dünnen Strichen in einem Buchstaben. Schriften mit Strichstärkenkontrast haben unterschiedlich breite Striche und einen Übergang von dünnen zu dicken Abschnitten. Die Beispiele zeigen, dass der Kontrast auch bei feinen Schriften groß sein kann und bei fetten gering. Monolineare Schriften haben fast gar keinen Kontrast, ihre Strichstärke braucht aber einige optische Anpassungen, damit sie einheitlich aussieht. Mehr zum optischen Ausgleich siehe Seite 36.

Strichendungen

**Strichendungen** Die klassischen Formen der Strichendungen leiten sich meist von den verschiedenen Schreibwerkzeugen her, aber bei gezeichneten Buchstaben gibt es kaum Einschränkungen.

**Kontrastachse** Ob die Symmetrieachse des Kontrasts zwischen den dünnen und dicken Strichen senkrecht oder geneigt ist, hängt ebenfalls von dem Werkzeug ab, auf das sich eine Buchstabenform bezieht. Für die Breitfeder ist eine geneigte Kontrastachse charakteristisch, für die Spitzfeder eine aufrechte. Der horizontale Kontrast hat kein Werkzeugvorbild. Der Abschnitt **Schriftklassen** ab Seite 47 gibt weitere Hinweise zum Einfluss der Werkzeuge auf die Buchstabenform.

**Proportionen** Das Verhältnis der x-Höhe zur Versalhöhe eines Buchstabens prägt den Charakter einer Schrift besonders. Lange Oberlängen wirken elegant, wenn sie zu kurz sind, besteht bei manchen Buchstaben Verwechslungsgefahr.

**Neigung** Meistens stehen die Buchstaben einer Schrift aufrecht – auch wenn sie vielleicht eine geneigte Schattenachse haben. Sie können auch nach rechts geneigt sein, nach links geneigte Schriften sind dagegen selten. Kursive Schriften sind allerdings nicht einfach nur geneigt, sie haben eigene Formen und ihre Buchstaben sind schmaler als die Antiquaschriften, zu denen sie gehören. Ein Beispiel finden Sie im Abschnitt **Renaissance-Antiqua** auf Seite 50.

Kontrastachse

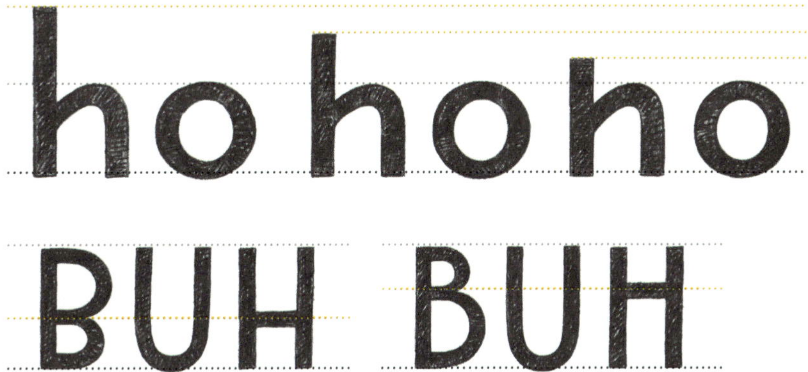


Proportionen

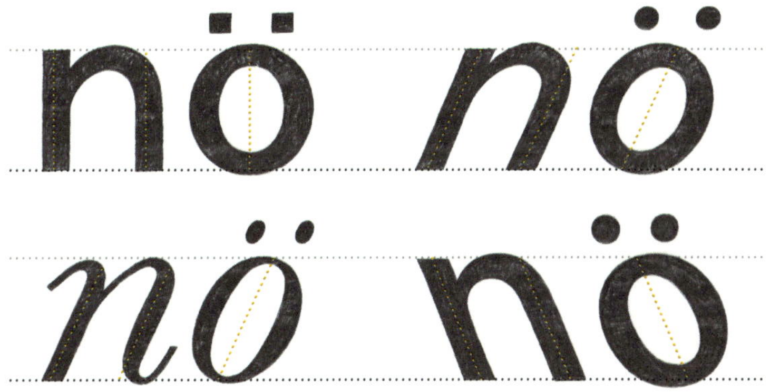


Neigung

Serifenformen

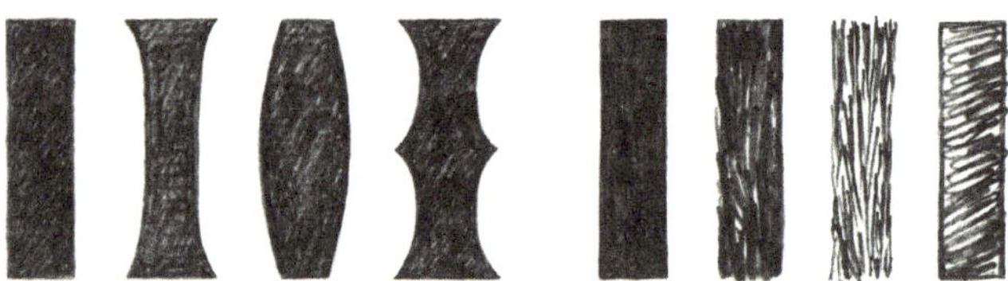

Art des Strichs

Form

Endungen

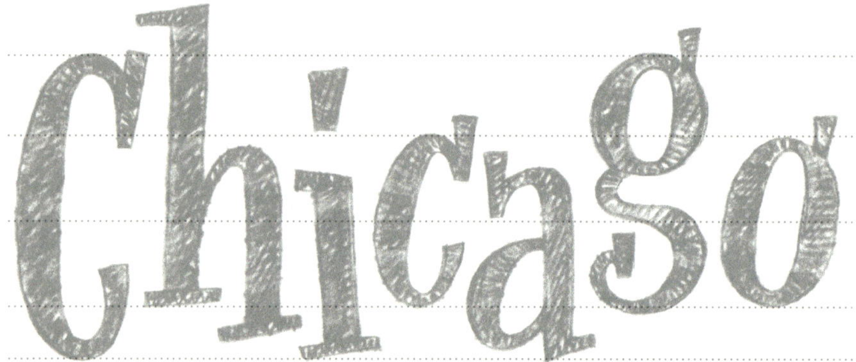


Bewegte Schriftlinie

**Serifenformen** Die Formen der Serifen hatten ursprünglich mit den Werkzeugen zu tun, mit denen sie geschrieben wurden, aber beim Lettering hat man freie Hand und kann sie gestalten, wie man will. Historische Schriftmusterbücher liefern vielfältige Inspiration.

**Art des Strichs** Auch die vertikalen Striche eines Buchstabens müssen nicht ganz gerade sein, und je nachdem, wie die Schrift wirken soll, kann man sie von penibel bis locker schraffiert zeichnen.

**Form** Ob ein Buchstabe runde, ovale oder nahezu spitze Rundungen hat, hängt in der Kalligrafie ebenfalls vom Werkzeug und vom Schreibtempo ab.

**Endungen** Die Strichabschlüsse von r, a und j und anderen Buchstaben können rund oder tropfenförmig sein, spitz wie von einem Pinsel gezeichnet, waagerecht oder senkrecht. Sie können auch jede andere Form haben, innerhalb eines Wortes sollten sie aber übereinstimmen.

**Bewegte Schriftlinie** Um ein Wort über und unter die Grundlinie tanzen zu lassen, als sei es auf einer Mittellinie aufgefädelt, zeichnet man es als Erstes in einem regulären Grundliniensytem. Im zweiten Schritt zeichnet man das Wort noch einmal und verschiebt die Buchstaben dabei nach oben und unten. Damit bleibt es eine Einheit, wenn man mehrere Buchstaben auf gemeinsame Linien stellt, statt sie beliebig weit zu verrücken. Für das Grundliniensystem siehe Seite 26.

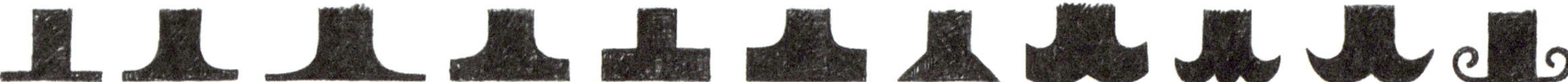

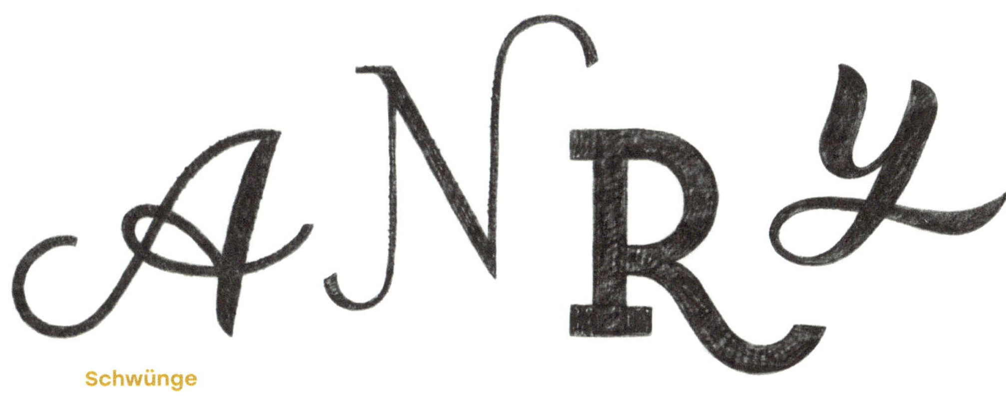

Schwünge

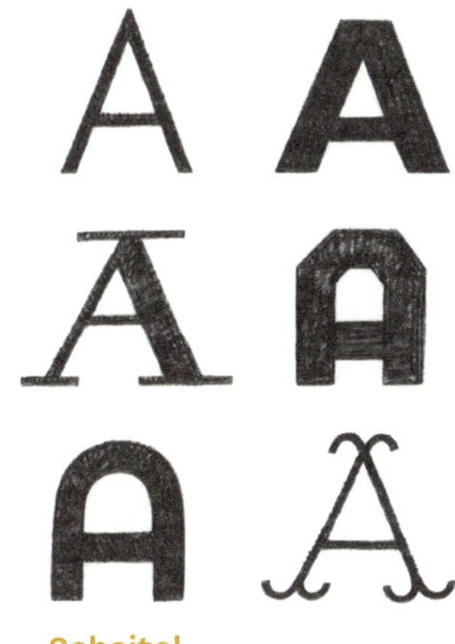

Scheitel

**Schwünge** Anfangs- und Endschwünge erweitern die Striche der Großbuchstaben oder die Ober- und Unterlängen der Kleinbuchstaben. Manchmal verlaufen sie auch horizontal, um Lücken im Layout optisch auszugleichen. Im Prinzip kann man alle Buchstaben mit Schwüngen versehen, aber bei einigen wirken sie organischer als bei anderen. Die Proportionen und Kontraste der Schwünge leiten sich von denen der Buchstaben ab.

**Scheitel und Querstrich** Der Scheitel und der Querstrich des A und der Querstrich des H können viele verschiedene Formen annehmen und fantasievoll stilprägend eingesetzt werden. Wichtig ist nur, dass der Buchstabe erkennbar bleibt.

**Serifenplatzierung** Die Platzierung der Serifen ergibt sich wie ihre Form aus der Kalligrafie. Falls Sie doch mal vergessen haben, wo Serifen hingehören und wo nicht, dient die schematische Übersicht unten als Erinnerungshilfe. Je nach Schriftart gibt es allerdings einige Abweichungen, zum Beispiel hat das A bei manchen Schriften links eine Kopfserife.

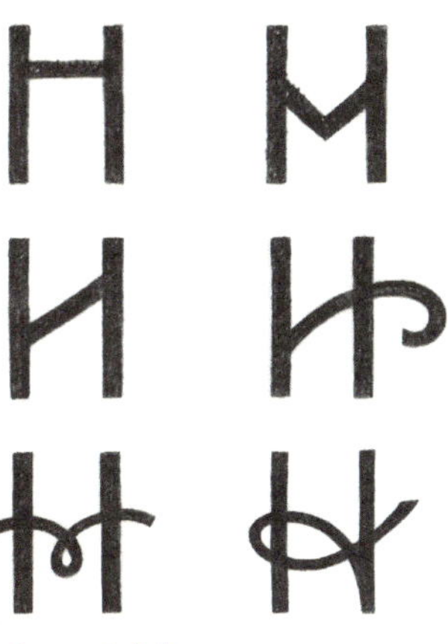

Querstrich

ABCDEFGHIJKLM
NOPQRSTUVWXYZ
abcdefghijklmnop
qrstuvwxyz

Serifenplatzierung

*Dekoration*

# Die i-Tüpfelchen

**Die Struktur der Buchstaben steht, ihr Körper ist wohlgeformt, die Serifen sind platziert – nun gibt es noch jede Menge Accessoires und Bling-Bling für den individuellen Buchstaben-Look. Schlag- und Schraffurschatten, Outlines und Inlines, Pünktchen und Schnörkel … anything goes!**

**Formen** Wie die Accessoires eines guten Outfits sollten auch Buchstabendekorationen von Anfang an mit eingeplant sein. Im Alphabet rechts sind verschiedene Möglichkeiten einzeln dargestellt, natürlich lassen sie sich kombinieren.

Dazu jedoch ein Wort der Vernunft: Weniger ist mehr! Denn wenn alles hervorgehoben wird, ist am Ende nichts mehr betont. Eine passend gewählte und gut gezeichnete Schrift hat viel Deko gar nicht mehr nötig.

A dreidimensionale Buchstabenform

B Sporn und Inlinedekoration

C zweigeteilte Form

D Toscanienne-Serifen und Sporn

E aufgeblasene Form mit Glanzpunkten

F noch weiter aufgeblasene Form

**Schatten** Je nach Farbe und Intensität kann ein Schatten den Kontrast zwischen Schrift und Hintergrund verstärken oder verringern. Um Schatten richtig zu platzieren und natürlich aussehen zu lassen, stellt man sich eine Lichtquelle vor, meist von oben rechts, und zeichnet den Schatten links und unterhalb des Buchstabens.

Die Schattenkanten der abgeschrägten Prismaformen von G und H befinden sich bei 45°. Bei einem Hochprisma liegt der Schatten auf der linken Seite, bei einem Tiefprisma rechts.

Bei J wiederholt ein Schlagschatten die Form des Buchstabens und liegt leicht versetzt dahinter. Dadurch scheint der Buchstabe über dem Grund zu schweben. Die Schattenlinie des M berührt den Buchstaben nicht. Für den doppelten Schatten des Q stellt man sich zwei entgegengesetzte Lichtquellen vor, die eine schwächer als die andere.

G Hochprisma mit Kontur

H Tiefprisma ohne Kontur

I Körperschatten auf 3-D-Buchstaben

J Schlagschatten

K Kontur und Schattenkante

L Schattenkante innen und außen

M Schattenlinie

N schraffierter Schatten

O Schatten only

P Verlaufsschatten

Q doppelter Schatten

**Dekorationen** Ohne die Buchstabenform zu verändern, tragen Dekorationen zu ihrer Einzigartigkeit bei. Es gibt zahllose Arten, die Flächen der Buchstaben zu verzieren, und ebenso viele Inspirationsquellen. So sind Punkte und Inlines wie bei S und W von Neonschriften und Leuchtbuchstaben inspiriert. Allerdings dienen Buchstabendekorationen nicht als Schmuck, sie haben manchmal auch einen praktischen Nutzen: Wenn zum Beispiel die Farbe eines Buchstabens zu sehr der des Hintergrunds ähnelt, hebt eine Kontur ihn ab.

R horizontale Linien

S Kugeln

T Linien und Punkte

U zweiteilige Farbflächen und Punkte

V florale Ornamente

W Inline

X Kontur

Y Hintergrundfläche

Z doppelte Kontur

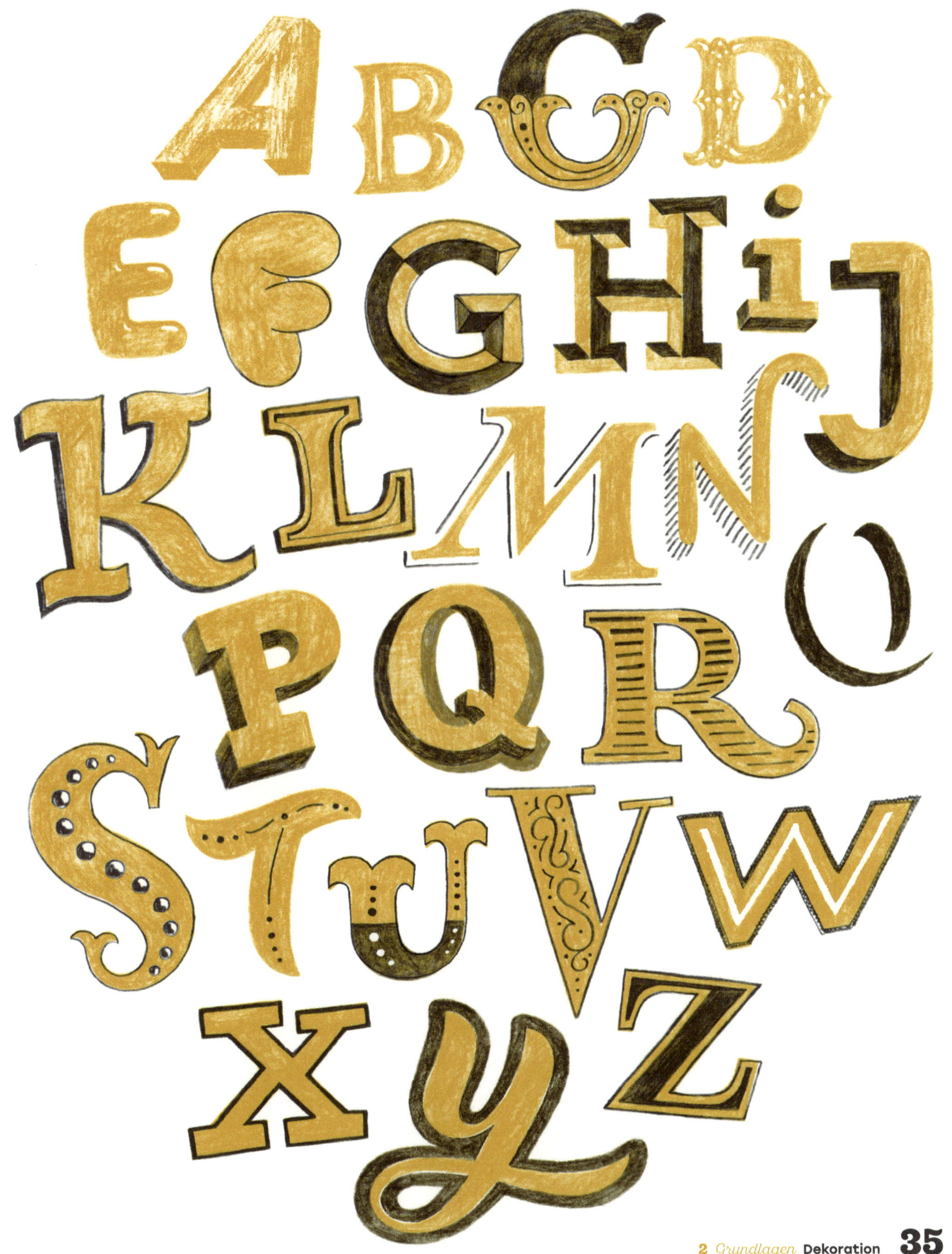

*Optischer Ausgleich*

# Nach Auge

**Hier ist die gute Nachricht für alle, die Mathe noch nie mochten: Schrift zeichnen hat mehr mit gesundem Augenmaß zu tun als mit geometrischer Akkuratesse – Hauptsache, es sieht gut aus! Doch auch wenn man nicht alles messen muss, einige Anpassungen verbessern einen Entwurf entscheidend.**

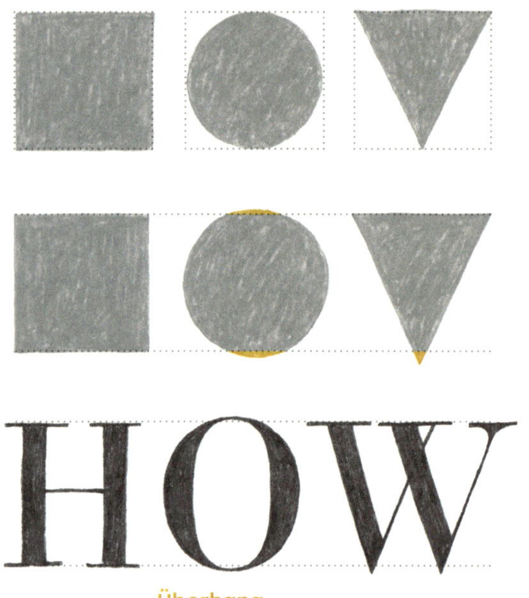


Überhang

Die Proportionen der lateinischen Großbuchstaben lassen sich anhand von Quadrat, Kreis und Dreieck erklären. Da könnte man meinen, dass sich Buchstaben einfach aus einem Repertoire geometrischer Formen zusammenbauen ließen und mathematische Genauigkeit die Sache erleichtere. Doch diese mechanische Herangehensweise liefert nur unschöne Ergebnisse, denn runde, dreieckige und rechteckige Formen brauchen Anpassungen nach Augenmaß. Um optischen Täuschungen entgegenzuwirken, gibt man runden und spitzen Formen einen Überhang, passt die Strichstärken an und verschiebt bei einer Reihe von Versalien die Mitte etwas nach oben oder unten.

**Überhang** Zeichnet man Quadrat, Kreis und Dreieck mit gleicher Breite, wirken die Formen unterschiedlich groß. Das liegt daran, dass sie unterschiedlich viel Kontakt zur Grundlinie haben und Kreis und Dreieck von mehr Weißraum umgeben sind. Um diesen Eindruck auszugleichen, müssen runde und dreieckige Buchstaben etwas über die Schriftlinien hinausragen. Spitze Formen brauchen mehr Überhang als runde, denn sie überragen die Grundlinie nur mit einem ganz geringen Teil ihrer Fläche. Auch i-Punkte und andere runde Satzzeichen haben einen Überhang, damit sie nicht zu klein aussehen. Wie viel Überhang ist richtig? In einem alten Fachbuch für Schildermaler ist von einem Fünfzigstel der Strichstärke die Rede, mit anderen Worten: einem Hauch.

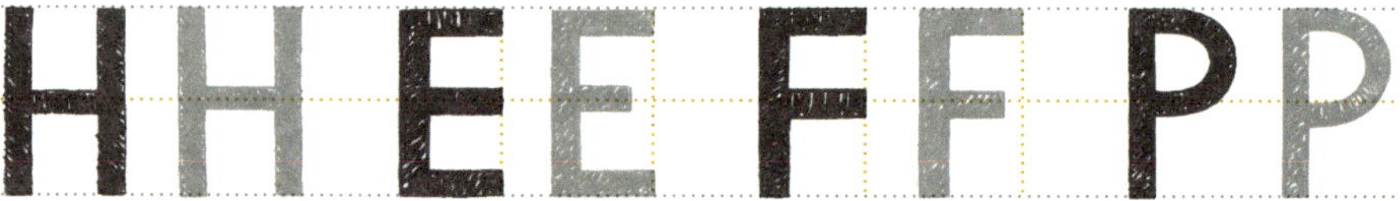


Buchstabenstatik

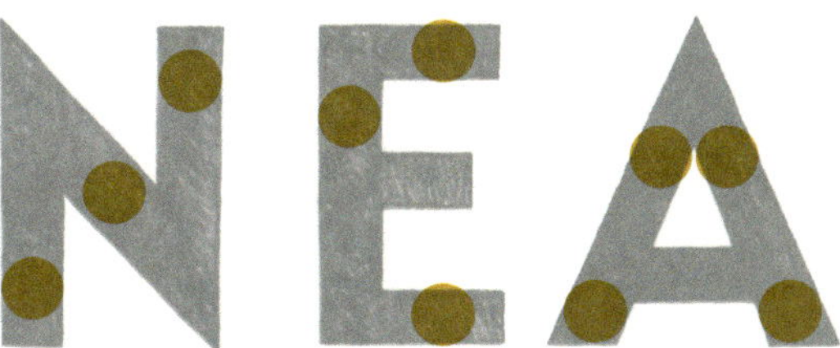


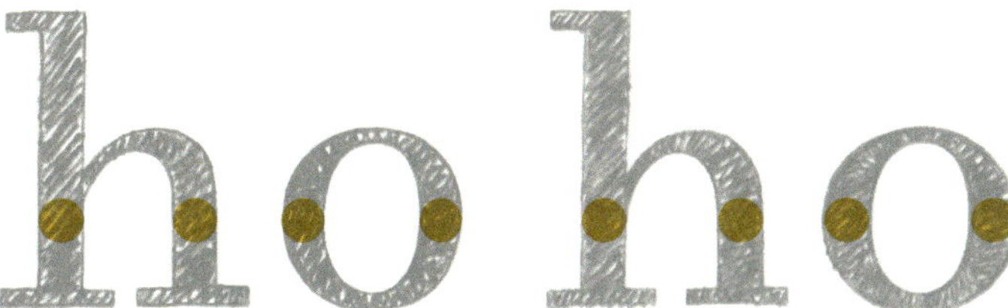


Strichstärke

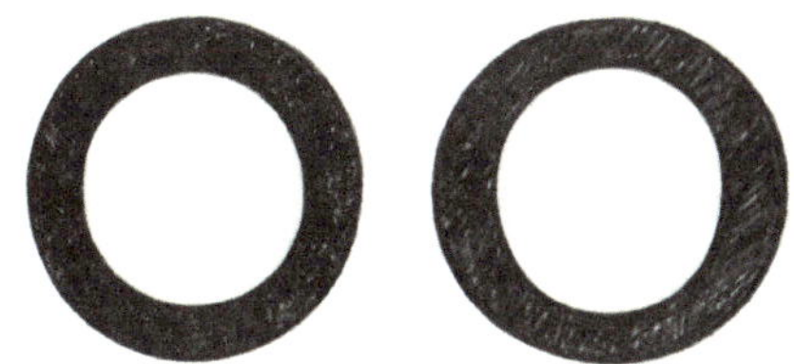


**Strichstärke** Horizontale Striche wirken breiter als vertikale – die berühmten dickmachenden Querstreifen. Als Ausgleich zeichnet man sie bei Schriften ohne Strichstärkenkontrast ein wenig dünner, wie oben beim **E**. Das stabilisiert gleichzeitig die senkrechte Ausrichtung der Buchstaben. Die waagerechten Striche dürfen aber nur so viel dünner sein, dass die optische Täuschung ausgeglichen wird, sonst sehen die Buchstaben so aus, als hätten sie doch einen Kontrast.

Diagonale Striche sehen dagegen schmaler aus als vertikale und müssen etwas verstärkt werden. Allerdings sollten sie dort, wo sie auf andere Striche treffen, geringfügig schmaler zulaufen. So zum Beispiel beim **A**, **V** und **M**, aber auch beim **K**, **W** und **X**. Das öffnet die Innenflächen und verhindert, dass die Buchstaben an den Verbindungsstellen zu dunkel sind.

Bei Antiqua-Schriften mit Kontrast wie beim **ho** werden die vertikalen Rundungen des **o** etwas breiter gezeichnet als die vertikalen Schäfte des **h**. Dies gleicht aus, dass sie durch den langgezogenen Übergang von dünn nach dick schmaler wirken als sie sind.

Damit runde Formen kreisrund aussehen, zeichnet man sie ganz leicht oval. Ihre Striche sind oben und unten etwas schmaler als an den Seiten.

**Buchstabenstatik** Großbuchstaben stehen stabil, wenn ihre Querstriche nicht genau auf der rechnerischen Mitte liegen, sondern etwas darüber oder darunter.

Bei **H** und **E** ist der Querstrich ein wenig nach oben versetzt, bei **F** und **P** etwas nach unten, um die freie, weiße Fläche auszugleichen. Die Punze des **R** ist zu klein, wenn sie genau in der Mitte auf den Querstrich trifft. Als Ausgleich muss der Bogen etwas vergrößert werden. Damit das **R** dann nicht kippt, kann das Bein weiter rechts am Bogen ansetzen und ein wenig über die Kurve hinausragen. Die Mitte von **K** und **X** ist leicht nach oben versetzt, beim **Y** ein Stückchen nach unten. Der untere Querstrich beim **Z** und die untere Rundung des **S** sind breiter als der Querstrich bzw. Bogen oben. Auch das **X** ist unten ein wenig weiter ausgestellt.

RRKKXXYYZZSS

Abstände & Ligaturen

# Pi mal Daumen

**Buchstaben sind schwarze Formen? In Wirklichkeit sind Buchstaben das Zusammenspiel von schwarzen *und* weißen Formen. Und deswegen gestaltet man nicht nur die Buchstaben, sondern gleichzeitig die Flächen *zwischen* den Buchstaben, die Abstände. Doch auch für die richtigen Abstände gibt es keine mathematischen Formeln, aber immerhin Faustregeln.**

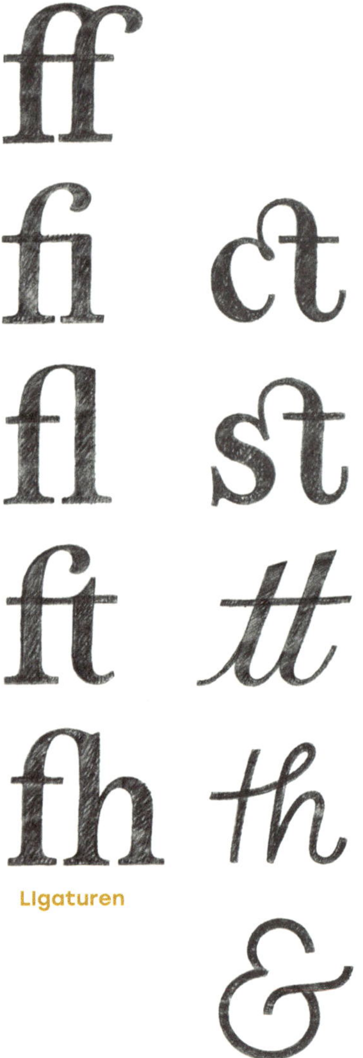

Ligaturen

**Weißraum** Buchstaben können sehr unterschiedlich aussehen, ihnen gemeinsam ist der sie umgebende Weißraum. Er ist für gute Lesbarkeit ebenso wichtig wie ihre Formen selbst. Weißräume trennen Buchstaben, Wörter und Zeilen, sie verbinden sie aber auch.

Stellt man sich einen Buchstaben innerhalb eines Rechtecks vor, wie rechts mit dem **e** gezeigt, wird die Beziehung zwischen seinen weißen und schwarzen Flächen deutlich. Je fetter er ist, umso kleiner ist die umgebende weiße Fläche – und umgekehrt.

Im Kontext eines Wortes bestimmen auch die benachbarten Buchstaben die Größe der weißen Fläche, die einen Buchstaben umgibt.

**Buchstabenabstand** Beim Ausgleichen der Buchstabenabstände ist ein harmonischer Rhythmus von hellen und dunklen Flächen das Ziel. Kneift man die Augen zusammen, sollte ein Wort einen einheitlichen Grauwert haben, also eine Helligkeitsstufe, ohne Löcher und Flecken.

Für eine gleichmäßige Verteilung von hell und dunkel sollten die Flächen zwischen den Buchstaben ihren Innenflächen entsprechen. Als Ausgangsgröße dient der Raum zwischen den beiden Senkrechten des **n**. Zwischen zwei runden Formen wie **ee** im **Beet** rechts ist der Abstand geringer als zwischen zwei senkrechten wie **nn**.

Man kann es sich so vorstellen: Würde man Wasser in die Räume zwischen den Buchstaben gießen, müsste diese Menge dem Wasser entsprechen, das auch in die Innenräume passt. Die beiden Rosen – **a rose** – rechts zeigen, dass fette Buchstaben mit kleinen Innenräumen also enger beieinander stehen, magere Buchstaben mit großen Punzen weiter auseinander.

Die Flächenverteilung muss nicht mathematisch stimmen, sondern optisch. Sie muss gleichmäßig aussehen. Was man also sicher nicht braucht, um die Buchstaben- und Wortabstände zu bestimmen, ist ein Lineal. Alles auszumessen, würde ohnehin zu lange dauern, diese Zeit ist viel sinnvoller damit verbracht, das Auge zu schulen und die Hand zu trainieren.

**Wortabstand** Der Abstand zwischen zwei Wörtern soll so breit sein, dass die Wörter klar getrennt sind. Wenn der Text löchrig wirkt, sind die Abstände zu groß. Die Grundregel lautet: Der Weißraum zwischen den Wörtern sollte kleiner sein als der Weißraum zwischen den Zeilen.

Bei mehrzeiligen Texten gilt es außerdem darauf zu achten, dass sich durch übereinander stehende Wortabstände keine vertikalen Gassen bilden.

**Zeilenabstand** Der Zeilenabstand trägt dazu bei, dass der Blick mühelos an den Textzeilen entlanggleiten kann. Er wird von Grundlinie zu Grundlinie gemessen. Besonders bei Schriften mit großen Buchstabenabständen dürfen die Zeilen nicht zu eng stehen, sonst sind die Wörter nicht mehr klar als Zeilen erkennbar und die Kleinbuchstaben mit Ober- und Unterlängen kommen sich ins Gehege. Andererseits können Texte durch einen geringen Zeilenabstand ornamental wirken, wenn sich die Wörter wie zu einem Teppich verweben.

**Ligaturen** Um Kollisionen zu vermeiden, hat man im Bleisatz einige Buchstabenkombinationen zu einer Einheit verschmolzen. Manche Ligaturen wie die von **c** und **t** oder **s** und **t** sind rein dekorativ, aus anderen wurden mit der Zeit eigene Zeichen. Das Und-Zeichen **&** ist zum Beispiel eine Verbindung der Buchstaben **e** und **t**, dem lateinischen „et". Das nur im Deutschen verwendete **ß** wird „scharfes S" oder „Eszett" genannt, denn es war ursprünglich eine Verschmelzung des langen **ſ** und des **z**. Die Form des Buchstabens kommt aber durch die Verbindung von langem **ſ** und rundem **s** zustande. Das **ſ** wird heute nur noch bei den gebrochenen Schriften verwendet, bis zum 19. Jahrhundert war es auch bei den Antiquaschriften gebräuchlich.

Beim Lettering haben Ligaturen weniger einen praktischen Nutzen, sondern dienen als Schmuckelemente, oft in Verbindung mit ornamentalen Anfangs- und Endschwüngen.

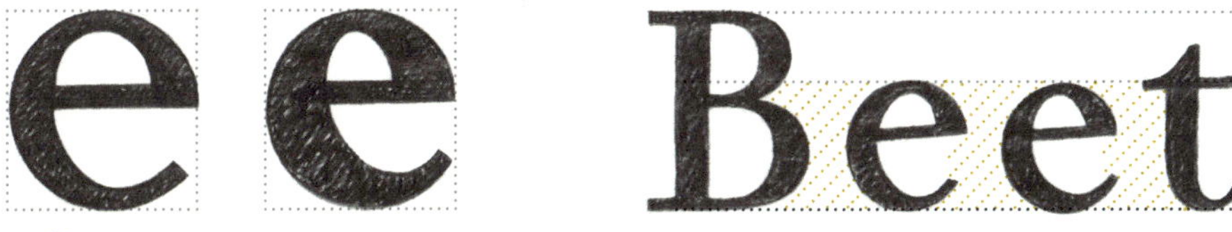


Weißraum

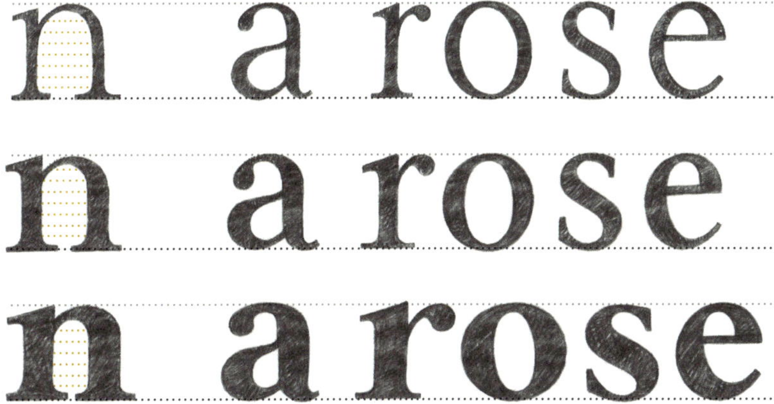


Buchstabenabstand

Mit Rosen bedacht

Wortabstand

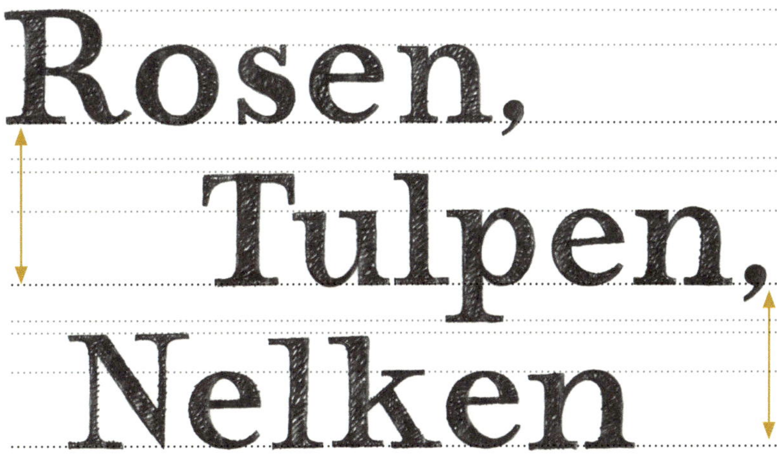


Zeilenabstand

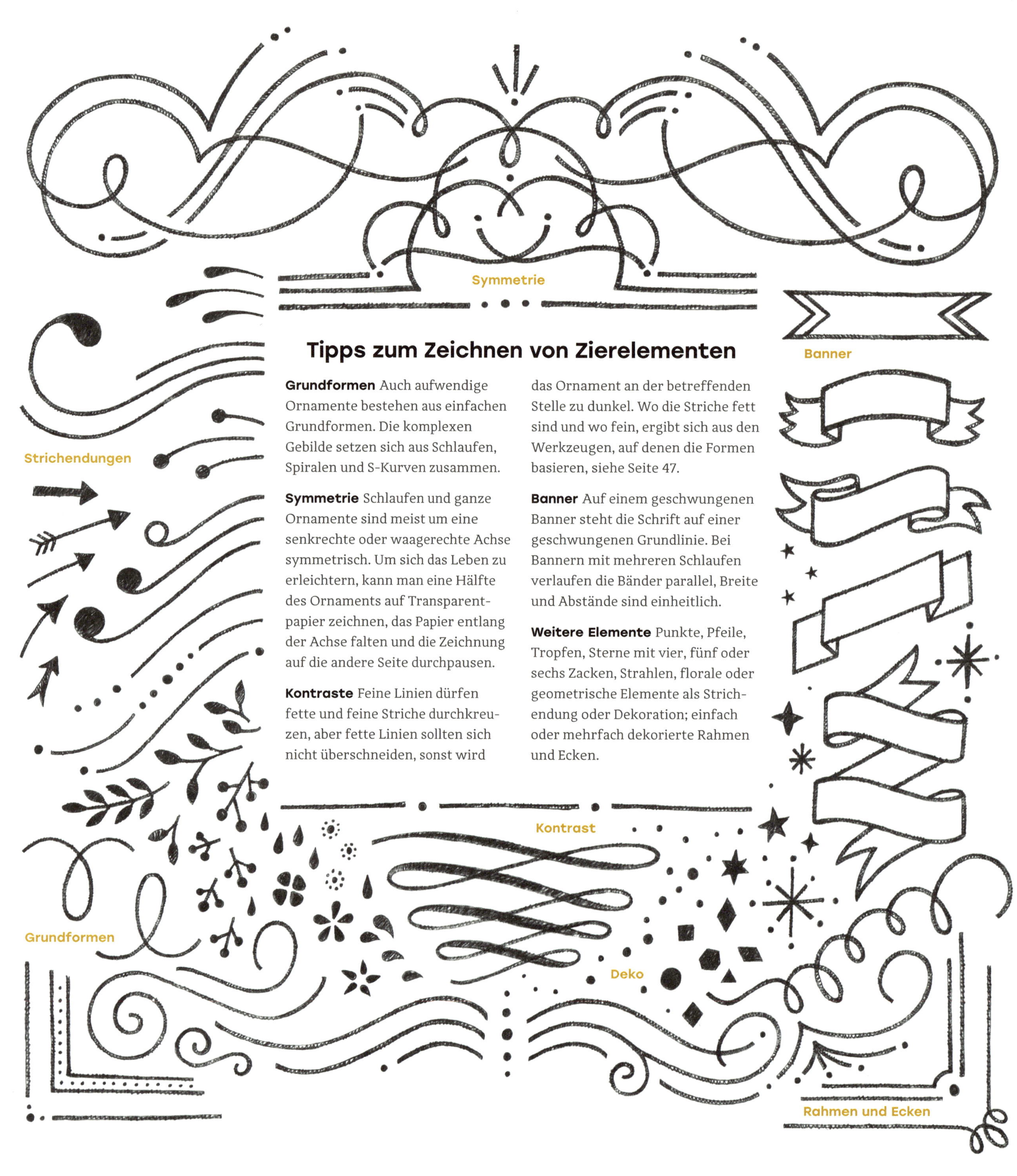


## Tipps zum Zeichnen von Zierelementen

**Grundformen** Auch aufwendige Ornamente bestehen aus einfachen Grundformen. Die komplexen Gebilde setzen sich aus Schlaufen, Spiralen und S-Kurven zusammen.

**Symmetrie** Schlaufen und ganze Ornamente sind meist um eine senkrechte oder waagerechte Achse symmetrisch. Um sich das Leben zu erleichtern, kann man eine Hälfte des Ornaments auf Transparentpapier zeichnen, das Papier entlang der Achse falten und die Zeichnung auf die andere Seite durchpausen.

**Kontraste** Feine Linien dürfen fette und feine Striche durchkreuzen, aber fette Linien sollten sich nicht überschneiden, sonst wird das Ornament an der betreffenden Stelle zu dunkel. Wo die Striche fett sind und wo fein, ergibt sich aus den Werkzeugen, auf denen die Formen basieren, siehe Seite 47.

**Banner** Auf einem geschwungenen Banner steht die Schrift auf einer geschwungenen Grundlinie. Bei Bannern mit mehreren Schlaufen verlaufen die Bänder parallel, Breite und Abstände sind einheitlich.

**Weitere Elemente** Punkte, Pfeile, Tropfen, Sterne mit vier, fünf oder sechs Zacken, Strahlen, florale oder geometrische Elemente als Strichendung oder Dekoration; einfach oder mehrfach dekorierte Rahmen und Ecken.

*Zierlinien*

# Go with the flow

**Ach, wie gefällig sie mäandern und das Auge dabei führen – aufwendige Gebilde aus Spiralen, Schweifen, Schlaufen und Schlingen, Punkten, Linien, Kurven und Pfeilen! Doch ornamentale Zierlinien sind nicht nur elegant-barocker Schmuck, sie dienen in einer Komposition auch als Rahmen, Abgrenzung oder Akzent.**

Zierlinien, Ornamente und Schwünge an Buchstaben können den Blick lenken, einzelne Worte eines Letterings betonen und eine Komposition ausbalancieren. Was sie nicht können: einen schlechten Entwurf und falsche Proportionen retten. Damit sie organischer Bestandteil einer Komposition sind, werden sie von Anfang an mit eingeplant.

Zierlinien und Ornamente sind oft etwas leichter und feiner gezeichnet als die Buchstaben eines Entwurfs, denn sie sollen nicht mit dem Text konkurrieren, sondern ihn hervorheben. Zeichnen Sie sie mit freier Hand, sodass die Schwünge organisch und harmonisch gerundet aus einer fließenden Bewegung heraus entstehen. Übrigens muss die Symmetrie der Ornamente nicht perfekt sein, um zu wirken, die beiden Beispiele rechts machen das deutlich.

Die Proportionen der Ornamente richten sich nach den Buchstaben eines Letterings. Sie passen stilistisch dazu, wenn ihre Striche die gleichen Charakteristika haben. Sind die Buchstaben zum Beispiel so gezeichnet, als seien sie mit einer Spitzfeder geschrieben, folgen auch die Ornamente diesem Formprinzip.
Mehr zum Einfluss der Schreibwerkzeuge auf die Buchstabenform siehe **Schriftklassen**, Seite 47.

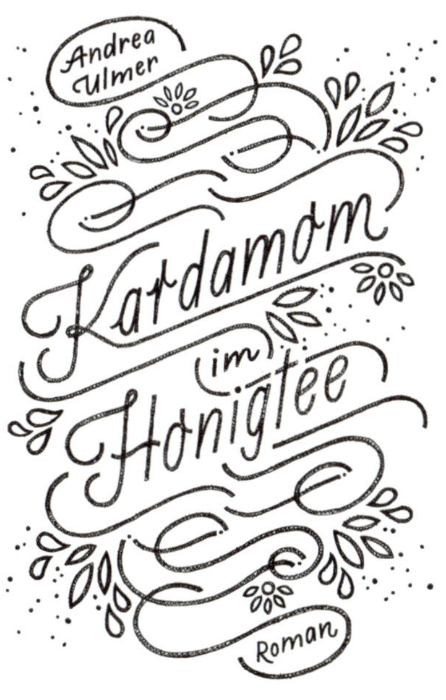

*Layout & Komposition*

# Bitte Platz nehmen

**Ausdrucksvolle, gut gestaltete Buchstaben sind beim Lettering das A und O. Doch man lettert, weil man etwas zu sagen hat und möchte, dass es sich anderen einprägsam erschließt. Damit sich der Inhalt des Texts auf den ersten Blick vermittelt, sollten nicht nur die Buchstaben und Wörter sitzen, sondern auch ihre Platzierung auf der Seite.**

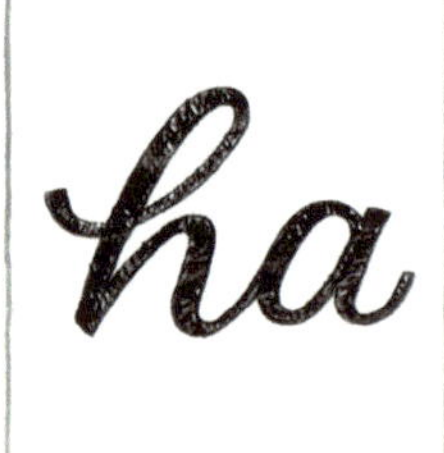


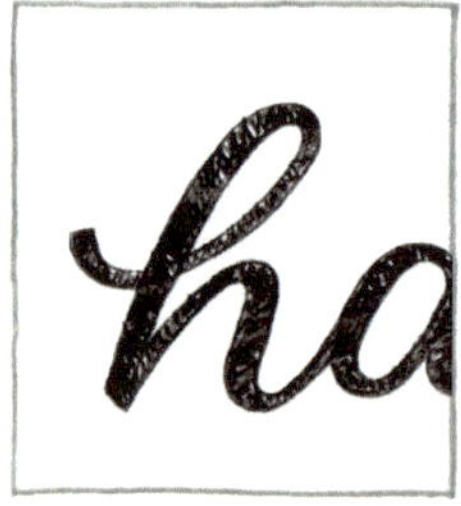


Format

**Format** Die Flächen, die einen Textblock auf der Seite umgeben, beeinflussen den Eindruck, den er hinterlässt. Selbst wenn ein Text aus nur einem Wort besteht wie links das **ha**, muss man entscheiden, wie sich das Wort zum Papierformat verhält. Ist es formatfüllend? Ist es von breiten Rändern umgeben? Ist es angeschnitten? Ist es symmetrisch oder asymmetrisch positioniert? Die Antworten auf diese Fragen richten sich nach dem Zweck des Entwurfs. Sie hängen auch davon ab, für welches Format er gedacht ist – ein Schriftzug für eine Postkarte stellt andere Anforderungen als einer für eine ganze Wand.

Damit ein Text nicht aus dem Format fällt, sollte der untere Rand etwas breiter sein als der obere. Ein breiter Rand rundherum hält einen Textblock zusammen und fügt ihn zu einer Einheit – außerdem wirkt der Entwurf dadurch elegant. Ein angeschnittener Text suggeriert Nähe, Unmittelbarkeit und Dramatik.

**Hierarchie** Eine gute Komposition lenkt den Blick und erleichtert dem Betrachter, sich auf der Seite zu orientieren. Damit der Text klar gegliedert und leicht zu lesen ist, sollte die grafische Gestaltung der inhaltlichen Hierarchie entsprechen. Dazu gruppiert man die Textteile so, dass das Wichtigste zuerst ins Auge springt, dann das Zweitwichtigste und so weiter. Zunächst gliedert man die Teile des Textes auf zwei oder drei Ebenen und ordnet den Ebenen dann eine eigene Art der Gestaltung zu. Wie bei allen Gliederungen gilt: Gleiches gleich behandeln.

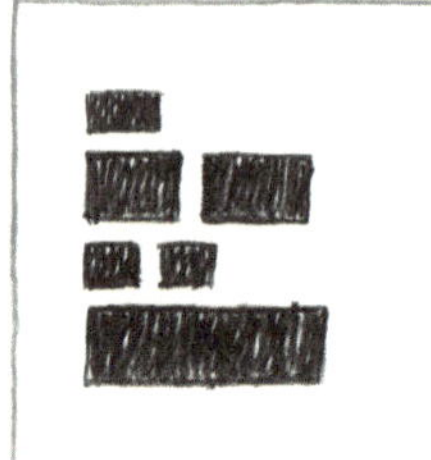
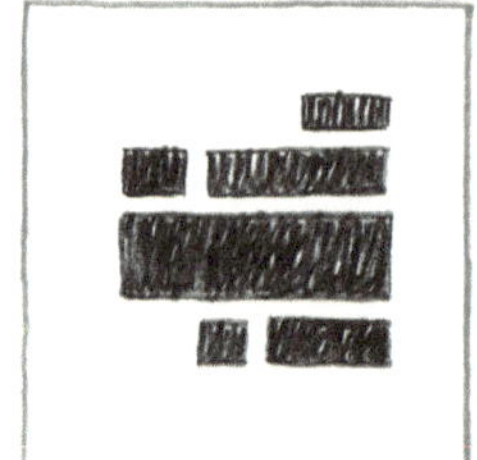

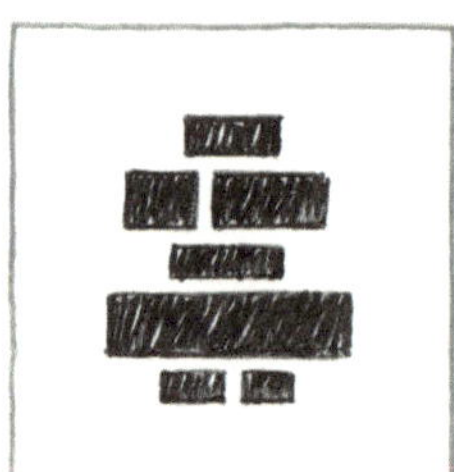

Anordnung

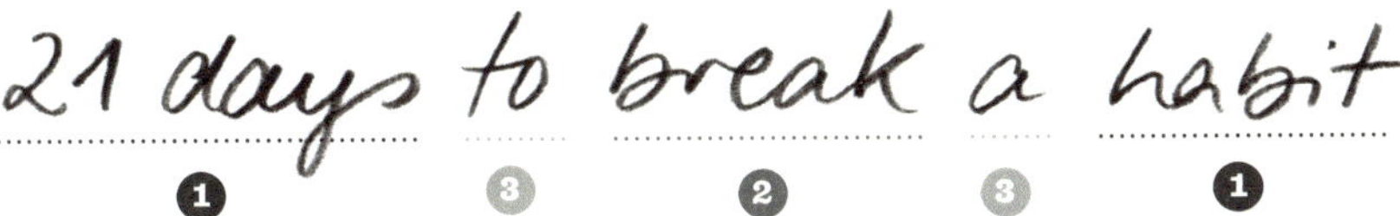


Hierarchie

Das Wichtigste bei der Gestaltung eines Layouts sind Klarheit und Entschiedenheit. Die Teile eines Texts müssen so gestaltet sein, dass sie als Einheit gelesen werden, sind sie zu unterschiedlich, fallen sie optisch auseinander.

Um verschiedene inhaltlich-visuelle Gewichtungen auszuprobieren, zeichnet man den Text grob in Miniskizzen. Dabei gliedert man seine Teile nach Größe und optischem Gewicht und setzt durch unterschiedliche Schriftstile Kontraste. Mit Dekorationen auf den Buchstaben, Schatten, Zierlinien, illustrativen Elementen wie Bannern sowie mit Farben und Helligkeitsstufen lassen sich Texte zusätzlich visuell gliedern. Mehr zu Ideenskizzen in Kapitel 4 auf Seite 107.

Am Anfang nutzt man oft das ganze Repertoire der Möglichkeiten und zeichnet komplizierte Buchstabenformen, grandiose Anordnungen und aufwendige Ornamente. Doch die Formen der Buchstaben und ihre Komposition auf der Seite dürfen nicht die Lesbarkeit des Texts beeinträchtigen. Deswegen sollte man sich beim Skizzieren immer wieder fragen, ob ein Element wirklich den beabsichtigten Gesamteindruck unterstützt – und es im Zweifelsfall lieber weglassen.

Welcher Aspekt eines Texts der wichtigste ist, hängt vom Kontext und vom Verwendungszweck ab. Was soll man zuerst sehen? Was soll auch bei einem flüchtigen Blick hängenbleiben?

Sind die bedeutenden Wörter identifiziert, entscheidet man, welche Worte die Hauptaussage unterstützen oder modifizieren. So sind bei dem Beispiel **21 days to break a habit** „21 days“ und „habit“ die Schlüsselworte, „break“ ist das zweitwichtigste Wort, „to“ und „a“ sind inhaltlich weniger wichtig. Daher sind rechts in den oberen drei Skizzen „21 days“ und „habit“ betont. **4** und **5** loten Alternativen aus, bei denen die „21“ beziehungsweise das Wort „break“ hervorgehoben ist.

**Anordnung** Schrift ist meistens rechtsbündig, linksbündig, im zeilenfüllenden Block oder zentriert um eine Mittelachse angeordnet. Bei einem Layout als Textblock können Schmucklinien Zeilen mit kurzen Wörtern auffüllen, wie bei Beispiel **3**.

Auf horizontalen Grundlinien wirken Worte ruhig, auf schräggestellten, gebogenen oder geschwungenen Grundlinien dagegen dynamisch. Mittig zentrierte Texte machen einen eher statischen und klassischen Eindruck, asymmetrisch

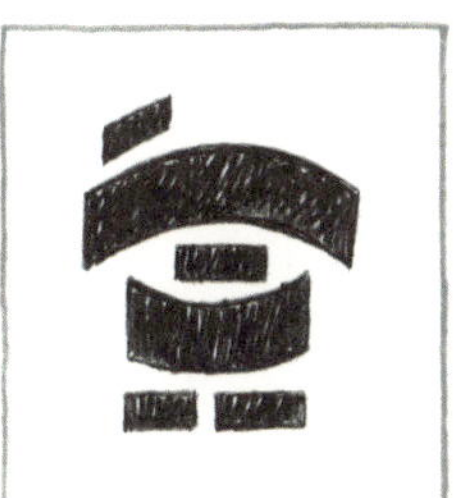

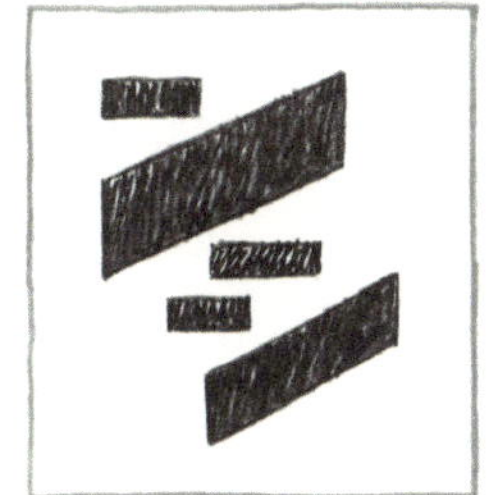

1
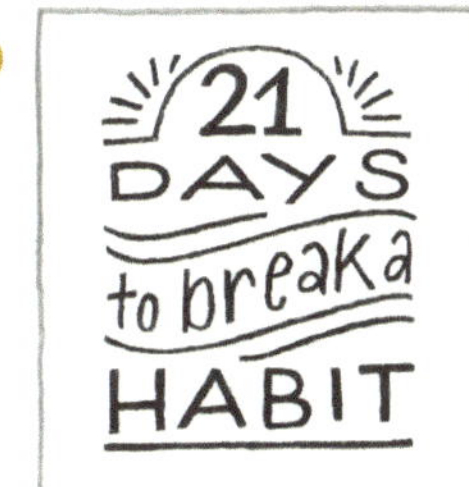


2
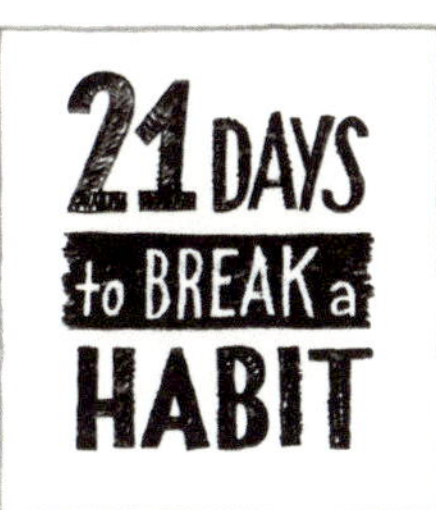


3
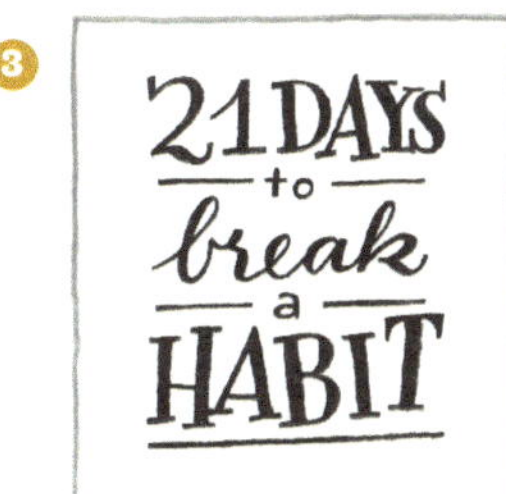


4
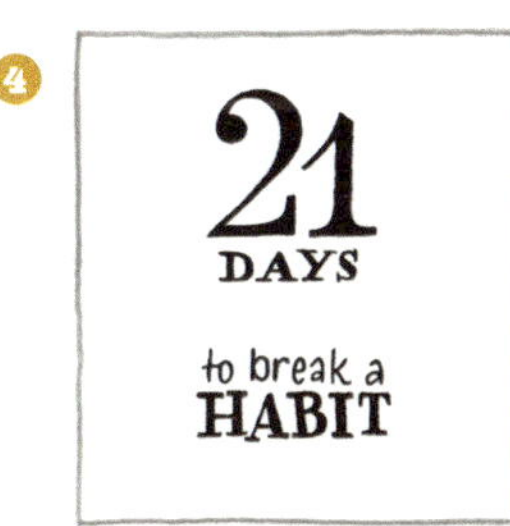


5
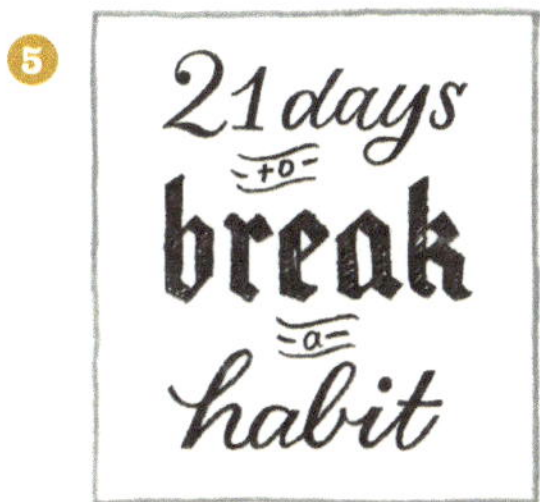


Hierarchie

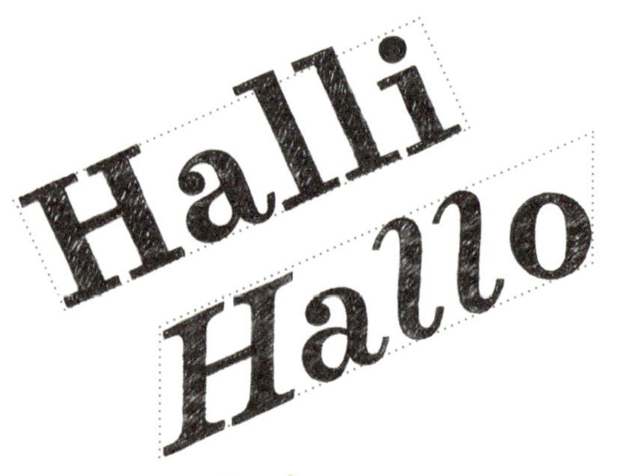


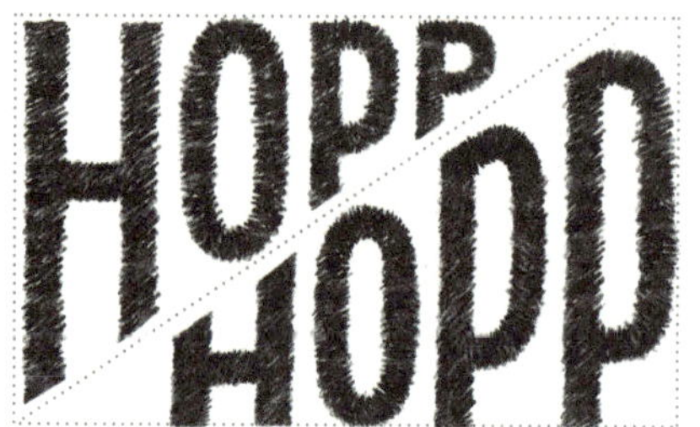


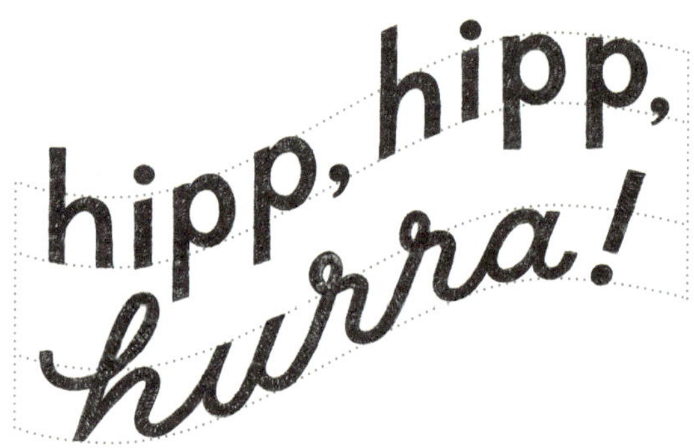


Anordnung

angeordnete Texte sehen bewegt und spannungsvoll aus. Diese allgemeinen Eindrücke kann man durch die Wahl von Schriftarten und -größen durchkreuzen.

Komplexere Texte können an mehreren Achsen ausgerichtet sein oder auf einer Kombination von waagerechten, diagonalen oder geschwungenen Grundlinien frei arrangiert werden. Für diese Art von Layout liefern alte Werbungen und Verpackungen wunderbare Vorbilder.

Eine schräge Grundlinie verläuft fast immer mit der Leserichtung von unten links nach oben rechts. Denn ist die Grundlinie in Leserichtung nach unten geneigt, sieht es so aus, als ob die Buchstaben aus dem Format rutschten.

**Halli** demonstriert, dass ein instabiler Eindruck entsteht, wenn Buchstaben senkrecht zu einer geneigten Grundlinie stehen. **Hallo** macht deutlich, wie sich diese Wirkung vermeiden lässt. Hier folgen die Buchstaben der Schwerkraft, ihre vertikalen Balken stehen senkrecht zum unteren Blattrand.

Mehrere geneigte Grundlinien in einem Entwurf sollten den gleichen Neigungsgrad haben, damit die Komposition nicht zu unruhig wird. Das Beispiel **hipp, hipp, hurra** zeigt mehrere geschwungene Grundlinien, auch hier verlaufen die Kurven parallel.

Die Buchstaben auf gebogenen Grundlinien stehen entweder senkrecht zum Blattrand oder strahlenförmig gefächert.

**Halligalli** zeigt, dass die Grundlinien bei der senkrechten Ausrichtung nur leicht gebogen sein sollten. Bei stärkerer Krümmung werden die äußeren Buchstaben des Wortes zu sehr verzerrt.

Für die strahlenförmige Anordnung der Schrift wie beim **Hallodri** zeichnet man sich von einem Kreismittelpunkt ausgehende Hilfslinien und richtet die senkrechten Balken der Buchstaben daran aus.

Bei runden Formaten passt sich der Text entweder auf horizontalen Grundlinien in die Form ein oder er verläuft auf kreisrunder Grundlinie parallel zum Formatrand. **Harlekin Hermelin** zeigt ein Beispiel. Damit die Schrift lesbar ist, ohne das Objekt drehen zu müssen, läuft sie nicht rundum. Stattdessen hat der obere

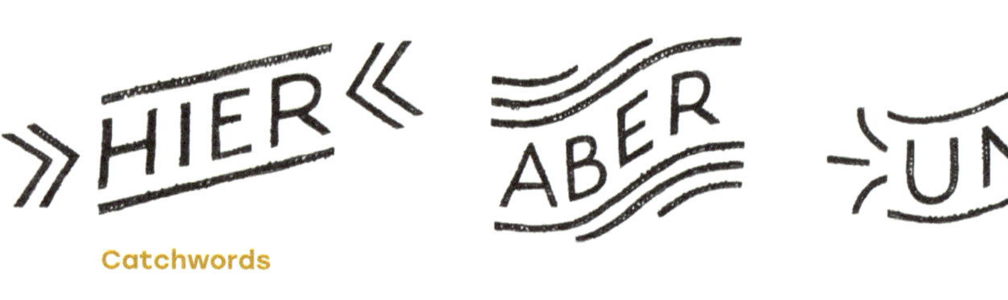


Catchwords

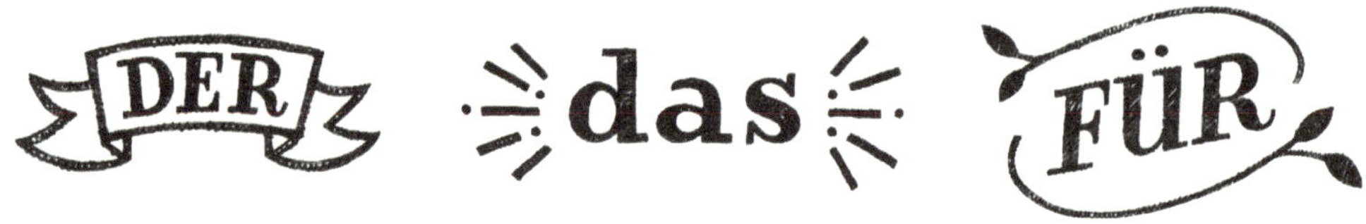

Halligalli

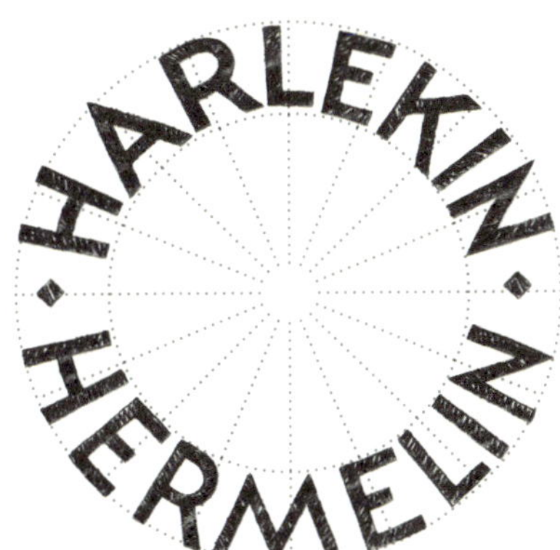


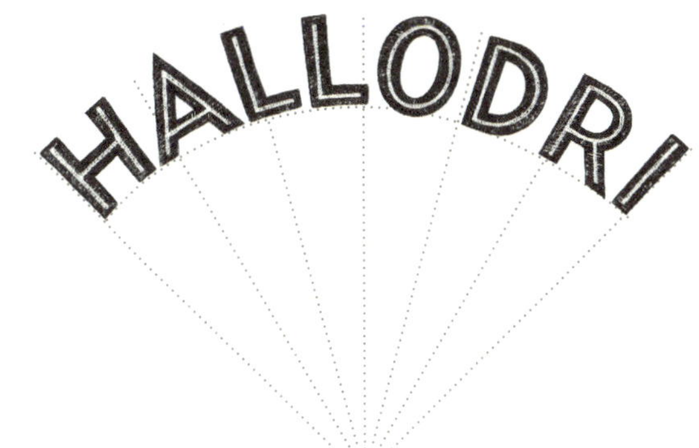


Text seine Grundlinie auf dem inneren Kreis, die untere Hälfte steht auf dem äußeren Kreis, der die Versalhöhe der oberen Texthälfte darstellt.

Zeichnen Sie bei all diesen Formen nicht nur die Grundlinie der Buchstaben als Hilfslinie, sondern das ganze Liniensystem mit den Linien für die x-Höhe, die Versalhöhe und gegebenenfalls für die Ober- und Unterlängen. So sehen Sie, wie sich die Verzerrung der Grundlinie auf die Form der Buchstaben auswirkt, und können die Buchstaben leichter zeichnen.

**Catchwords** Kurze, inhaltlich weniger wichtige Wörter werden oft in kleinen Schriftgrößen als dekorative, grafische Elemente gezeichnet. Sie dienen als Blickfang und verbinden Teile des Layouts miteinander. Wie bei allen Ornamenten spielt Symmetrie auch bei der Dekoration der Catchwords eine große Rolle. Mehr dazu im Abschnitt **Zierlinien**, Seite 41.

**Räumlichkeit** Buchstaben wirken räumlich, wenn man sie als Parallelprojektion oder perspektivisch mit einem oder zwei Fluchtpunkten zeichnet.

**Haiopei** ist ein Beispiel für die Parallelprojektion ohne perspektivische Verzerrung. Dazu zeichnet man die gleiche Buchstabenform zweimal leicht versetzt und verbindet dann die Eckpunkte miteinander, um den Buchstabenkörper zu bilden. Diese Darstellung hat den Vorteil, dass die Buchstabentiefe gleich viel Raum einnimmt und die Abstände leichter auszugleichen sind.

Bei der Zentralprojektion wird entweder über oder unter dem Wort eine Horizontlinie gezeichnet und darauf werden ein oder zwei Fluchtpunkte platziert. Ausgehend von den Eckpunkten der Buchstaben zeichnet man nun Hilfslinien, die auf den oder die Fluchtpunkte zulaufen, und bestimmt die Tiefe der Buchstaben entlang dieser Hilfslinien. Wie bei **Heieiei** und **Huiuiui** zu sehen, muss der Fluchtpunkt nicht mittig platziert sein, er kann sich innerhalb der Breite des Wortes auch seitlich versetzt befinden.

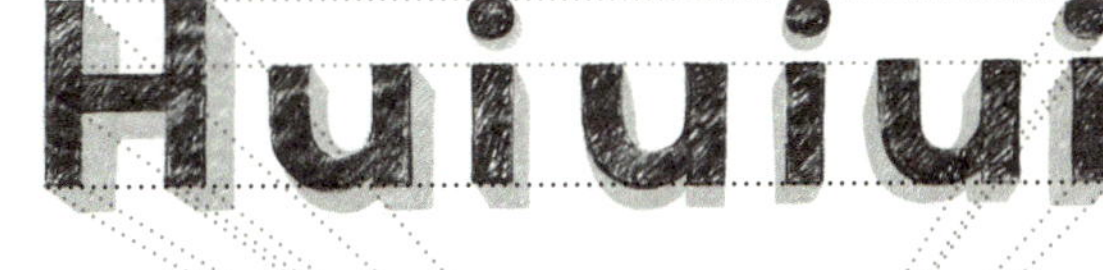


HAIOPEI

**Räumlichkeit**

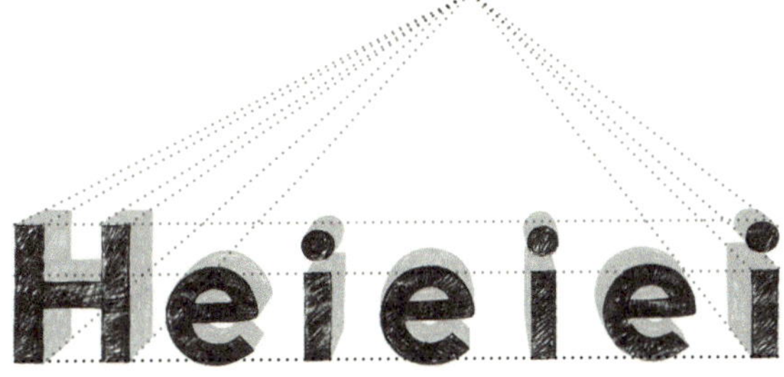

Luftige
Höhen

Bausch
und
Bogen

Hotte
Hü

Dalli
dalli

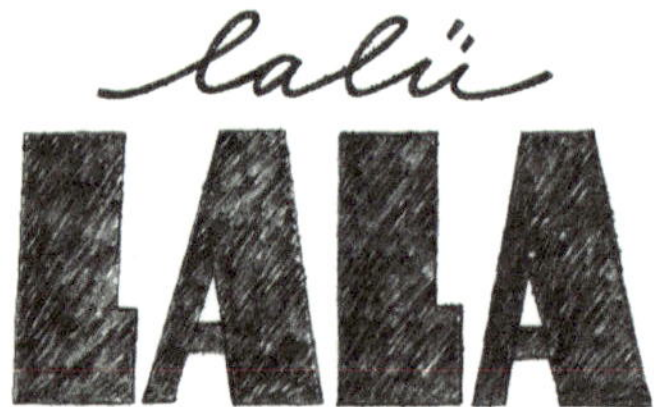


Schriftmischung

**Schriftwahl** Die Wahl der Schriften für einen Entwurf setzt Anfänger häufig unter Druck. Dabei hat man meistens ein Bauchgefühl dafür, welche Schriftarten passend sind, und diesem Gefühl kann man ruhig vertrauen und es als Ausgangspunkt nutzen.

Zusätzlich sollte man sich fragen: Was will ich mit diesem Entwurf ausdrücken und an wen richtet er sich? Die Antworten auf diese Frage helfen, die zahllosen Möglichkeiten einzugrenzen, aus ihnen lassen sich die passenden Schriften ableiten. Mit der Zeit, mit Übung und mit wachsendem Wissen wird das Gespür für die Anmutungen unterschiedlicher Schriften immer feiner und die Wahl fällt leichter.

**Schriftmischung** In der Typografie kommt es bei der Kombination von Satzschriften auf feine Unterschiede und harmonierende Formen an. Die Schriften sollten sich deutlich unterscheiden, aber auch über Charakteristika verfügen, die eine Verbindung schaffen.

Beim Lettering ist es leichter, Schriften zu kombinieren, denn der Strich der Zeichnung gleicht Unterschiede aus und trägt dazu bei, auch sehr verschiedene Schriftarten zu einer Einheit zu verbinden. Doch auch handgezeichnete Schriften sollten sich in Größe, Strichstärke und Form sowohl klar unterscheiden als auch stilistisch aufeinander beziehen. Sind die Unterschiede zu gering, sieht der Entwurf unentschlossen aus und im schlechtesten Fall wie „gewollt und nicht gekonnt". Unterscheiden sich die Schriften zu sehr, fügen sich die Teile des Texts nicht zu einem Ganzen.

Meist genügen ein, zwei, höchstens drei Schriftstile für einen Entwurf, besonders, wenn man sie in unterschiedlichen Strichstärken und Größen zeichnet.

Zu viele verschiedene Schriften in einer Zeichnung konkurrieren miteinander und schwächen den Gesamteindruck – es sei denn, man erhebt die große Vielfalt zum erkennbaren Gestaltungsprinzip.

Das Beispiel **Luftige Höhen** kombiniert eine Schreibschrift mit einer Antiqua, eine Kombination, die fast immer funktioniert. Der Strichstärkenkontrast und die schmalen Buchstabenformen verbinden die beiden Schriftarten, aber die dynamisch bewegte Anmutung von „Luftige" bildet einen klaren Kontrast zur statisch-aufrechten Wirkung von „Höhen".

Bei **Bausch und Bogen** ist die klassizistische Antiqua von „Bausch" von der Renaissance-Antiqua von „Bogen" kaum zu unterscheiden. Ihre Ähnlichkeit weckt Zweifel, ob die Unterschiede gewollt sind.

Die serifenlose und die serifenbetonte Schrift bei **Hotte Hü** verbinden sich gut, sie haben ähnliche Proportionen und keinen Strichstärkenkontrast, unterscheiden sich aber deutlich durch die Serifen.

Kombiniert man wie bei **Dalli dalli** eine Antiqua mit einer Kursiven, kann man wenig verkehrt machen, das Zusammenspiel ist allerdings nicht sehr spannend.

**Lalü Lala** wird zwar visuell durch die Art der Zeichnung und die Schraffur zusammengehalten, doch die beiden Schriften sind in Größe und Charakter so unterschiedlich, dass sie keine Einheit bilden.

*Schriftklassen*

# Styleguide

**Mit Serifen, ohne Kontrast, mit Schwüngen, ohne Neigung … ganz schön unübersichtlich, diese vielen Arten, Buchstaben zu zeichnen! Wenn man die Schriftarten aber grob vorsortiert, ist es schon etwas einfacher, ihre Merkmale zu unterscheiden und davon ausgehend eigene Formen zu zeichnen.**

Die Klassifikation von Schriften spielt beim Lettering eine deutlich geringere Rolle als in der Typografie und in der Schriftgestaltung, denn die verschiedenen Schriftarten sind nur der Ausgangspunkt für freie Entwürfe. Um Schrift jedoch gekonnt zu variieren, sollte man nicht nur die Grundstruktur der Buchstaben verstehen, sondern auch einen Überblick über ihre typischen Formen und deren kalligrafischen Ursprünge haben.

Es gibt verschiedene Modelle, Schriften nach ihrer historischen Entwicklung zu klassifizieren. Für das Lettering ist es jedoch nützlicher, nach dem Formprinzip zu unterscheiden, das unter anderem Indra Kupferschmid und Hans Peter Willberg erklärt haben. Ausgehend von dem Gedanken „Schrift kommt von Schreiben", werden die Buchstabenformen bei dieser Klassifizierung als spezifische Spuren verschiedener Schreibwerkzeuge betrachtet. Neben den augenfälligen Merkmalen Serifen ja/nein und Strichstärkenkontrast ja/nein ist die Art des Strichstärkenkontrasts, der sich aus den Werkzeugen ergibt, das Unterscheidungskriterium.

Nach diesem Modell gibt es drei verschiedene Formprinzipien: das der Breitfeder, das der Spitzfeder und das der runden Redisfeder. Typisch für das

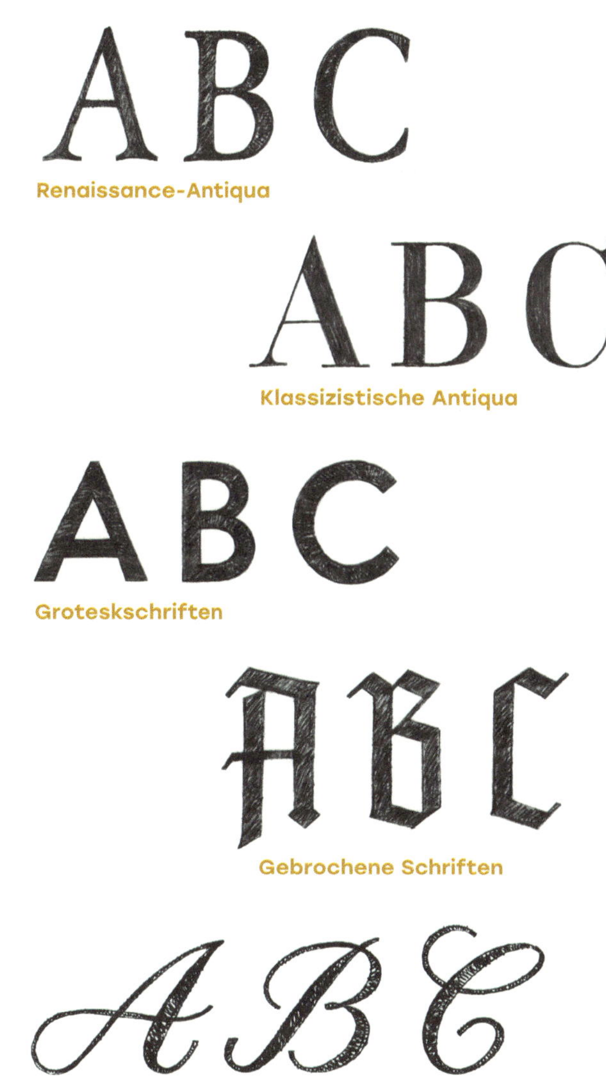

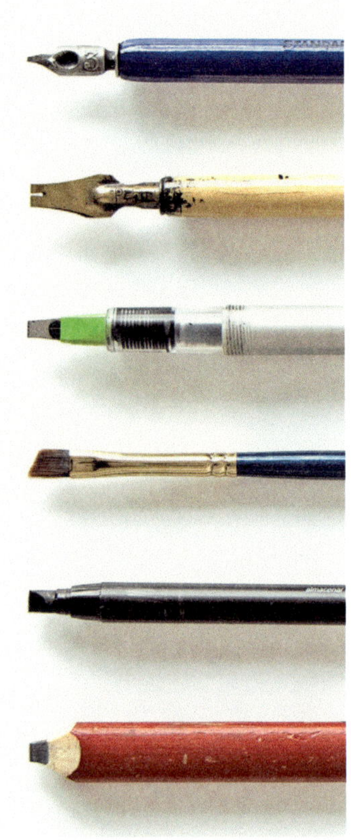

Breite Werkzeuge

**Breite Werkzeuge**
Von oben nach unten: Bandzugfeder, Plakatfeder, Parallel Pen, Flachpinsel, Filzstift mit breiter Spitze, Zimmermannsbleistift

Die steife Bandzugfeder und verwandte Werkzeuge mit breiter Schreibkante werden in einem festen Winkel von 30° bis 45° zur Grundlinie nach unten und seitlich über das Papier gezogen. Der Druck bleibt beim Schreiben unverändert, der charakteristische Wechselzug entsteht durch die Schreibrichtung und den Winkel der Feder. Schriften, deren Formen auf die Breitfeder zurückgehen, haben eine schräge Kontrastachse und wirken dadurch dynamisch. Der Strich der breiten Werkzeuge lässt sich beim Zeichnen leicht nachahmen, wenn man im gleichen Winkel und mit einheitlicher Breite schraffiert.

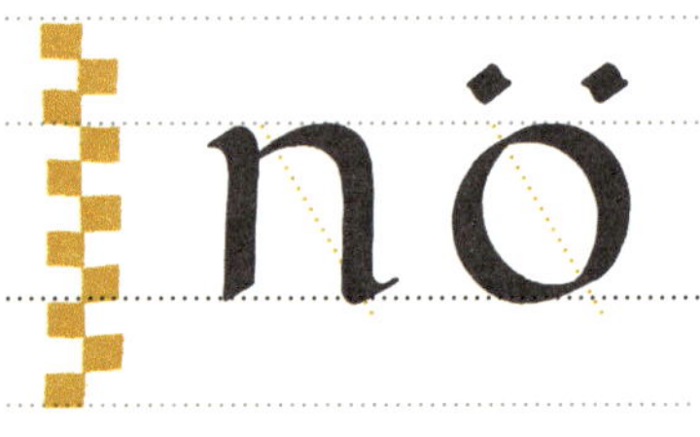


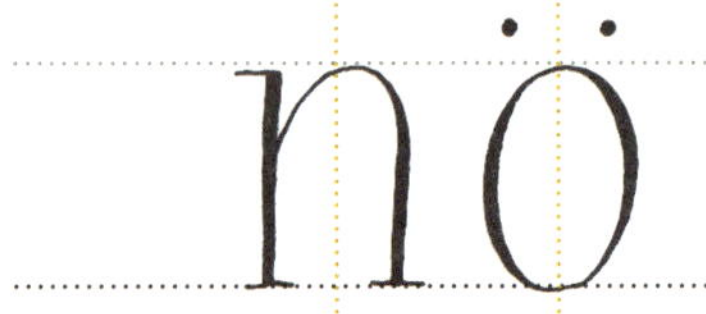


Achse und Proportion

**Achse und Proportion** Bei den Werkzeugen mit breiter Spitze ergeben sich die Proportionen der Buchstaben aus der Breite der Werkzeugspitze. Das **nö** links oben wurde im Verhältnis 3:5:3 mit einem Parallel Pen geschrieben. Die Größenverhältnisse werden mit quadratischen Strichen in Federbreiten gemessen, wie links am Rand gezeigt.

Buchstaben, die mit flexiblen Werkzeugen geschriebenen werden, haben weniger festgelegte Proportionen.

Formprinzip der Breitfeder sind eine schrägliegende Kontrastachse und dynamische Formen. Das Prinzip der Spitzfeder ist durch eine aufrechte Kontrastachse und statische Anmutung gekennzeichnet und das der Redisfeder zeigt geometrische Formen und einheitlich starke Striche.

## Form follows Feder

Die Lage der Kontrastachse und der dynamische, statische oder geometrische Charakter der Buchstaben werden vom Werkzeug und der Reihenfolge und Richtung der Striche bestimmt. Damit nimmt einem das kalligrafische Werkzeug beim Schreiben viele Entscheidungen ab, die man beim Schriftzeichnen treffen muss. Denn auch wenn man beim Lettering machen kann, was man will, arbeitet man doch nicht völlig losgelöst von den Konventionen der Schriftgestaltung und den über Jahrhunderte geprägten Sehgewohnheiten. Deswegen werden Entwürfe oft besser, wenn sich auch Buchstaben, die nicht geschrieben, sondern gezeichnet sind, in ihren Formen und Proportionen auf kalligrafische Werkzeuge beziehen. Die Auseinandersetzung mit der Kalligrafie hilft also, schwerwiegende Fehler zu vermeiden. Denn wer mit den unterschiedlichen Schreibwerkzeugen vertraut ist und ihren Einfluss auf die Formen der Buchstaben versteht, kann diese Formen auch zeichnen und an geeigneter Stelle von den Vorgaben der Werkzeuge abweichen.

## Beispiel und Anregung

Die Alphabete auf den folgenden Seiten sind daher nicht zum Abzeichnen gedacht, sondern zum Nachvollziehen. Sie verdeutlichen wesentliche Merkmale von fünf Schriftklassen: der Renaissance-Antiqua, der klassizistischen Antiqua, der Groteskschriften, der gebrochenen Schriften und der Schreibschriften. Allerdings bilden sie nicht jeweils eine bestimmte Schrift aus diesen Klassen ab, sie orientieren sich lediglich an deren repräsentativen Vertretern Garamond, Bodoni, Futura, Textura und englische Schreibschrift. Die Beispiele links auf den Doppelseiten sind wiederum freie Variationen der exemplarischen Alphabete.

Die Vorlagenseiten erschließen die grundlegenden Charakteristika der Schriftklassen, sodass sich die Buchstaben für verschiedene Anwendungen anpassen und als Ausdrucksmittel einsetzen lassen. So wie die Alphabete jedoch nicht ein maßgebliches Ideal zum unmittelbaren Kopieren darstellen, sondern der Orientierung dienen, sind die genannten typischen Merkmale nicht zwingend bei allen Schriften einer Klasse vorhanden. Beim Lettering können sie also kein Rezept sein, um die Schrift einer bestimmten Klasse „richtig" zu zeichnen. Sie geben stattdessen Kriterien an die Hand, um sich Schriftbeispiele anzusehen und davon ausgehend eigene Formen zu schaffen.

Im Grunde lassen sich die Schriften jeder Klasse für fast alle Anwendungszwecke adaptieren. Betont man die richtigen Eigenschaften, kann auch eine gebrochene Schrift luftig und leicht wirken und eine geschwungene Schreibschrift massiv und statisch. Im Abschnitt **Schriftanmutung** ab Seite 60 geht es vertiefend um die Wirkung von Schrift.

**Flexible Werkzeuge**
Von oben nach unten: Spitzfeder, Aquarellpinsel, Schulpinsel, Pinselstift, Brushpen

Beim Schreiben mit der Spitzfeder und anderen Werkzeugen mit flexibler Spitze wird die Strichstärke durch den Druck der Hand reguliert. Man setzt Kontraste, indem man bei den Abstrichen von oben nach unten aufdrückt, sodass sich die Spitze des Werkzeugs spreizt und sich der Strich verbreitert. Bei den Aufstrichen von unten nach oben gleitet die Spitze ohne Druck über das Papier. Weil der Strich mit dem Druck an- und abschwillt, nennt man ihn auch Schwellzug. Schriften, deren Formen auf die Spitzfeder zurückgehen, haben eine senkrechte Kontrastachse und statische Formen.

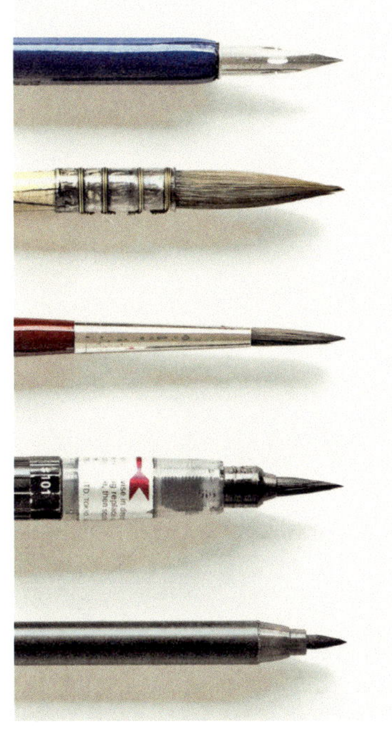

Flexible Werkzeuge

**Werkzeuge mit runder Spitze**
Von oben nach unten: Redisfeder, Füllfederhalter, Fineliner, Bleistift

Die Redisfeder und andere Werkzeuge mit unflexibler, runder Spitze reagieren nicht auf Druck und ziehen daher gleichmäßige Striche ohne Strichstärkenkontrast. Schreibwinkel und -richtung spielen keine Rolle.

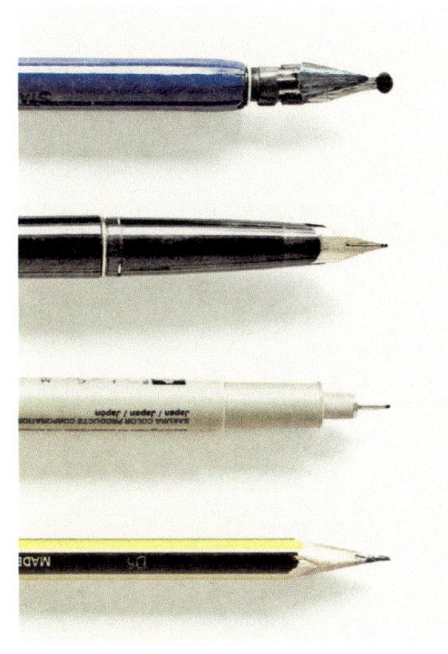

Runde Werkzeuge

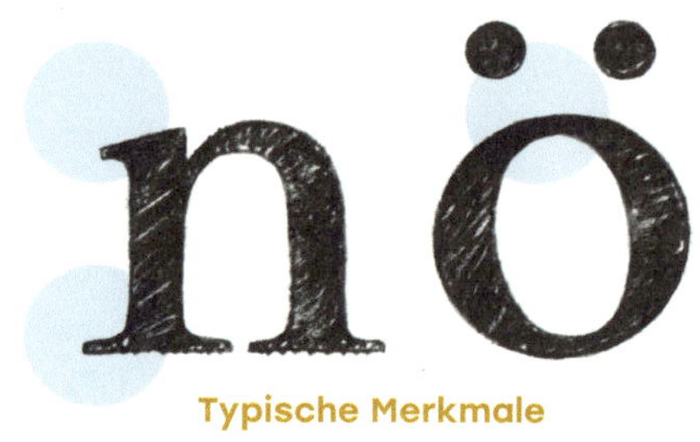

Typische Merkmale

ABCDEF
GHIJK
LMNOP
QRSTU
VWXYZ
abcdefg
hijkl
mnopq
rstuvw
xyyz

Kursive Schrift

## Renaissance-Antiqua

Während der Renaissance im 15. Jahrhundert besann man sich in Italien auf die antike römische Kultur und kombinierte handgeschriebene Kleinbuchstaben – oder humanistische Minuskeln – mit den Großbuchstaben römischer Inschriften. So entstanden die Antiqua-Schriften, die im Gegensatz zu den damals modernen, aber in Italien als „barbarisch" verschrienen gebrochenen Schriften altehrwürdig wirkten.

Wie die gebrochenen Schriften wurde die Renaissance-Antiqua mit der Breitfeder geschrieben. Der Einfluss des Werkzeugs auf die Form der Buchstaben ist vor allem an der schrägliegenden Achse und den offenen Formen deutlich erkennbar.

Das Alphabet rechts basiert auf den Formen der Garamond.

**Typische Merkmale**

- links geneigte Kontrastachse
- dynamischer Charakter
- offene, organische Formen bei **C**, **G**, **S** und **c**, **e**, **s**, mit Bezug zum Schreibwerkzeug Breitfeder
- Kontrast weniger stark ausgeprägt als bei der klassizistischen Antiqua
- kräftige Serifen, oft mit gerundetem Übergang
- oben meist schräge Serifen
- die Großbuchstaben basieren in der Regel auf den Proportionen der Capitalis Monumentalis
- die Kleinbuchstaben überragen die Versalien oft etwas
- das Bein des **R** verläuft diagonal und gerade, nicht geschweift

**Kursive Schrift** Kursive Schriften sind nicht einfach geneigt, bestimmend ist ihr „laufender" Charakter, der sich aus der Strichführung beim schnellen Schreiben mit der Hand entwickelt hat. Er vermittelt den Eindruck, die Buchstaben seien in einem Zug geschrieben, indem die Abstriche ohne neu anzusetzen mit den Aufstrich verbunden werden.

Die kursiven Buchstaben laufen schmaler als die der Antiquaschriften, ihre Kleinbuchstaben haben keine Fußserifen, sondern meist feine hakenförmige Aufstriche. Einige Kleinbuchstaben haben außerdem oft eigene Formen:

- **a** und **g** sind nicht mehrstöckig, ihre Bögen passen sich den Formen von **b**, **d**, **p** und **q** an
- das **e** ist gerundet
- das **f** steht nicht auf der Grundlinie, sondern wird mit einem Schweif bis zur Unterlänge verlängert
- das **k** hat oft eine Schlaufe
- der Stamm des **p** ragt manchmal über die Mittellänge hinaus
- **v**, **w**, **x** und **y** haben oft keine Serifen, sondern Schwünge
- die Diagonale beim **z** ist häufig fein, die horizontalen Striche sind betont

**Varianten** **hin** hat schmale Buchstaben und einen geringen Strichstärkenkontrast, bei **her** sind die Buchstaben breit und fett. Der „reverse contrast" von **Hü** verläuft horizontal, die Formen von **Hott** sind weich und rund. Zur Zierde hat **HAND** Sporne und gespaltene Serifen, **Herz** geschwungene Querstriche.

ABCDEF hin
GHIJKLM her
NOPQRSTU
Hü VWXYZ
Hott abcdefgh
ijklmno
pqrstu HAND
vwxyz Herz

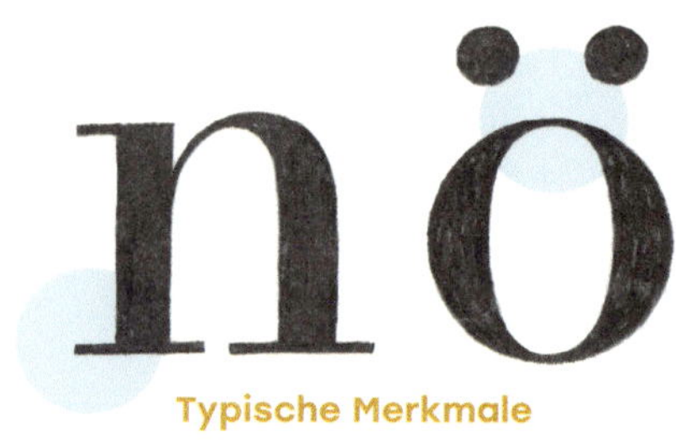


Typische Merkmale

KARDAMOM im HONIGTEE

Wer hat an der Uhr gedreht?

Beispiele

## Klassizistische Antiqua

Auf den ersten Blick scheinen die Unterschiede zwischen klassizistischer Antiqua und Renaissance-Antiqua gering. Die Formen der Buchstaben sind ähnlich und zeichnen sich durch Serifen und Strichstärkenkontraste aus. Doch da die klassizistische Antiqua sozusagen eine mit der Spitzfeder geschriebene Renaissance-Antiqua ist, ist der Charakter der beiden Schriftklassen grundsätzlich verschieden: Die Renaissance-Antiqua wirkt dynamisch, der Strich der Breitfeder ist in den Formen deutlich zu sehen; die klassizistische Antiqua dagegen macht einen statischen Eindruck, da die organischen Formen der Renaissance-Antiqua durch den Einfluss der Spitzfeder mehr und mehr stilisiert wurden, die Kontrastachse sich aufrichtete und der Strichstärkenkontrast zunahm.

Mit der Industrialisierung Anfang des 19. Jahrhunderts entstanden aus der klassizistischen Antiqua ultrafette Schriften, die „fat faces". Sie sollten Aufmerksamkeit wecken, da Druckschriften nicht mehr nur in Büchern und Zeitungen verwendet wurden, sondern auch in der aufkommenden Werbung. Parallel entwickelten sich serifenbetonte Schriften mit geringem Strichstärkenkontrast, die Egyptiennes, die ebenfalls in der Werbung verwendet wurden und wegen ihrer robusten Anmutung auch für grobe, technische Zwecke. Im Englischen nennt man sie treffend „slab serifs", denn ihre fetten Serifen wirken wie „angeklatscht".

Die Alphabetvorlage ist an einer Bodoni orientiert, dem Paradebeispiel einer klassizistischen Antiqua.

**Typische Merkmale**

- senkrechte Kontrastachse
- statischer Formencharakter
- stilisierte, einheitliche Formen zum Beispiel bei den Buchstaben **b**, **d**, **g**, **p**
- starker Kontrast zwischen fetten und feinen Strichen
- Versalien mit modernen Proportionen, etwa gleich breit
- feine Serifen treffen oft übergangslos auf den Stamm
- waagerechte Endungen der Striche
- das Bein des **R** verläuft senkrecht und geschweift

**Varianten** Bei **klein** ist der Strichstärkenkontrast sehr gering. Mit den extremen Kontrasten ist **kurz** ein Beispiel einer Fat-Face-Schrift. **klipp** hat kompakte, schmale Formen, **klar** hat kurze Ober- und Unterlängen beziehungsweise eine große x-Höhe. **Kind** zeigt eine serifenlose Antiqua, bei **Kegel** sind die Serifen überbetont – typisch für eine Egyptienne.

ABCDEFG

klein

HIJKLMN

kurz

OPQRSTUV

klipp

WXYZ!?

klar

abcdefgh

ijklmnopq

Kind

rstuvw

Kegel

xyz

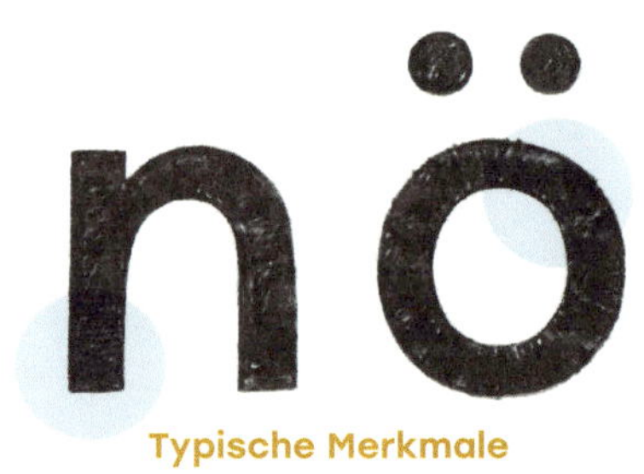


Typische Merkmale

A FRIEND IN NEED IS A FRIEND INDEED

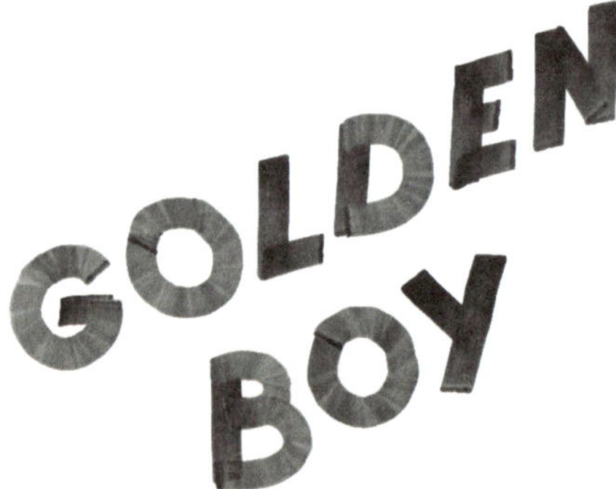


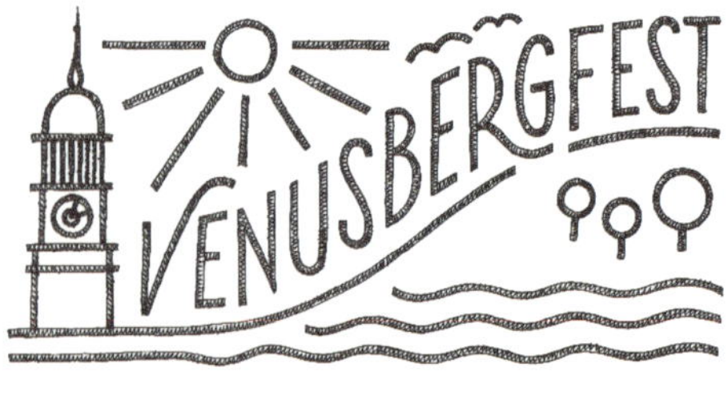


Beispiele

## Groteskschriften

Nachdem die Serifen bei den Egyptiennes überbetont wurden, ließ man sie kurz darauf einfach weg. Es heißt, die Bezeichnung „Grotesk“ für die serifenlosen Schriften habe damit zu tun, dass Buchstaben ohne Serifen den Betrachtern albern und – weil scheinbar auf ihr Skelett reduziert – geradezu nackt vorkamen, als sie Ende des 18. Jahrhunderts zuerst bei der Beschriftung von Gebäuden auftauchten. Heute wirken serifenlose Schriften wie die normale, neutrale Schrift schlechthin, nicht zuletzt weil man mit ihren einfachen, schlichten Formen in der Schule lesen lernt. Doch auch bei den serifenlosen Schriften gibt es verschiedene Stilrichtungen, deren einzige Gemeinsamkeit ist, dass sie keine Serifen haben. Im Englischen werden sie daher mit Rückgriff auf das Französische auch „sans serifs“ genannt.

Die frühen serifenlosen Druckschriften waren mit der klassizistischen Antiqua verwandt, ihre Formen waren stilisiert, gleichmäßig und eher statisch. In den 1920er-Jahren wurden die ersten geometrischen Serifenlosen konstruiert, die sich ganz vom formgebenden Einfluss des Schreibwerkzeugs entfernten. Sie repräsentierten die neue, revolutionäre Typografie des Bauhauses und werden auch heute noch mit Sachlichkeit und zeitgenössischer Moderne assoziiert. Das Beispielalphabet ähnelt der Futura, einer Schrift mit sehr geometrischer Anmutung.

**Typische Merkmale**

- keine Serifen
- kaum sichtbarer Strichstärkenkontrast oder kein Kontrast
- klare, oft konstruiert wirkende Formen, kaum Bezug zum Schreibwerkzeug
- bei den geometrischen Varianten: kreisrundes **o**, die Proportionen der Großbuchstaben entsprechen meistens denen der römischen Capitalis
- die Oberlängen der Kleinbuchstaben reichen meist nicht über die Versalhöhe hinaus

**Varianten** Bei **NIE** ist die Mittellinie nach oben versetzt, bei **NIMMER** nach unten. **NULL** wirkt blockig und massiv, **nichtig** zeigt eine runde, aufgeblasene Bubble-Schrift mit Highlights. Die Formen von **noch** sind schmal und oval, die von **nöcher** sind rund.

NIE ABCDEF

NIMMER GHIJKL

MNOPQRST

UVWXYZ NULL

abcde nichtig

fghijklnm

opqrstuv

noch

nöcher wxyz

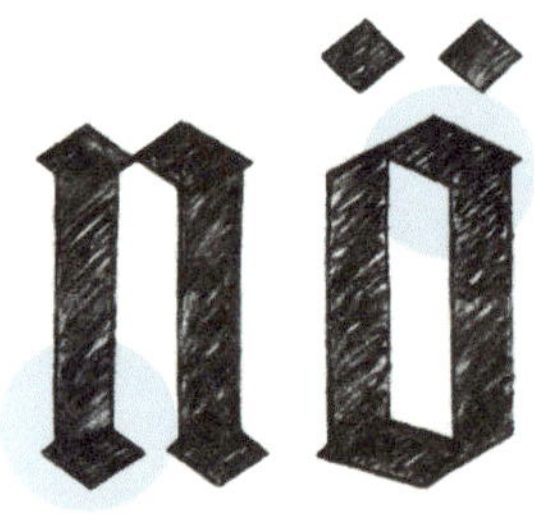

Typische Merkmale

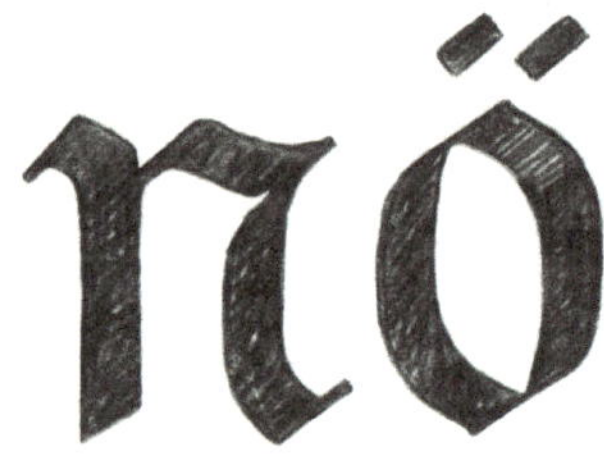

Schwabacher

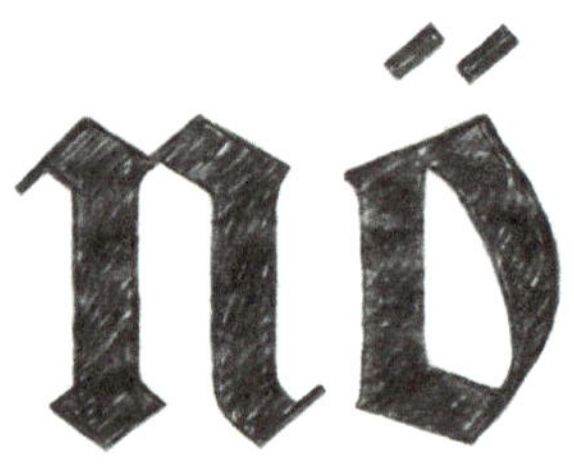

Fraktur

## Gebrochene Schriften

Gebrochene Schriften entstanden ab dem 12. Jahrhundert und wurden lange parallel zu den lateinischen Schriften verwendet. Sie folgen wie die Renaissance-Antiqua dem Formprinzip der Breitfeder, beim Schreiben der Rundungen wechselt die Feder jedoch unvermittelt die Richtung und statt einen geschwungenen Bogen zu vollziehen, knickt sie den Strich ab.

Bis heute gelten gebrochene Schriften als deutsche Schrift, obwohl sie im deutschsprachigen Raum wegen ihrer Nazi-Konnotationen nur noch in wenigen Kontexten verwendet werden. Dabei war es eigentlich so: Zwar waren die gebrochenen Schriften bei den Nationalsozialisten als deutsche Schrift ausgesprochen beliebt. Weil die Menschen in den vom Deutschen Reich besetzten Gebieten diese Buchstaben aber nur mit Mühe entziffern konnten, wurden sie von den Nazis 1941 abgeschafft, unter dem Vorwand, sie seien jüdisch. Nach dem Zweiten Weltkrieg gab es immer mal wieder Versuche, die gebrochenen Schriften zu rehabilitieren, mittlerweile treten sie in Logodesign, Schriftgestaltung und Graffiti wieder öfter auf.

Die einfache Textura in der Vorlage heißt auch „gotische Schrift", da ihre schmalen Formen und die gebrochenen Rundungen an die Architektur der Gotik erinnern. Ihre einheitlichen Formen verweben sich zu gleichmäßigen Mustern – oder Texturen.

**Typische Merkmale**

- Duktus der Breitfeder
- gebrochene, eckige Rundungen
- eng stehende Schäfte
- Betonung der Senkrechten
- starke Kontraste zwischen fetten und feinen Strichen
- rautenförmige Strichabschlüsse oder sehr feine An- und Abstriche
- zwei verschiedene **s**-Formen, das lange **ſ** steht vor allem am Anfang eines Wortes oder eines Wortteils, das runde **s** am Ende
- dekorative Versalien, die sich teilweise stark von den lateinischen Großbuchstaben unterscheiden

**Formenunterschiede** Die gebrochenen Schriften werden oft pauschal als Fraktur bezeichnet, dabei sind ihre Unterschiede deutlich. Die **Textura** hat gleichmäßige, schlanke, vertikale Formen und rautenförmige Strichabschlüsse. Die Buchstaben der **Schwabacher** sind runder als die der Textura, die Schrift wirkt dadurch offener. Bei der **Fraktur** wechseln sich gebrochene und runde Formen ab, ihre Großbuchstaben sind opulent und am charakteristischen „Rüssel" zu erkennen.

**Varianten** **der** und **der** zeigen eine leicht verzierte Textura und eine vereinfachte. **dies** und **das** illustrieren eine einfache Fraktur und eine fette mit ausgesparter Mittellinie. **da** ist ein Beispiel für eine Schwabacher, **dort** ist eine fette Variante.

Der
der

ABCDEFG
HIJKLMNO
PQRSTUV

dies
das

WXYZZ

abcdefghijkl
mnopqrstu
vwxyzz

da
dort

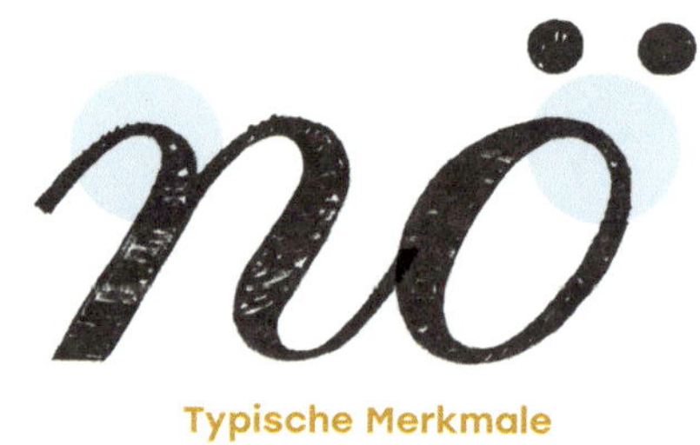


Typische Merkmale

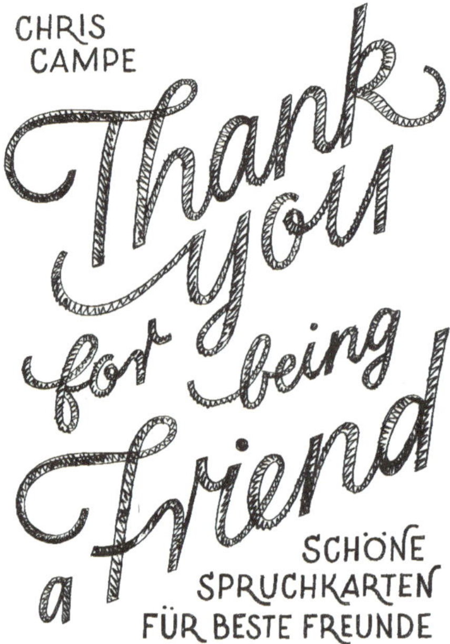


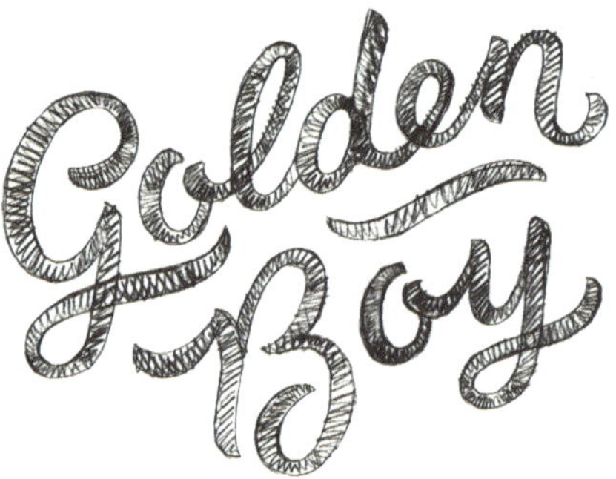


Beispiele

## Schreibschriften

Schreibschriften sind aus der humanistischen Kursiven des 15. Jahrhunderts entstanden und eignen sich wegen ihrer fließenden Formen und der durchgängigen Linienführung zum schnellen Schreiben mit der Hand. Die Schreibgeschwindigkeit bestimmt den Charakter der Schrift, je schneller geschrieben wird, desto spitzer werden meist die Rundungen und desto stärker sind die Buchstaben geneigt. Außerdem wird die Anmutung durch das Verhältnis von Ober- und Unterlängen zur x-Höhe und die Stärke des Kontrasts geprägt. Schreibschriften wirken ausdrucksvoll, unmittelbar und individuell. Ihre Bandbreite reicht von stilisierten, förmlichen, historischen Schriften der Kalligrafie bis zu informellen, expressiven Alltagshandschriften. Beim Lettering kann die eigene Handschrift als Inspiration für Formen und Buchstabenverbindungen dienen.

Das Beispielalphabet rechts basiert auf der englischen Schreibschrift. Sie zeichnet sich durch den gleichmäßigen Wechsel von fetten und feinen Strichen aus und wird üblicherweise mit der Spitzfeder geschrieben. Dann hat sie einen stärkeren Kontrast und längere Ober- und Unterlängen als in dieser Zeichnung. Die strengen Formen der englischen Schreibschrift lassen sich vielfältig variieren, sie sind daher ebenfalls das Modell für die Pinselschrift in Kapitel 3.

**Typische Merkmale**

- Formen sind deutlich vom Schreibwerkzeug geprägt
- schwungvoller Duktus
- Neigung
- viele Variationsmöglichkeiten
- die Buchstaben sind oft auf der Grundform eines geneigten Ovals geschrieben
- meist verbundene Kleinbuchstaben
- betonte, ornamentale Anfangsbuchstaben in Kombination mit strengen Formen bei den Kleinbuchstaben

**Varianten**

**gut** basiert auf einem breiteren Oval, **gerne** auf einem schmaleren. **Gloria** hat längere Oberlängen, **Glanz** kürzere, **Glück** ist monolinear und fein, **Glas** ist auch monolinear, aber fetter. **ganz** steht aufrecht, **gar** ist nach links geneigt.

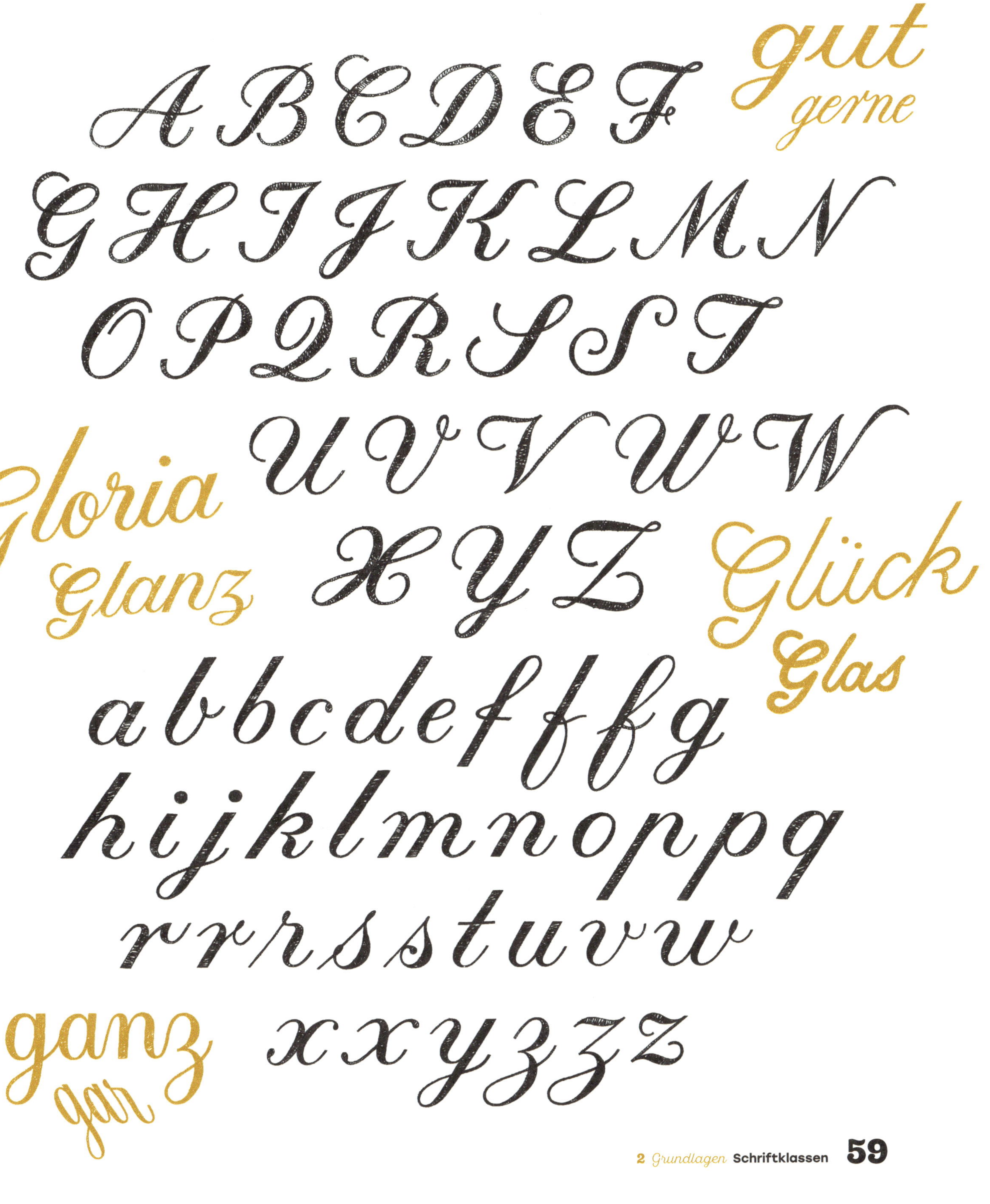

A B C D E F

G H I J K L M N

O P Q R S S T

U V V W W

X Y Z

a b b c d e f f f g

h i j k l m n o p p q

r r r s s s t u v w

x x y z z z

gut
gerne

Gloria
Glanz

Glück
Glas

ganz
gar

Schriftanmutung

# Yeeehaw!

**Dass eine englische Schreibschrift nicht zu einem Bauunternehmen passt, haben die meisten im Gefühl, selbst wenn sie gar nichts über Schrift wissen. Dieses Bauchgefühl kann man sich beim Lettering zunutze machen. Denn wenn man mit Schrift illustriert, setzt man die Anmutungen verschiedener Schriftarten gezielt ein, um erzählerisch Assoziationen zu wecken.**

### Schriftart

**Renaissance-Antiqua**
Römer, Inschrift, Mittelachse, Grabstein, alt, traditionell, klassisch, ehrwürdig, elegant, offiziell, etabliert, beständig, zeitlos, dynamisch, warm

**Klassizistische Antiqua**
Mode, Beauty, Luxus, Eleganz, Werbung, Aufmerksamkeit, Stil, klassisch, edel, förmlich, statisch, stilisiert, überspitzt, kontrastreich

**Groteskschriften**
Industrialisierung, Technik, Fortschritt, Bauhaus, Werbung, modern, neutral, universell, rational, funktional, sachlich, solide, ordentlich, sauber, klar, beständig, stabil, kraftvoll, kühl, zurückhaltend, geometrisch, konstruiert, minimalistisch, modisch

Schrift ist immer Text und Bild gleichzeitig, sowohl Inhalt als auch gestaltete Form. Sie macht nicht nur eine sachliche, sondern auch eine visuelle, stilistische Aussage und weckt dadurch unbewusste Assoziationen und Gefühle. Genau darauf basiert Lettering.

Das einfachste Beispiel illustrativer Schrift sind figürliche Buchstaben. Sie nehmen die Form dessen an, was das Wort benennt. „Rose“ mit Dornen, „Eis“ mit Eiszapfen, „Outdoor“ aus Holzstämmen – die Bilder sind oft abgegriffen und viel zu explizit, sie lassen wenig Spielraum für die Fantasie der Betrachter. Interessanter ist Lettering, wenn es abstrakter ist und mit der Anmutung von Schriftarten spielt, statt figürlich abzubilden.

Die Anmutung einer Schrift setzt sich zusammen aus dem Eindruck, den sie macht, und den Assoziationen, die sie weckt. Da Schriften immer auch Ausdruck ihrer Zeit sind, hängt die Wirkung einer Schrift mit ihrer Entstehungszeit zusammen. Aber genauso wichtig ist, wie wir diese Zeit rückblickend bewerten und womit wir eine bestimmte Schriftart verbinden. Daher gehört beim Lettering ein Überblick über die Geschichte der lateinischen Schriften zum Handwerkszeug. Nur mit diesem Wissen kann man die Assoziationen von Schrift planvoll einsetzen. Eine Orientierung darüber, welche Schriften welche Epochen geprägt haben, bietet zum Beispiel Gregor Strawinskis Buch **Retrofonts**.

Kennt man den historischen und kulturellen Kontext einer Schrift, kann man sich beim Lettering darauf beziehen – oder sie bewusst gegen den Strich bürsten und in einem anderen Zusammenhang einsetzen. Allerdings ist es nicht sehr spannend, Satzschriften abzuzeichnen, ohne

SALVE

*Eleganz*

Mode

Eiffelturm

modern

HOPE

SAUBERKEIT

no nonsense

POWER

**Serifenbetonte und dekorative Schriften**
Wildwest, Varieté, Jahrmarkt, Zirkus, Unterhaltung, Reklame, Klamauk, lustig, übertrieben, verrückt, ironisch, verspielt, ornamental, warm, retro, frei, ungezwungen, volkstümlich, folkloristisch, handwerklich; Serifenbetonte auch: Industrie, frühe Werbung, Beschriftung, stabil, robust, technisch

**Gebrochene Schriften**
Buchmalerei, Zeitungsköpfe, Urkunden, Kirche, Graffiti, Nazis, Gangs, Rocker, Tattoos, Heavy Metal, Alkohol, festlich, die gute alte Zeit, beständig, historisch, traditionell, altehrwürdig, dekorativ, gemütlich, hart, gefährlich, gewalttätig, dominant, mächtig, frei

ihre Formen zu verstehen. Damit eine Referenz funktioniert, müssen auch gar nicht alle Details einer Schriftart stimmen, die wesentlichen Merkmale genügen.

Die Grenzen zwischen Kategorien sind nicht immer eindeutig definiert und so ist es auch bei der illustrierten Liste der Schriftanmutung in diesem Abschnitt. Sie ist frei assoziiert und selbstverständlich unvollständig, sie könnte auch ganz andere Kategorien umfassen und noch viel länger sein. Die Kategorisierung nach Schriftart, Material und Werkzeug, Epochen und geografischen Regionen ließe sich in Untergruppen weiter differenzieren. So wird bei den gebrochenen Schriften die Schwabacher mit Zünftigkeit assoziiert, die Fraktur mit Märchen und Romantik und die Rotunda mit religiösen Inhalten. Außerdem sind Schriftklassen oft sowohl mit bestimmten Ideen beladen als auch mit deren Gegenteil. Weil gebrochene Schriften zum Beispiel unter anderem Stärke repräsentieren, werden sie mit Gewalt in Verbindung gebracht – aber auch mit Freiheit und Unabhängigkeit. Klassische Schreibschriften können je nach Kontext guten Stil ausweisen oder einen Mangel an Geschmack. Regionale Assoziationen werden meist dadurch geweckt, dass man lateinische Buchstaben mit vermeintlich typischen Eigenarten eines nichtlateinischen Schriftsystems kombiniert. Die Anmutung ist häufig deutlich kalligrafisch.

Im Grunde illustrieren diese Seiten grafische Klischees. Aber illustrative Schrift soll kommunizieren und Kommunikation basiert nun einmal auf verkürzten Darstellungen der komplexen Wirklichkeit. Sie ist immer konventionell, denn Menschen können sich nur verständigen, weil sie sich auf bestimmte Bedeutungen von Wörtern und Bildern geeinigt haben. Das heißt, um verstanden zu werden, muss man mit den vorhandenen Formen und ihren Bedeutungen vertraut sein und Darstellungsformen verwenden, die das Publikum ebenfalls kennt. Doch damit Kommunikation Interesse weckt und nicht an Langeweile scheitert, gilt es, immer wieder neue visuelle Ausdrucksweisen zu finden!

ZUCKERWATTE

WANTED

ZIRKUS

ATTRAKTIONEN

The News

Für immer

Schnaps

Amen

Es war einmal

**Schreibschriften mit Kontrast**
feine Gesellschaft, guter Stil, traditionelle Werte, Qualität, alter Handel, Korrespondenz, Speisekarten, altehrwürdig, gediegen, klassisch, feierlich, hochwertig, edel, vornehm, gewollt, möchtegern, neureich

**Schreibschriften ohne Kontrast**
Schule, Tafelschrift, Kinder, Handschrift, schlicht, leicht, verspielt, nahbar

## Material und Werkzeug

**Neon** Werbung, Theater, Kino, Las Vegas, Vergnügen, Nachtleben, Rotlicht, Rampenlicht, grell, unterhaltsam, anrüchig, beständig, vintage, hochwertig, 1950er-Jahre, nostalgisch

**Schreibmaschinen** Top Secret, Geheimdienst, Detektiv, Krimi, investigativer Journalismus, Recherche, Enthüllungen, Büro, Korrespondenz, Manuskript, Akten, antiquierte Technik, einheitliche Buchstabenbreite

**Computer** Roboter, Scanner, Maschinen, veraltete Technik, Retro-Sci-Fi, technisch, kühl, eckig, pixelig

**Pinsel** Cartoons, Supermarkt, Sonderangebot, schnell, billig, persönlich, lebendig, locker, informell, handgemacht

**Schablonen** Armee, Transport, Teekiste, technisch, schematisch, handwerklich, roh, billig, einfach, laienhaft

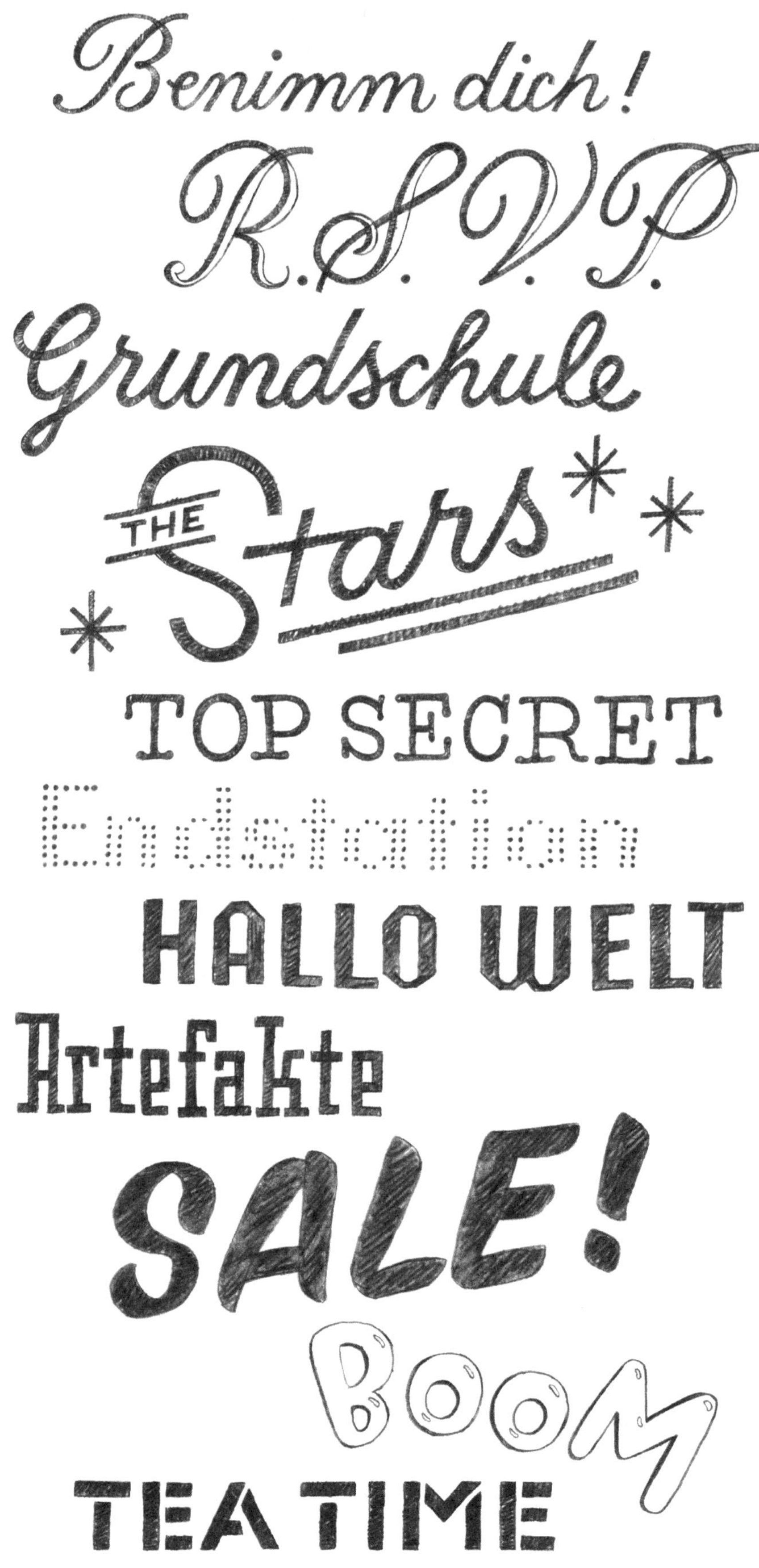

moenche
Berliner
Glasperlen
GEGENWART
Automobil
Napoli & Capri
SPACE
Disco
Krise IMBISS
MELANCHOLIE
namaste
3XPЯ3SS

### Epochen

**Mittelalter** runde Formen der Unzialschrift, Mischung von Klein- und Großbuchstaben

**Jahrhundertwende** bildhaft, ornamental, losgelöst von klassischen Buchstabenformen

**1920er** Art déco, Eleganz, starke Kontraste, verschobene Mittellinie, Versalien, geometrische Serifenlose, serifenlose Antiqua

**1950er** Chrom, Funktionalismus, serifenbetonte Schriften, ausdrucksvolle Schreibschriften

**1970er** runde, verzerrte Formen mit Übergewicht unten oder oben, Rückgriff auf die freien Formen der Jahrhundertwende

### Regionen

**Deutsch** gebrochene Schriften

**Asiatisch** Buchstaben aus keilförmigen Pinselstrichen aufgebaut

**Indisch** Buchstaben mit Deckstrich, die aussehen, als hingen sie an einer Linie

**Russisch** blockig-industrielle Anmutung, Buchstaben gespiegelt, durch kyrillische ersetzt

**Griechisch** eckige Buchstaben, die an Runen erinnern

**Arabisch** vertikale Buchstaben auf der Grundlinie verbunden, mit Punkten dekoriert

**Hebräisch** quadratische Buchstaben, Betonung der Waagerechten

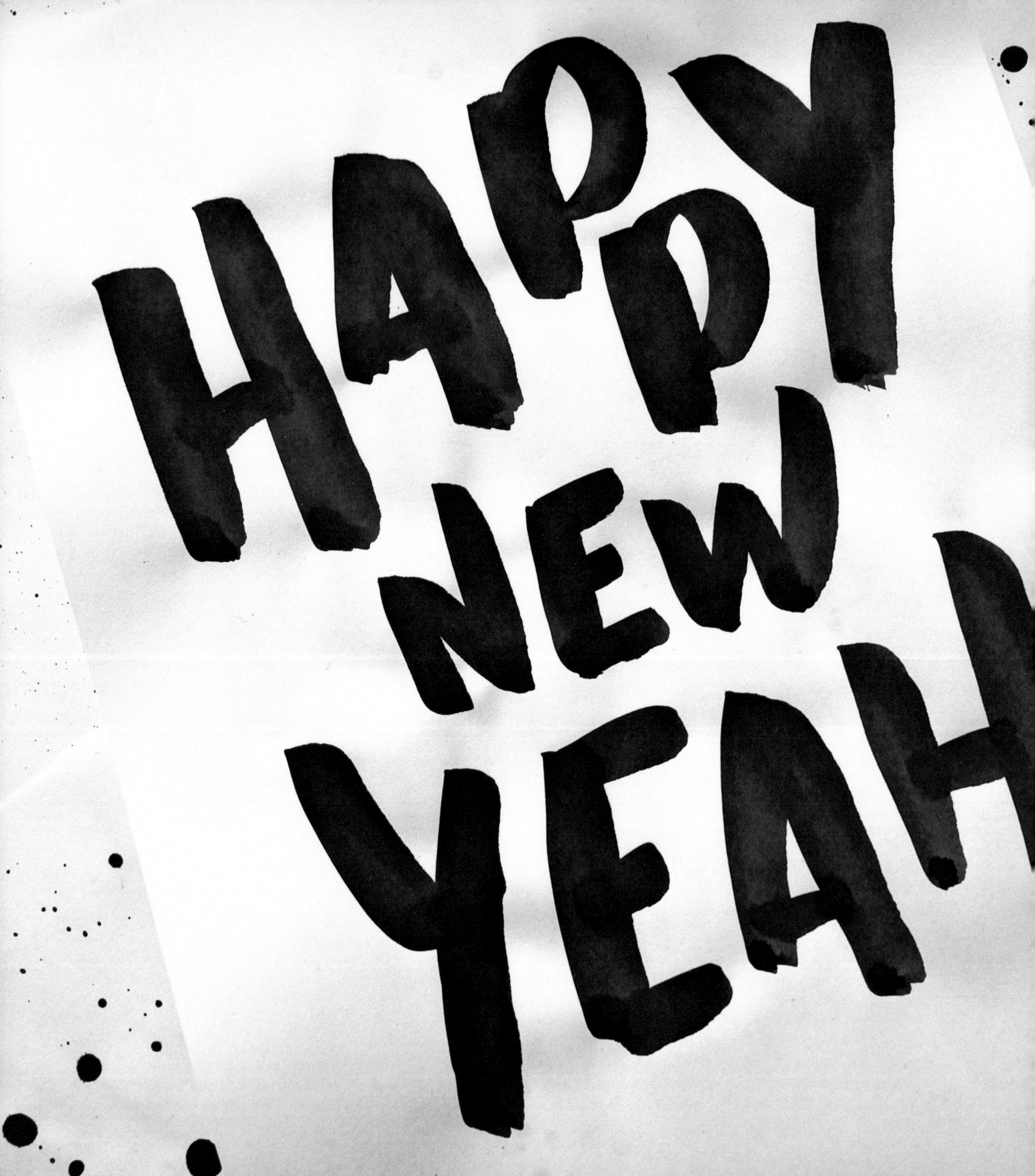
HAPPY
NEW
YEAH

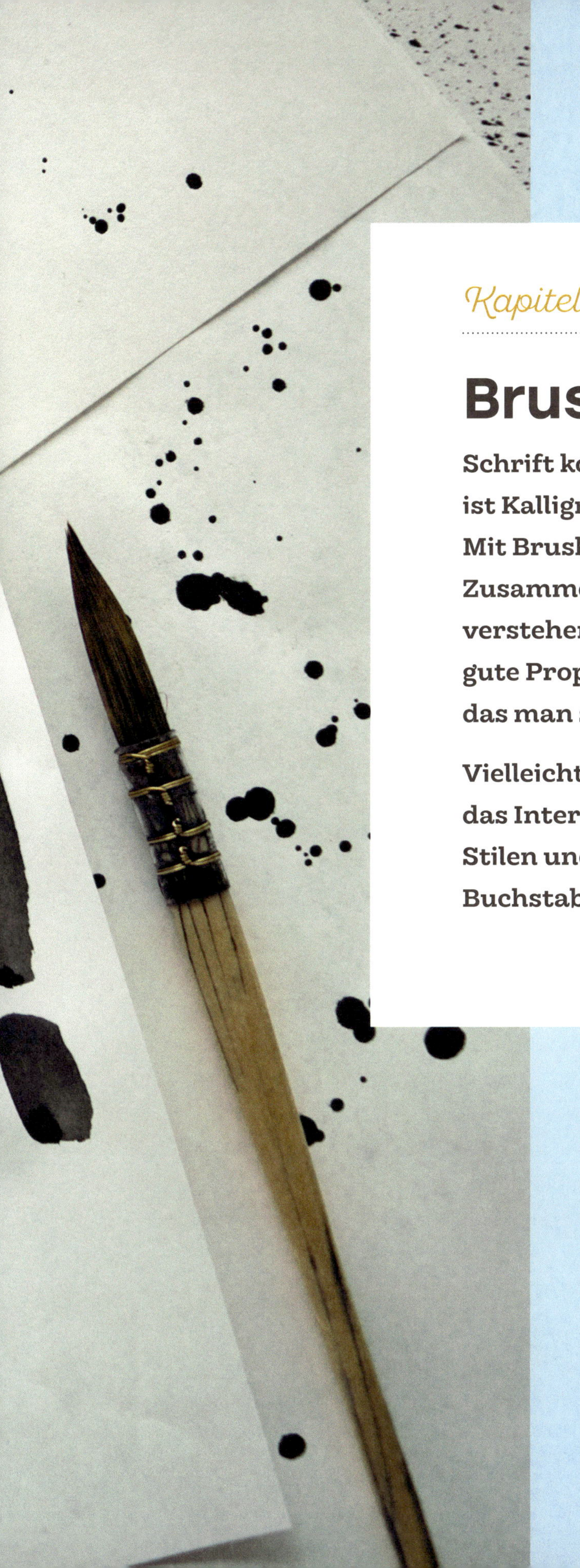

Kapitel 3

# Brushpen Lettering

**Schrift kommt von Schreiben und deswegen ist Kalligrafie die beste Grundlage für Lettering. Mit Brush Lettering kann man beginnen, den Zusammenhang von Form und Werkzeug zu verstehen. So entwickelt man das Gefühl für gute Proportionen und harmonische Abstände, das man später beim Schriftzeichnen braucht.**

**Vielleicht weckt diese Art der Kalligrafie auch das Interesse an klassischen kalligrafischen Stilen und erzeugt ein tieferes Verständnis der Buchstabenformen. Das wäre ideal.**

*Intro*

# Schöner Schreiben

**Ihre gezeichneten Buchstaben sehen komisch aus und Sie wissen nicht warum? Da hilft kalligrafische Erfahrung. Man muss es nicht zur Meisterschaft in der Kalligrafie bringen, aber wenn man versteht, wie unterschiedliche Schreibwerkzeuge die Formen der Buchstaben beeinflussen, kann man sie auch richtig zeichnen.**

Die Formen der lateinischen Buchstaben sind durch das Schreiben mit unterschiedlichen Werkzeugen entstanden. Hat man verstanden, wie die Schreibwerkzeuge funktionieren, kann man daher beim Lettering die gröbsten Fehler vermeiden, weil man dann zum Beispiel weiß, an welcher Stelle ein Strich dick sein muss und an welcher dünn.

Kalligrafie trainiert die Hand und schult das Auge. Mit der Zeit lernt man, beim Schreiben gleichmäßige Bewegungen auszuführen und Abstände richtig einzuschätzen. Denn während man einen gezeichneten Entwurf beliebig oft neu zeichnen und korrigieren kann, muss in der Kalligrafie jeder Strich auf Anhieb sitzen. Das braucht beharrliche Übung.

Die verbundene Schreibschrift in diesem Kapitel sieht zwar so aus, als sei sie wie eine gewöhnliche Handschrift in einem Zug geschrieben, aber ihre Buchstaben sind aus einzelnen Strichen aufgebaut. Dadurch, dass man beim Schreiben immer wieder neu ansetzt, hat man mehr Zeit und kann Formen und Abstände besser kontrollieren. Das führt zu einem einheitlichen Schriftbild mit gleichmäßiger Strichstärke, Neigung und Proportionen.

Geschrieben wird nach dem Modell der englischen Schreibschrift, das die Vorlage auf Seite 59 zeigt. Die englische Schreibschrift wird eigentlich mit der Spitzfeder geschrieben, charakteristisch sind eine starke Neigung und der rhythmische Wechsel von dicken und dünnen Strichen. Mit der Spitzfeder kann man diesen Strichstärkenkontrast nur setzen, indem man den Druck bei den Abstrichen erhöht und bei den Aufstrichen verringert, denn die Feder blockiert und hakt sich im Papier fest, wenn man sie von unten nach oben schiebt. Obwohl die Spitze eines Pinselstifts flexibler ist und man damit auch bei den Aufstrichen drücken könnte, behält man das Prinzip der Feder bei: Die Abstriche werden mit Druck geschrieben, die Aufstriche ohne.

Brush Lettering ist weniger streng als traditionelle Kalligrafie, was den Einstieg erleichtert. Trotzdem vermittelt auch das Schreiben mit dem Pinselstift die Prinzipien von Proportionen, Rhythmus und Balance, die beim Schriftzeichnen eine Rolle spielen. Es geht in diesem Kapitel also nicht darum, sich Kalligrafie als expressive Ausdrucksform zu erschließen, sondern als Erfahrungsschatz für gezeichnete Schrift.

*Werkzeuge & Handhabung*

# Handwerk

**Schreibmaterialien sind eine Wissenschaft für sich, aber das sollte niemanden davon abhalten, mit dem Brush Lettering zu beginnen. Man muss sich nicht erst in das Fachgebiet der Pinsel, Tinten und Papiere einarbeiten, für den Anfang genügen einfache Materialien.**

**Werkzeuge** Die Beispiele in diesem Kapitel sind mit dem Color Brush von Pentel geschrieben. Man kann die Schrift aber mit allen Werkzeugen schreiben, die eine flexible Spitze haben und auf Druck reagieren. Jedes Werkzeug verhält sich jedoch anders und hinterlässt andere Schreibspuren.

Im Foto von oben nach unten: Pentel Color Brush, Aquarellpinsel, Copic Sketch, Tombow ABT, Koi Coloring Brushpen, Molotow Aqua Ink Pump Softline, Edding 1340 Brushpen, Faber-Castell Pitt Artist Pen, Pentel Touch.

**Schreibflüssigkeit** Die Pinselstifte von Pentel haben eine Kartusche, aus der die Farbe beim Schreiben nachläuft. Um die Farbmenge besser kontrollieren zu können, kann man sich zusätzlich ein Gefäß mit Tinte oder flüssiger Wasserfarbe bereitstellen und die Spitze beim Schreiben regelmäßig eintauchen.

**Hilfslinien** Auch Profis schreiben nicht einfach freihändig, sondern mit Hilfslinien oder Linienblättern. Auf Seite 155 finden Sie eine Kopiervorlage für ein Grundlinienraster mit einer Neigung von 16 Grad. Es ist dafür geeignet, die Übungen und Alphabete in diesem Kapitel mit dem Color Brush von Pentel zu schreiben.

Möchten Sie Schriftgröße, Proportionen oder Neigungsgrad variieren, zeichnen Sie sich selbst ein Linienblatt oder legen Sie eins am Computer an und drucken Sie es aus. Die Abstände der Linien und die Neigung beeinflussen den Charakter der Schrift – ein weites Experimentierfeld.

**Papier** Das Papier für die Übungen muss nichts Besonderes sein, Kopierpapier von etwas besserer Qualität reicht völlig aus. Es sollte eine glatte, geschlossene Oberfläche haben, sodass die Farbe nicht vom Papier aufgesogen wird.

Wählen Sie ein durchscheinendes Papier und legen Sie Ihr Linienblatt darunter, statt direkt darauf zu schreiben, so können Sie es wiederverwenden. Wenn Sie auf festerem Papier arbeiten, ziehen Sie die Hilfslinien leicht mit Bleistift und radieren Sie sie am Schluss wieder weg.

Weniger glattes Papier mit einer leichten Oberflächenstruktur lässt die Konturen der Striche am Rand schnell ausfransen. Ist dieser Effekt gewünscht, schreiben Sie mit einem eher trockenen Pinsel, wenn nicht, tauchen Sie ihn öfter in die Schreibflüssigkeit ein.

Eine ausführliche Liste von Werkzeugen und Materialien finden Sie auf Seite 21.

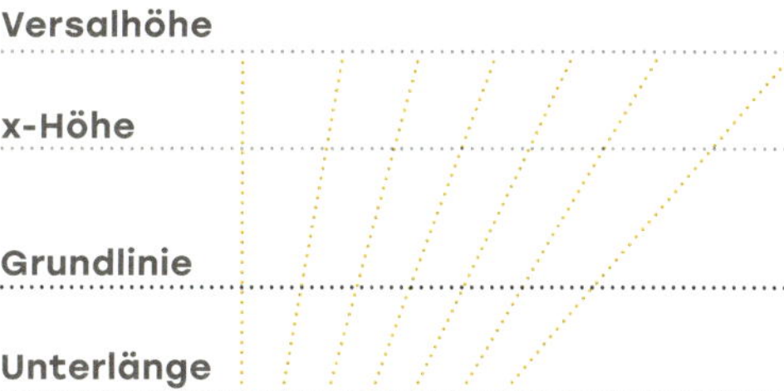


Hilfslinien

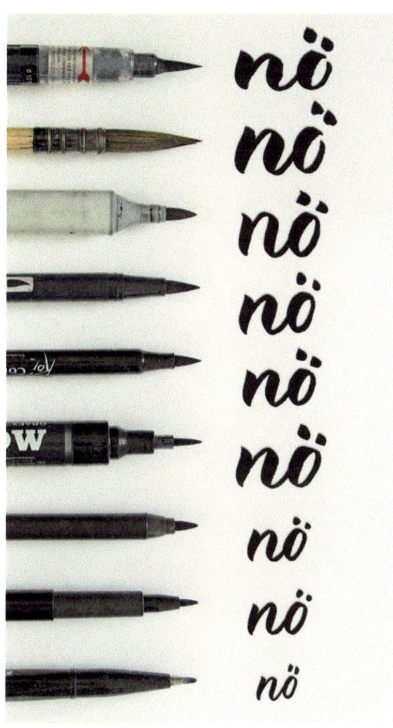


Werkzeuge

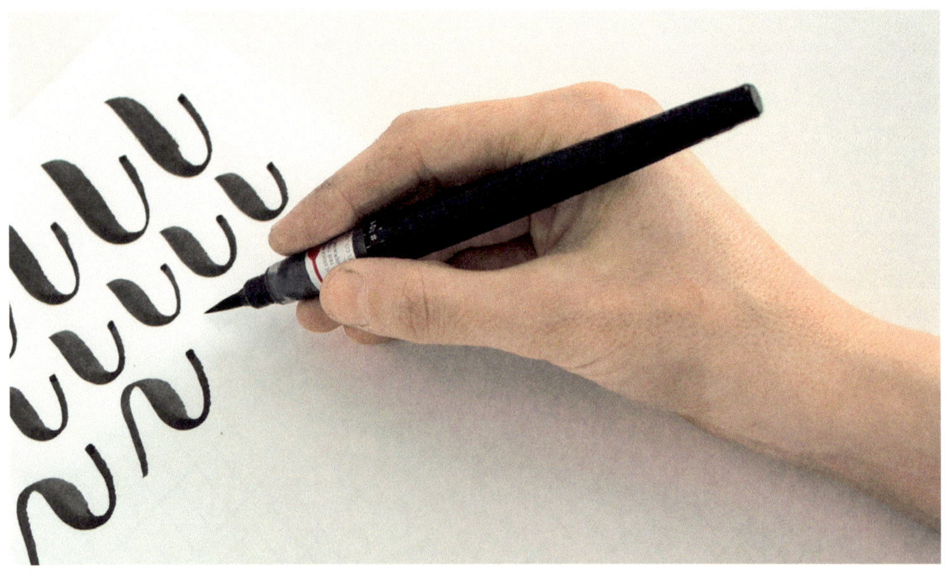

Handhaltung

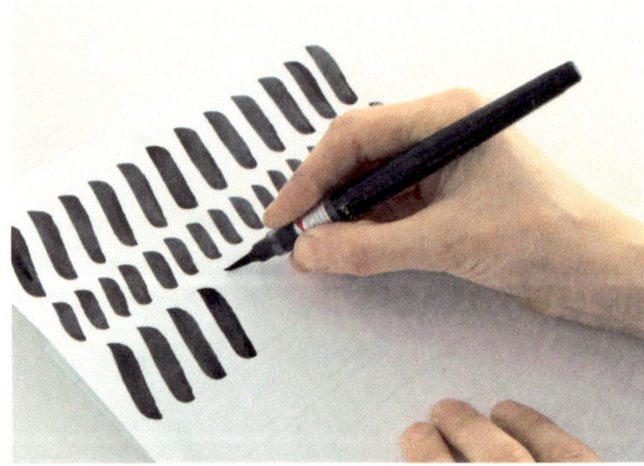

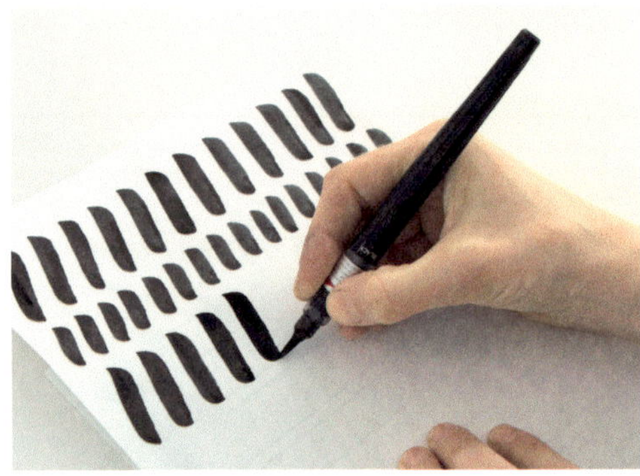

Stifthaltung

**Handhaltung** Die Bewegung beim Schreiben kommt nicht aus dem Handgelenk, sondern aus dem ganzen Arm. Um den Arm also beweglich zu halten, braucht man einen freigeräumten Tisch. Sitzen Sie aufrecht oder schreiben Sie im Stehen, wenn Sie die Möglichkeit dazu haben. Halten Sie Hand, Schulter und den ganzen Körper entspannt, schütteln Sie Hand und Arm ab und zu aus. Und: atmen!

**Stifthaltung** Fassen Sie den Stift weder zu weit vorne noch zu weit hinten an und lassen Sie Ihre Finger lang und beweglich, statt Daumen und Zeigefinger rechtwinklig abzuknicken. Testen Sie verschiedene Stifthaltungen und arbeiten Sie auch gegen die Gewohnheiten Ihrer Hand an. Eine Stifthaltung mag sich zunächst ungewohnt anfühlen, aber wenn Sie sie eine Weile beibehalten, kommen Sie damit beim Brush Lettering vielleicht besser zurecht als mit einer, die sich auf Anhieb vertraut anfühlt.

Setzen Sie den Stift seitlich und relativ flach auf das Papier. So ist es leichter, die breiten Striche zu ziehen und die Form der Endungen zu kontrollieren. Wird der Stift zu senkrecht auf das Papier gesetzt und dann aufgedrückt, dreht sich die Spitze häufig unkontrolliert in die falsche Richtung. Generell gilt: Man schiebt den Pinsel nicht, man zieht ihn, sonst spreizen sich die Borsten und der Strich missrät.

Schauen Sie sich im Internet unter dem Stichwort „Brush Lettering“ auch an, wie andere mit Pinselstiften schreiben – wie halten sie den Stift? Welche Bewegungen machen sie? Wie ist ihr Schreibtempo? Welche Formen haben ihre Buchstaben? Benutzen sie Hilfsmittel beim Schreiben? Übernehmen Sie diese Anregungen bei Ihren eigenen Übungen, um eine Herangehensweise zu finden, die Ihnen liegt und leicht fällt.

**Linke Hände** Man kann Brush Lettering natürlich auch mit der linken Hand schreiben. Eine Möglichkeit ist es, die Hand oberhalb oder unterhalb des Liniensystems zu führen. Das ist einfacher, wenn man das Papier um 90 Grad dreht. Die Grundstriche und ihre Endungen sehen dann etwas anders aus als in den Beispielen in diesem Kapitel und die Buchstaben werden zum Teil in einer anderen Reihenfolge aufgebaut. Online finden Sie ausführliche Tipps.

*Grundstriche*

# Und eins und zwei

**Man dehnt vor dem Dauerlauf, man macht Fingerübungen vor der Sonate und bevor man Brush Lettering übt, schreibt man sich ein bisschen warm. Die Übungsstriche erinnern an die Schwungübungen aus der Grundschule, sie fokussieren die Aufmerksamkeit und machen die Bewegungen der Hand geschmeidig.**

**Strichstärke** Mit Werkzeugen, die eine flexible Spitze haben, kann man eine ganze Bandbreite unterschiedlich fetter Striche schreiben – je nachdem, wie stark man aufdrückt.

**Strichstärkenkontrast** Der rhythmische Wechsel von feinen und fetten Strichen ist ein wesentliches Merkmal der Pinselschriften in diesem Kapitel. Ihr Kontrast kann gering oder stark ausgeprägt sein.

Anfangs ist es einfacher, mit starkem Kontrast zu schreiben. Wenn die dicken Striche relativ schmal sind, müssen die dünnen Striche noch schmaler sein und dadurch werden sie oft zittrig oder brechen beim Schreiben weg. Sind die breiten Striche richtig breit, können die dünnen Striche ruhig auch etwas breiter sein, ohne dass der Kontrast verloren geht. So sind sie leichter zu handhaben.

Die Strichstärke trägt zu einem gleichmäßigen Schriftbild bei, deshalb sollte sie innerhalb eines Wortes oder eines Textes nicht variieren. Alle feinen Striche sollten gleich fein sein und alle fetten gleich fett, sodass es – abgesehen von den Übergängen zwischen den fetten und den feinen Strichen – nur zwei Strichstärken gibt.

**Aufwärmübungen** Beginnen Sie Ihre Übungen, indem Sie sehr schmale und sehr breite Striche machen, um ein Gefühl für Ihr Werkzeug zu bekommen.

Schreiben Sie dabei auf einem Grundlinienraster und halten Sie sich an die Hilfslinien, damit Sie sich gleich daran gewöhnen, die Striche gleichmäßig lang zu ziehen. Achten Sie auch auf einheitliche Strichstärken und Abstände.

Zuerst ziehen Sie kurze Striche von oben nach unten, also von der x-Höhe bis zur Grundlinie, und anschließend Striche von der Versalhöhe zur Grundlinie. Üben Sie die Striche auch in umgekehrter Richtung von unten nach oben.

Versuchen Sie dann, eine ganze Zeile mit feinen Strichen zu schreiben und anschließend eine Zeile mit fetten. Danach füllen Sie eine Zeile, in der sich dicke Striche von oben nach unten und dünne Striche von unten nach oben gleichmäßig abwechseln.

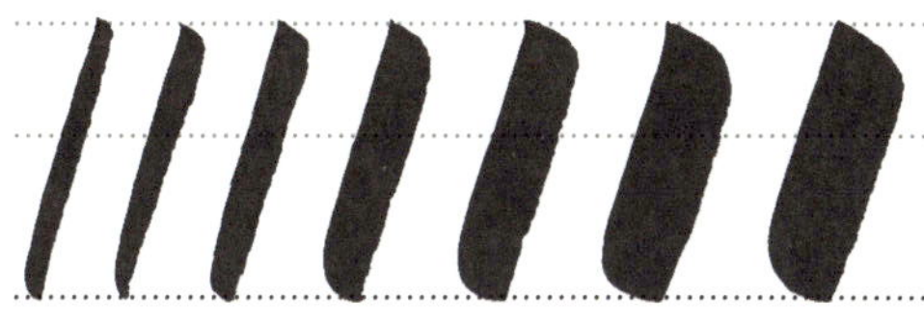

Strichstärke

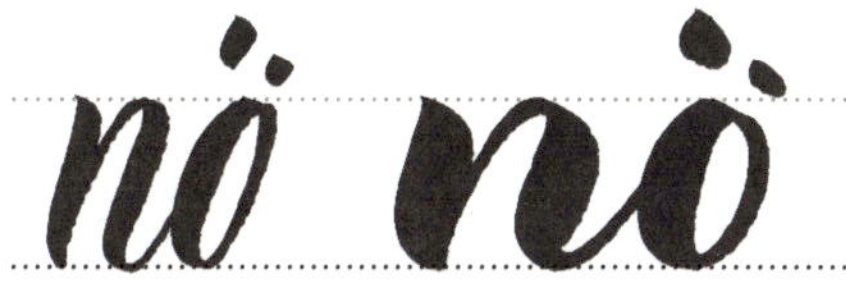


Strichstärkenkontrast

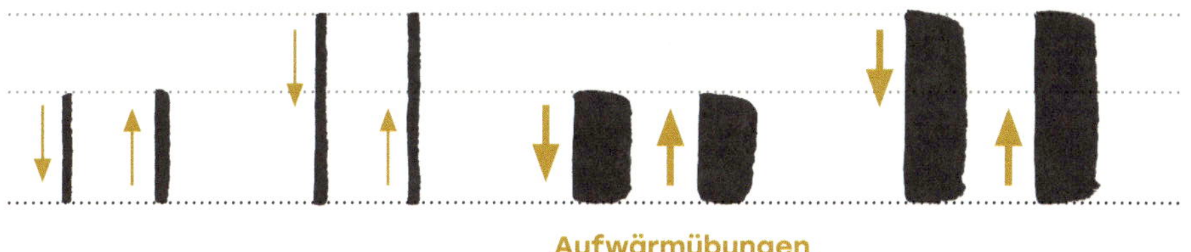

Aufwärmübungen

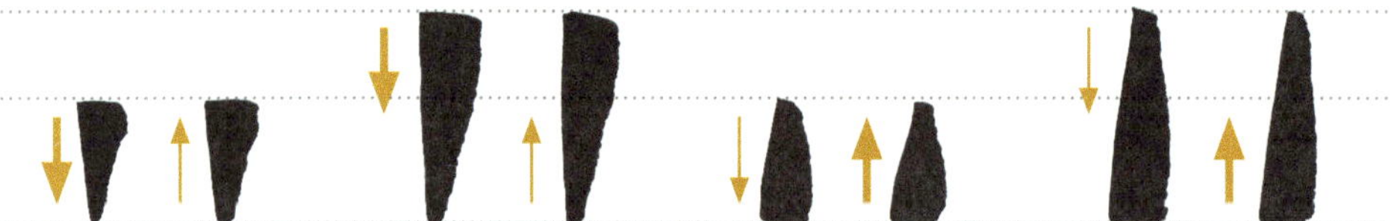

Druckvariation

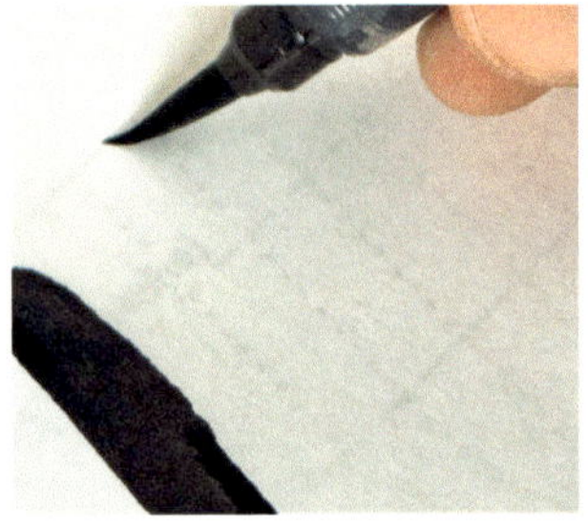

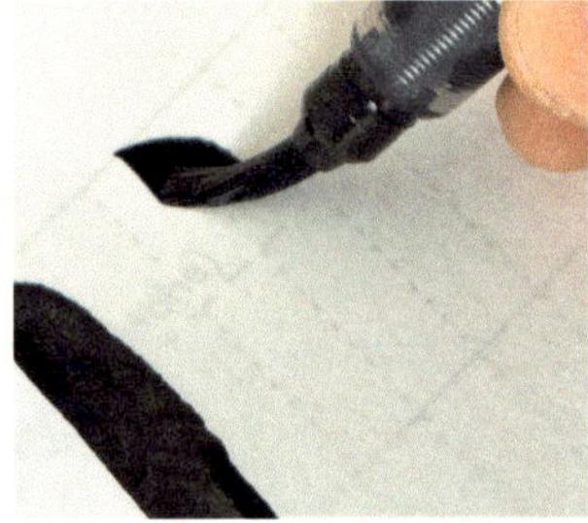

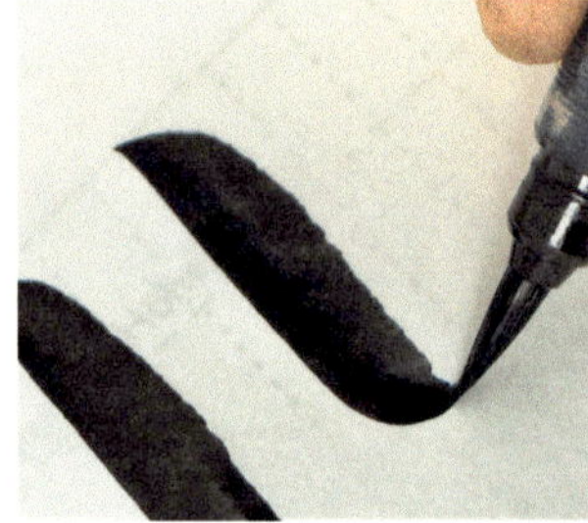

Endungen Abstriche

**Druckvariation** Eines der wichtigsten Prinzipien beim Brush Lettering lautet „press and release“: Den Druck auf das Werkzeug abwechselnd erhöhen und wieder lösen. Die Abstriche werden mit Druck geschrieben, bei den Aufstrichen gleitet der Pinsel fast ohne Kraft über das Papier. Wenn Sie diese Regel konsequent anwenden, machen Sie schon viel richtig.

Üben Sie keilförmige Striche, wie oben abgebildet, um ein Händchen für den fließenden Auf- und Abbau des Drucks zu entwickeln. Setzen Sie an der x- oder an der Versalhöhe mit der ganzen Breite des Stifts an und verringern Sie den Druck, während Sie den Strich Richtung Grundlinie ziehen, sodass er wie ein Keil spitz zuläuft. Am Ende berührt der Stift nur noch mit der Spitze das Papier. Schreiben Sie diese Striche anschließend von unten nach oben und in umgekehrter Richtung, indem Sie nur mit der Spitze des Stifts beginnen und den Druck in der Bewegung erhöhen, bis der Strich auf der Grundlinie die ganze Breite des Stifts hat.

**Endungen Abstriche** Die zwei Dinge, die die Form der Strichendungen bestimmen, sind der Winkel, in dem der Stift auf das Papier trifft, und die Bewegung, mit der man den Strich zeichnet. Wird der Druck beim Aufsetzen der Spitze in einer fließenden Bewegung nach unten erhöht, entsteht eine eher runde Endung. Setzt man die Spitze flach auf das Papier und zieht erst dann nach unten, wird die Endung eckig.

Soll eine Endung horizontal und eckig sein, muss der Stift parallel zu den Linien aufgesetzt werden. Für eine gerundete Endung setzt man die Spitze des Stifts in einem Winkel von 30 bis 40 Grad seitlich auf und erhöht den Druck, während man den Stift bereits nach unten zieht. Nach zwei Dritteln der Strecke wird der Druck fließend verringert und die Spitze mehr und mehr angehoben. Dabei zieht man die Stiftspitze gleichzeitig nach rechts bis zur rechten Außenkante des Strichs, aber nicht darüber hinaus. Bevor man den Stift vom Papier hebt, berührt nur noch die Pinselspitze das Blatt.

Bei dieser Bewegung entstehen oft kleine Häkchen am Anfang des Strichs, weil die Hand etwas nach rechts rutscht. Um sie zu vermeiden, achten Sie darauf, dass die Stiftspitze nicht zur Seite gleitet, wenn Sie mit der Abwärtsbewegung beginnen.

**Endungen Aufstriche** Auch die Endungen der Aufstriche sollten gestaltet sein. Anfänger sind oft so erleichtert, wenn sie es um die Kurve zwischen Abstrich und Aufstrich geschafft haben, dass sie der Endung des Aufstrichs kaum noch Aufmerksamkeit schenken und den Stift in einer schnellen Bewegung nach oben wegreißen. Dadurch endet der Strich in einem unförmigen Zipfel, wie links mit dem blauen Kreis markiert. Es geht jedoch darum, möglichst viel Kontrolle über das Werkzeug zu erlangen. Daher: Bleiben Sie für die gesamte Dauer des Strichs konzentriert und halten Sie das Tempo. Am Ende eines Strichs halten Sie einen winzigen Moment inne, bevor Sie den Stift bewusst und entschieden vom Papier abheben.

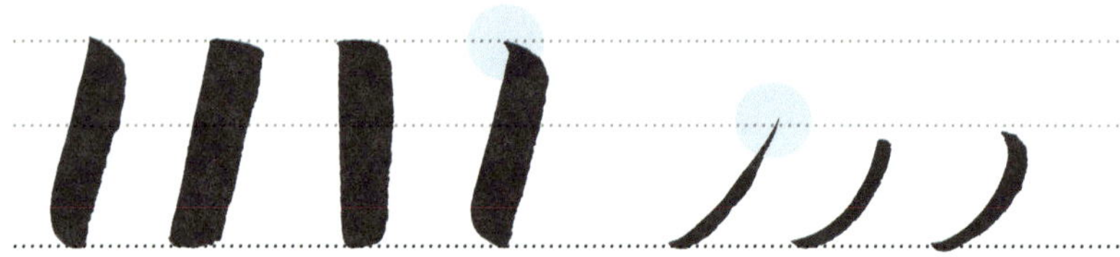

Endungen Abstriche

Endungen Aufstriche

**Grundstriche** Das Schöne ist: Um das Alphabet der Pinselschrift zu schreiben, muss man nicht 26 verschiedene Formen lernen, sondern nur einige wiederkehrende Grundstriche. Daraus setzen sich die Buchstaben zusammen. Es gibt drei Arten von Grundstrichen: fette Abstriche, feine Aufstriche und Ovale.

Breite Striche sind fast immer Abstriche, sie verlaufen von oben nach unten. Um einen Abstrich zu zeichnen, setzt man oben an und drückt den Stift bei der Abwärtsbewegung auf, wie auf der Seite links beschrieben. Dünne Striche sind fast immer Aufstriche, sie verlaufen von unten nach oben. Mit dieser Regel kann man sich die Schreibrichtung der einzelnen Striche erschließen. In der Vorlage rechts sind die Abstriche außerdem mit kräftigeren Pfeilen gekennzeichnet, die Aufstriche mit feinen.

Die vertikalen Grundstriche in Zeile **1** und **2** sehen zwar aus, als seien sie leicht s-förmig gekrümmt, sie sind aber gerade gezeichnet. Ihre leicht geschwungene Form entsteht nur durch die Variation des Drucks bei der Schreibbewegung.

Für den Übergang zwischen breitem Abstrich und schmalem Aufstrich in der Kurve bei **3** und **4** beginnt man nach etwa zwei Dritteln der Strecke den Druck zu verringern, bis der Strich auf der Grundlinie nur noch die Stärke des Aufstrichs hat. In dieser Stärke setzt man ihn bis zur x-Höhe fort.

Die Aufstriche dienen als Abstandhalter, sie zeigen an, wo der folgende Buchstabe ansetzen muss. Machen Sie es sich deshalb zur Gewohnheit, die Aufstriche bis zur x-Höhe oder fast bis zur x-Höhe zu zeichnen. Der Abstand zwischen Ab- und Aufstrich sollte ungefähr der Strichstärke der Abstriche entsprechen.

Die geschwungenen Kombinationen, die mit einem Aufstrich beginnen, setzen auf der Grundlinie an. Bei **5** und **6** gleitet die Pinselspitze ohne Kraft nach oben bis zur x-Höhe und noch ein wenig über den Scheitelpunkt der Kurve hinaus. Erst dann wird der Druck erhöht und der Stift nach unten gezogen. Nach etwa zwei Dritteln der Strecke verringert man den Druck kontinuierlich, bis die Strichstärke in der Kurve wieder der des Aufstrichs entspricht. Der zweite Aufstrich wird dann ca. bis zur x-Höhe fortgesetzt. Steht der Buchstabe am Ende eines Wortes, endet er ein Stück unterhalb der x-Höhe.

Die ovalen Grundstriche mit Abstrich rechts wie in Zeile **7** beginnen mit einem Aufstrich und gehen dann in einen Bogen über, der sich mit dem Uhrzeigersinn zum Aufstrich zurückbewegt.

Für die ovalen Grundstriche mit Abstrich auf der linken Seite wie in Zeile **8** und **9** setzt man etwas unterhalb der Linie an und schiebt die Pinselspitze ohne Druck einige Millimeter gegen den Uhrzeigersinn nach oben und links, bevor man sie mit Druck nach unten zieht. Durch dieses Gegen-den-Strich-Schieben gelingt das Oval. Sein Innenraum hat etwa die Form eines Reiskorns.

Ziel ist es, dass diese Striche auf Anhieb sitzen, denn nachträglich daran herumzupinseln, verdirbt fast immer die Form. Kleine Ausbesserungen sind aber erlaubt. Franst zum Beispiel die rechte Seite des Strichs aus, können Sie sie mit einem zweiten Strich vorsichtig glätten.

Achten Sie darauf, dass die Strichstärke bei den dicken und dünnen Strichen einheitlich ist, halten Sie die Neigung konstant und die Kurven und Endungen gleichförmig.

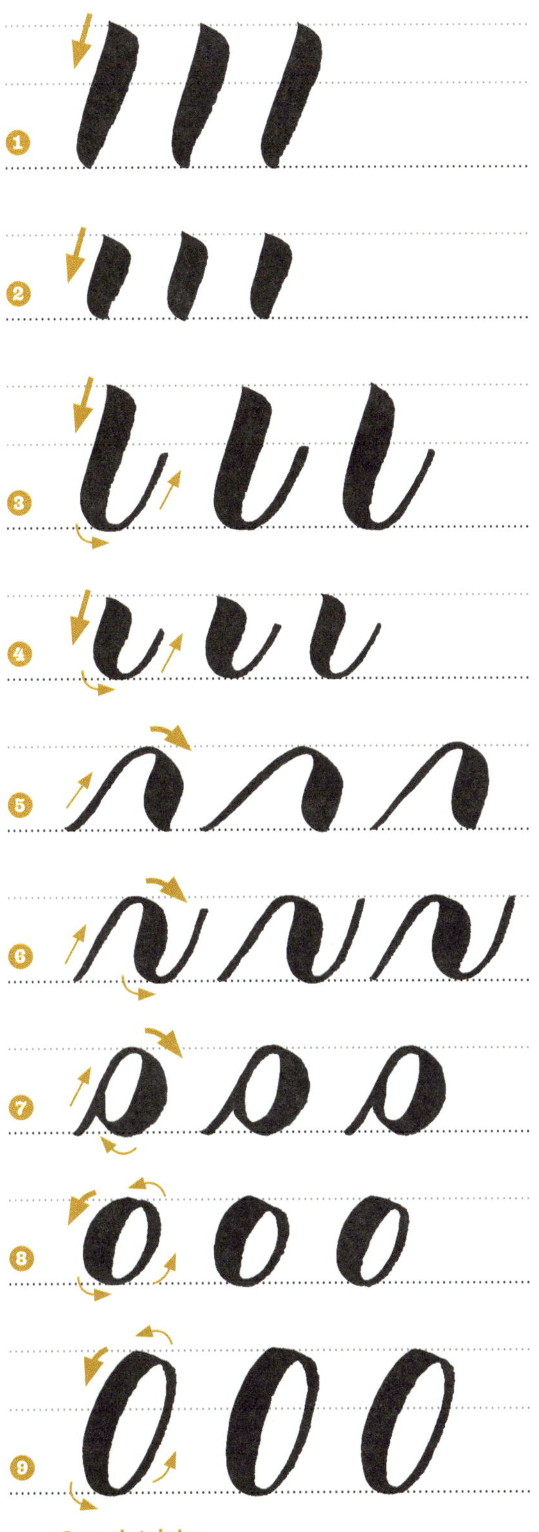

Grundstriche

Buchstabengruppen

# Strich für Strich

**Die Buchstaben der verbundenen Schreibschrift in diesem Kapitel sind nicht in einem Zug geschrieben, sondern aus mehreren Strichen aufgebaut. Weil man sich auf wenige Grundstriche beschränkt, werden die Buchstaben schön gleichmäßig, und weil man immer wieder neu ansetzt, kann man sich beim Schreiben Zeit lassen.**

**Grundstrichgruppen** Ergänzt um einige Varianten, ergeben die Grundstriche von Seite 73 fast das gesamte Repertoire der Elemente, aus denen die Buchstaben dieser Schrift bestehen. Man kann sie grob in vier Gruppen einteilen:

- **Gruppe 1** vertikale Abstriche mit und ohne geradem Aufstrich
- **Gruppe 2** vertikale Abstriche mit geschwungenem Aufstrich bzw. Schlaufe
- **Gruppe 3** Aufstriche mit und ohne Kurve und folgendem Abstrich
- **Gruppe 4** ovale Formen

Die Buchstaben lassen sich nicht streng schematisch zusammensetzen, leichte optische Anpassungen sind nötig. Aber wenn Sie sich diese Grundstriche beim Schreiben immer wieder vor Augen führen und die Buchstaben konsequent nur daraus aufbauen, gelingen Ihnen harmonische Formen und ein gleichmäßiges Schriftbild fast wie von selbst. Neben den Grundstrichen in den vier Gruppen gibt es noch einige weitere Striche. Diese Sonderformen fehlen in der Darstellung unten, rechts in der Übersicht der Buchstabengruppen sind sie grau.

**Buchstabengruppen** Da die Buchstaben dieser Schrift aus den gleichen Grundstrichen aufgebaut sind, lassen sie sich nach Ähnlichkeit gruppieren. Ihre Formenverwandtschaften erleichtern das Üben. Die folgende Liste gibt Schreibanweisungen zu den einzelnen Kleinbuchstaben und Versalien, die Farben der Striche in der Abbildung rechts entsprechen denen der Buchstabengruppen unten. Alphabetische Übersichten finden Sie ab Seite 78.

## Kleinbuchstaben

- **l** langer Abstrich mit Aufstrich
- **t** der gleiche Abstrich, aber etwas kürzer. Der Querstrich liegt gerade eben unterhalb der x-Höhe.
- **b** langer Abstrich mit Aufstrich bis zur x-Höhe, kurzer Verbindungsstrich zum nächsten Buchstaben
- **i** kurzer Abstrich mit Aufstrich, der i-Punkt ist ein sehr kurzer Abstrich
- **j** Abstrich von der x-Höhe bis zur Unterlänge mit geschwungenem Aufstrich und Schlaufe nach links. Beim Aufstrich wird der Stift ohne Druck nach links und oben geführt. Der Punkt ist wie beim **i** ein sehr kurzer, gerader Strich.
- **f** langer Abstrich von der Versalhöhe bis zur Hilfslinie für die Unterlänge

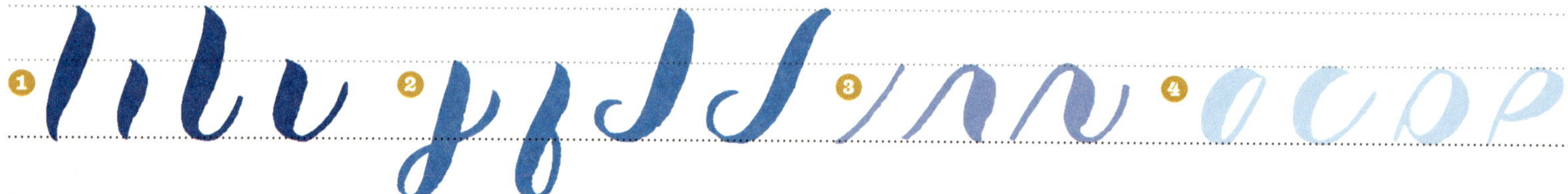


Grundstrichgruppen

Der geschwungene Aufstrich bildet eine Schlaufe nach rechts und trifft etwa ein Drittel oberhalb der Grundlinie wieder auf den Stamm. Von dort verbindet ein Aufstrich das **f** mit dem folgenden Buchstaben.

- **h** langer Abstrich, Aufstrich-Abstrich-Aufstrich-Kombination. Der Aufstrich beginnt an der Grundlinie oder ein Stückchen darüber, nicht erst oben am Ansatz des Abstrichs. So entsteht eine harmonische Rundung.
- **n** wie **h**, aber mit kurzem Abstrich
- **m** wie **n**, aber mit zwei Bögen
- **u** zwei kurze Abstriche mit Aufstrich
- **y** kurzer Abstrich mit Aufstrich, Abstrich mit geschwungenem Aufstrich und Schlaufe nach links
- **v** kurzer Abstrich mit Aufstrich, mit oder ohne Schlaufe zur Verbindung der Buchstaben
- **w** zwei kurze Abstriche mit Aufstrich, mit oder ohne Schlaufe
- **r** Aufstrich mit Abstrich, gerader Aufstrich, sehr kurzer Abstrich mit Aufstrich
- **x** Aufstrich-Abstrich-Aufstrich, dabei ist der Abstrich nach links geneigt und weiter gestreckt als bei **h**, **n** und **m**. Die Aufstriche verlaufen parallel zu den Hilfslinien. Der feine Querstrich ist ein leicht geschwungener Abstrich, der ohne Druck geschrieben wird – Achtung Ausnahme!
- **r-Alternative** und **z** beginnen mit einem Aufstrich von der Grundlinie bis zur x-Höhe. Über der x-Höhe setzt ein sehr kurzer vertikaler Strich an, der dann mit wenig Druck horizontal verläuft, bevor er sich als Abschwung nach unten fortsetzt.

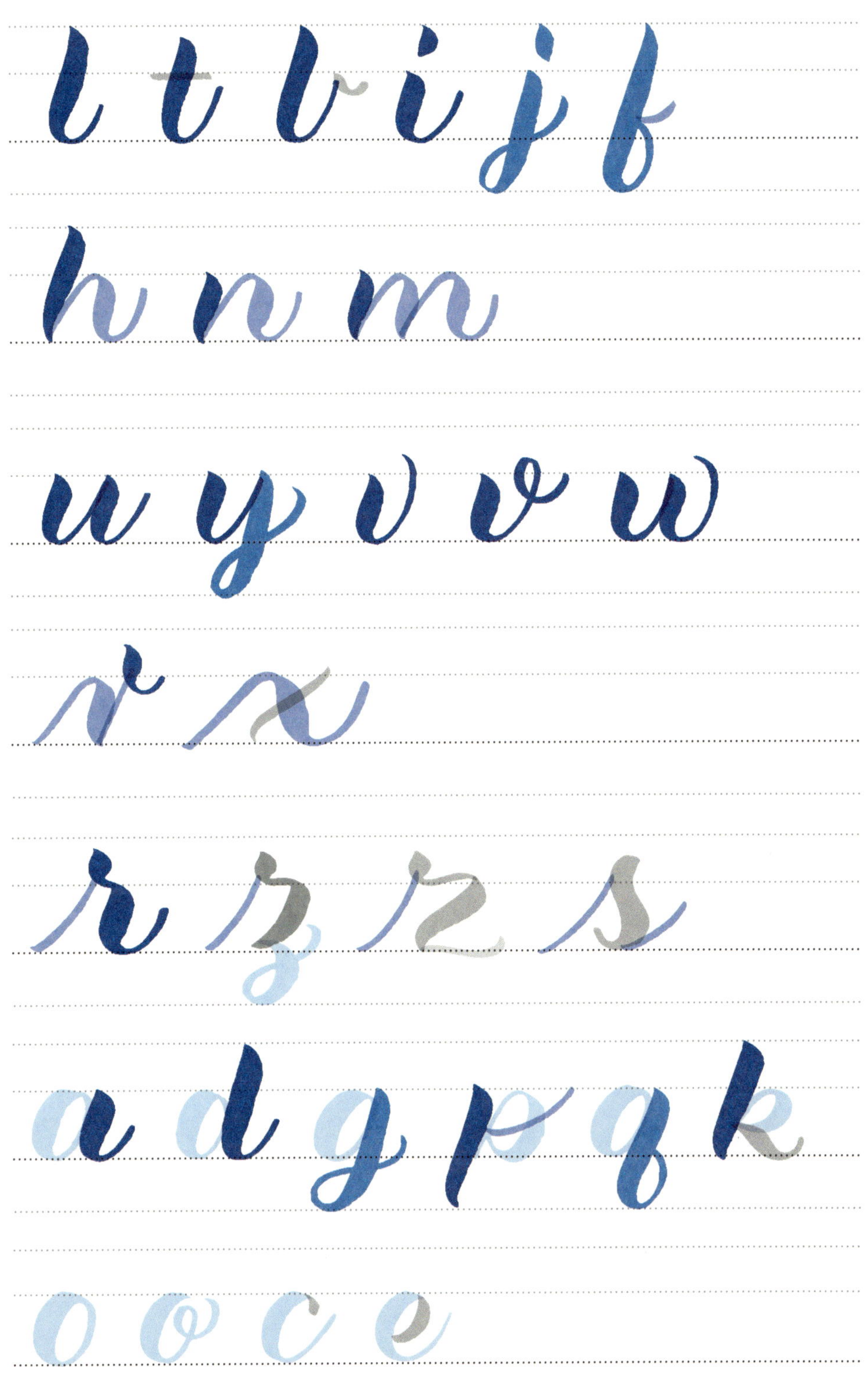

Buchstabengruppen Kleinbuchstaben

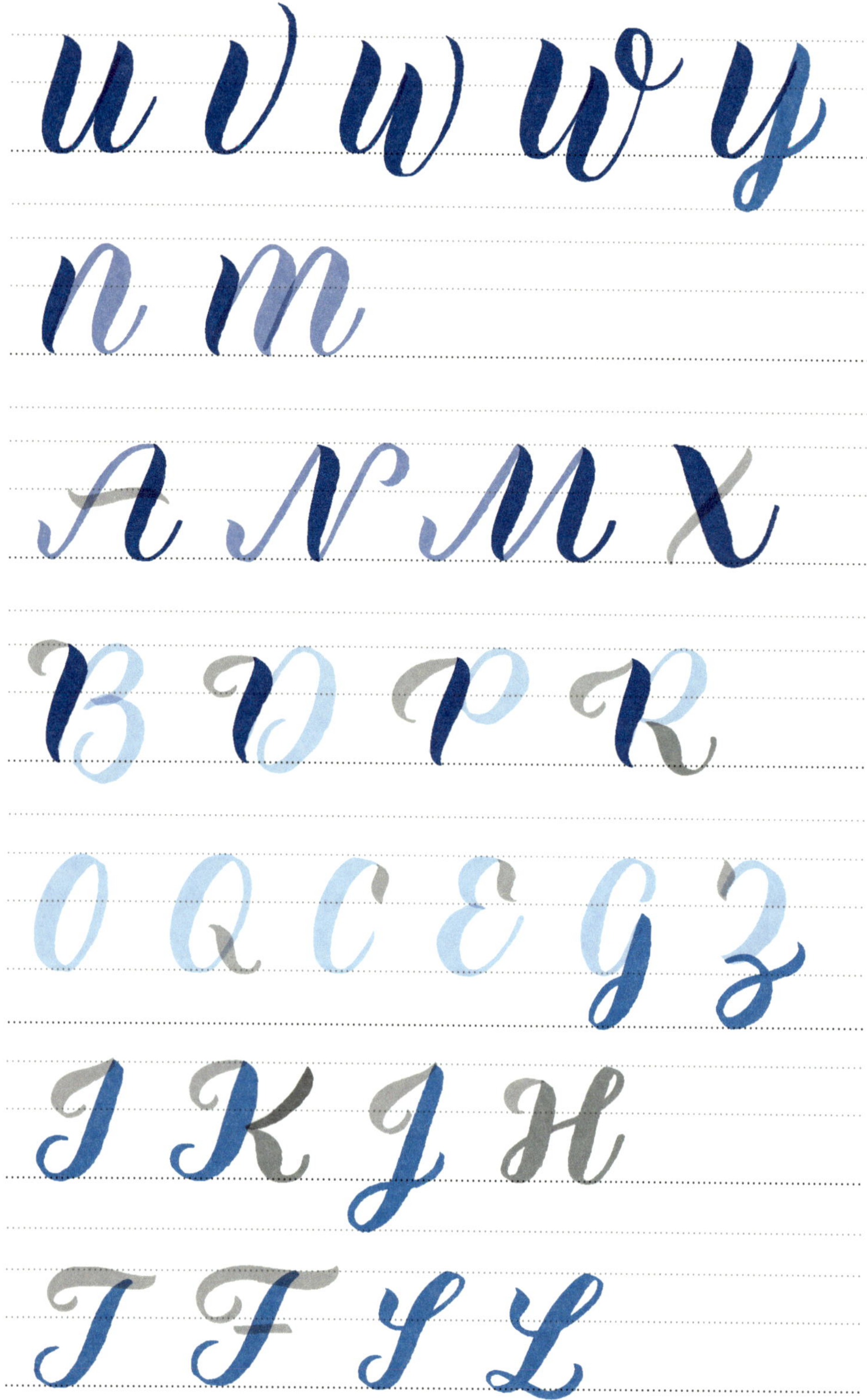
Buchstabengruppen Versalien

- **s** Aufstrich, geschwungene s-Form, die etwas oberhalb der x-Höhe ansetzt, Aufstrich als Verbindung zum folgenden Buchstaben. Siehe auch **r- und s-Formen**, Seite 86.
- **a** kleines Oval, kurzer Abstrich mit Aufstrich. Der Abstrich überlappt den Aufstrich des Ovals nur so weit, dass der runde Innenraum erhalten bleibt und nicht „zugemalt" wird.
- **d** wie **a**, aber mit langem Abstrich
- **g** kleines Oval, langer Abstrich von der x-Höhe bis zur Unterlänge, mit links geschwungenem Aufstrich und Schlaufe wie beim **j**
- **p** langer Abstrich von der x-Höhe bis zur Unterlänge, kleines Oval, das auf der Grundlinie mit einem Aufstrich beginnt. Optional durchkreutzt ein Aufstrich das Oval als Verbindung.
- **q** kleines Oval, langer Abstrich mit Schlaufe nach rechts. Der geschwungene Aufstrich nach rechts gelingt meist leichter als der nach links, weil er der Schreibrichtung folgt.
- **k** Abstrich, kleines Oval, das mit einem Aufstrich im Stamm des Buchstabens beginnt. Die kleine Schlaufe entspringt dem Stamm und schlingt sich mit Druck nach unten wieder zurück. Für das Bein setzt man den Pinsel horizontal im Stamm an und zieht ihn zuerst waagerecht ein Stück nach rechts und dann mit Druck nach unten.
- **o** kleines, geschlossenes Oval oder offenes Oval mit Schlaufe
- **c** kleines, offenes Oval, optional kurzer zweiter Strich am Ansatz des Ovals. Siehe **Zierstriche**, Seite 80.
- **e** kleines, offenes Oval, aber offener als beim **c**, damit Platz ist für den halbrunden Abstrich

## Großbuchstaben

Die Versalien sind wie die Kleinbuchstaben aus den Grundstrichen aufgebaut, allerdings gibt es mehr Sonderformen.

Die Fähnchen und Schweife sind hier nur erläutert, wo sie strukturell zum Buchstaben gehören. Hinweise zu Zierstrichen an Buchstaben finden Sie auf Seite 80.

- **U** zweimal Abstrich mit Aufstrich
- **V** Abstrich mit Aufstrich, mit oder ohne Schlaufe. Der Abstrich kann unterhalb der Versalhöhe ansetzen.
- **W** zweimal Abstrich mit Aufstrich. Der zweite Abstrich kann unterhalb der Versalhöhe ansetzen und bis unter die Grundlinie reichen, beim zweiten Aufstrich ist die Schlaufe optional.
- **Y** Abstrich mit Aufstrich, langer Abstrich mit geschwungenem Aufstrich und Schlaufe nach links. Der zweite Abstrich kann etwas unter der Versalhöhe beginnen.
- **N-Alternative** Abstrich, Aufstrich mit Abstrich
- **M-Alternative** wie **N** aber mit einem zweiten Aufstrich-Abstrich-Bogen
- **A** sehr kurzer Abstrich mit leicht s-förmigem Aufstrich, Abstrich mit Aufstrich, geschwungener oder gerader Querstrich
- **N** sehr kurzer Abstrich mit Aufstrich, Abstrich, Aufstrich mit geschwungener Endung
- **M** sehr kurzer Abstrich mit Aufstrich, Abstrich, Aufstrich, Abstrich mit Aufstrich
- **X** links geneigter Abstrich mit Aufstrich, leicht geschwungener Abstrich *ohne Druck* von rechts oben nach links unten. Durch die abweichende Strichführung gelingen Endungen und der Schwung des Strichs leichter, als wenn man ihn von unten nach oben als Aufstrich schreibt.
- **B** Abstrich, kleines nach rechts geschriebenes Oval, das als Aufstrich im Stamm beginnt. Daran hängt ein zweites Oval, das sich entweder in den Buchstabeninnenraum wendet oder zum Stamm zurückführt. Der Abstrich von **B**, **D**, **R** und **P** kann unterhalb der Versalhöhe beginnen, sodass der Bogen ihn überragt.
- **D** Abstrich, großes Oval beginnt als Aufstrich auf der Grundlinie und überlappt den Stamm. Endschwung im Innenraum des Buchstabens oder geschlossene Form, dadurch dass das Oval zum Stamm zurückführt.
- **P** wie **B** mit etwas größerem, geschlossenem Oval
- **R** Abstrich, geschlossenes Oval von der Grundlinie aus. Für das Bein den Pinsel horizontal im Stamm ansetzen, nach rechts ziehen, dann mit Druck zur Grundlinie und ohne Druck aufwärts.
- **O** großes Oval, geschlossen oder offen, mit oder ohne Schlaufe am Aufstrich
- **Q** wie **O** mit kleinem diagonalen Abstrich, ähnlich wie das Bein am **R**
- **C** offenes Oval, optional kurzer Abstrich am Ansatz
- **E** kleines Oval, zweites kleines Oval, optional geschweifter Abstrich am Ansatz des oberen Ovals
- **G** großes offenes Oval, Abstrich von x-Höhe bis zur Unterlänge mit Schlaufe nach links
- **Z** offenes Oval, das etwas oberhalb der Grundlinie endet, zweites offenes Oval mit geschwungenem Aufstrich und Schlaufe nach links
- **I** Abstrich mit geschwungenem Aufstrich nach links. Der Schweif setzt mit wenig Druck am Stamm an, erst in der Bewegung nach unten wird der Druck fließend erhöht.
- **K** Abstrich wie **I**. Ein geschwungener Abstrich als Arm von oben rechts Richtung Stamm mit abnehmendem Druck, Bein wie beim **R**, Schweif wie beim **I**.
- **J** langer Abstrich von der Versalhöhe bis zur Unterlänge mit geschwungenem Aufstrich und Schlaufe nach links, Schweif wie beim **I**
- **H** wird in einem Zug geschrieben, Abstrich mit Schlaufe nach links, geschwungener Aufstrich mit Schlaufe, die in den Abstrich übergeht und dann in den Aufstrich
- **T** leicht s-förmig geschwungener Abstrich mit geschwungenem Aufstrich nach links. Wie beim Oval schiebt man den Stift zuerst einige Millimeter ohne Druck gegen den Strich und baut erst dann den Druck auf. Für die Querstriche von **T** und **F** wird der Pinsel im 90°-Winkel zur Versalhöhe aufgesetzt und von rechts nach links zur Seite geschoben. Sie können das Blatt auch drehen und den Strich als geschwungenen Abstrich zeichnen.
- **F** wie **T** mit kurzem Querstrich
- **S** kurzer Abstrich mit weit geschwungenem Aufstrich, der mit einer Schlaufe in einen s-förmig geschwungenen Abstrich übergeht und dann in einen runden Aufstrich
- **L** wie **S**, aber der runde Aufstrich setzt sich in einem geschwungenen horizontalen Strich fort.

*Alphabetvorlagen*

# A bis Z

**Sie haben die Buchstaben in Gruppen geübt und verstehen langsam ihre Formen. Falls Sie trotzdem einmal nicht mehr wissen, wie ein a, b oder c geschrieben wird – welcher Strich zuerst, in welche Richtung, mit Schlaufe oder ohne – auf den folgenden Seiten ist es noch einmal visuell erklärt.**

Die Übersichten zeigen die Klein- und Großbuchstaben der Pinselschreibschrift und einer unverbundenen Variante, jeweils in alphabetischer Reihenfolge und mit alternativen Buchstaben.
In den Vorlagen sind die einzelnen Striche nummeriert und durch abgestufte Grautöne gekennzeichnet - der dunkelste Strich ist der erste, die folgenden werden immer heller. Fette und feine Pfeile zeigen an, wo die Striche beginnen, in welche Richtung sie verlaufen und ob sie mit oder ohne Druck geschrieben werden. Die Abfolge der Striche beim Schreiben entspricht der Leserichtung, man schreibt sie nacheinander von links nach rechts und von oben nach unten. Mit wenigen Ausnahmen gilt dabei die Regel: Ist ein Strich breit, verläuft er von oben nach unten, ist er dünn, von unten nach oben.

Das Schreiben sollte leicht und mühelos von der Hand gehen. Nur bei den Schlaufen an g, j, y und G und beim Ansatz der ovalen Formen schiebt man den Pinsel gegen den Strich. Dies geschieht immer ohne Druck, da sonst die Haare aufspreizen und die Form des Buchstabens beeinträchtigt wird. Wenn Sie Schwierigkeiten haben, überprüfen Sie Ihre Handhaltung, fassen Sie den Stift etwas anders an oder setzen Sie ihn in einem leicht veränderten Winkel auf das Papier.

Der Schreibschriftstil in diesem Kapitel ist ein Stil von vielen. Mit der Zeit entwickeln Sie vielleicht Ihren eigenen, aber am Anfang bekommt man schneller ein Gefühl für das Wesentliche, wenn man einem Vorbild möglichst präzise folgt.

Falls Ihnen ein Buchstabe überhaupt nicht gefällt, schauen Sie sich in Schriftmusterbüchern oder online nach Alternativen um. Oder Sie entwickeln eigene Formen und passen sie dem Duktus dieser Schrift an. Sie können auch von Ihrer Handschrift ausgehen und sie stilisieren, indem Sie sich ein eigenes Set an Grundformen erarbeiten und daraus Ihre Buchstaben aufbauen. Berücksichtigen Sie nur das Grundprinzip des Pinselstifts: Schreiben Sie Abstriche mit Druck und Aufstriche ohne Druck, damit der charakteristische Rhythmus von fetten und feinen Strichen erhalten bleibt. Die Übungen am Ende dieses Kapitels geben weitere Anregungen für Variationen.

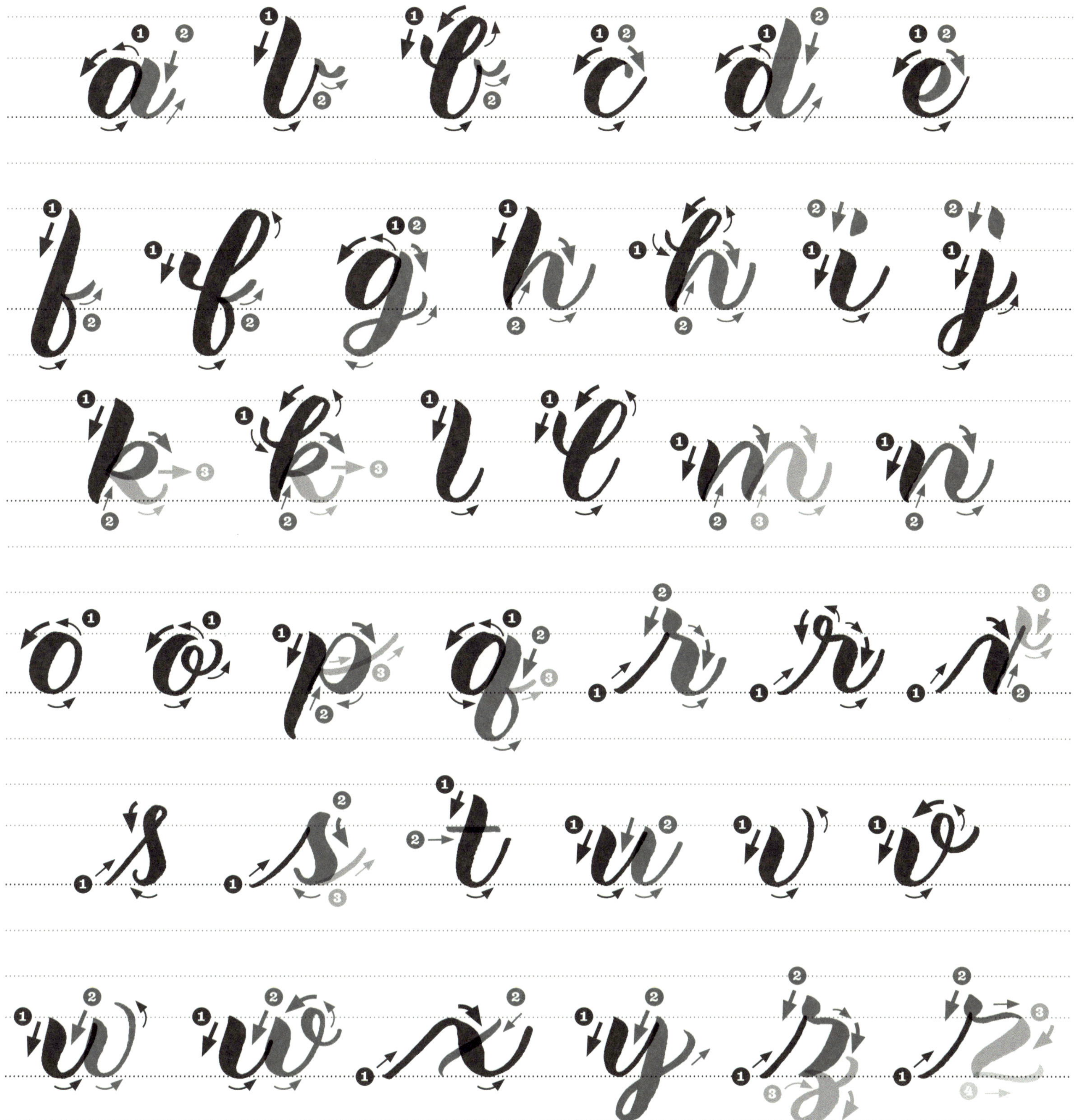

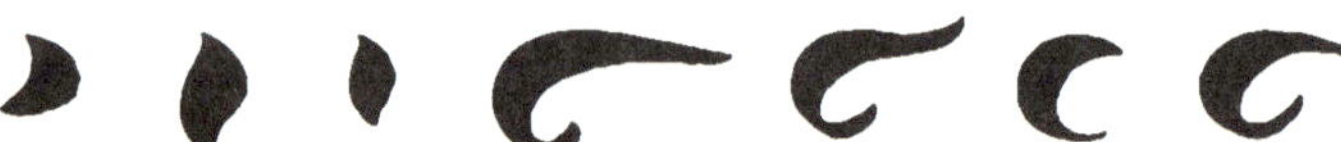

Zierstriche

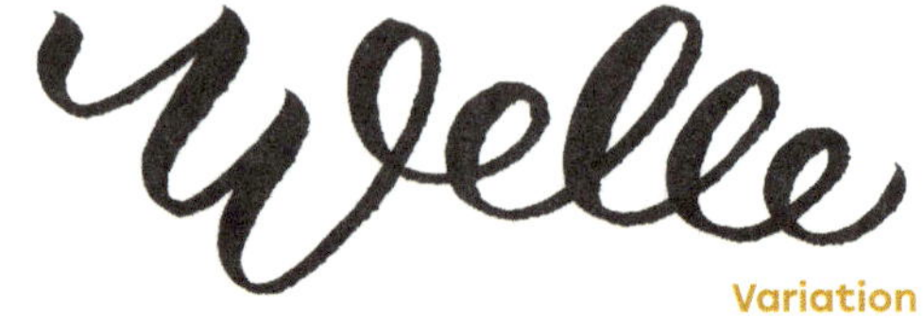


Variation

**Kleinbuchstaben in Schreibschrift**
Die Kleinbuchstaben sorgen mit ihren sich wiederholenden, einheitlichen Formen für ein gleichmäßiges Schriftbild. Sie kontrastieren mit den ornamentaleren Großbuchstaben.

Einige Kleinbuchstaben wie **f**, **h**, **r** und **s** haben Alternativen mit Schlaufen. Zu ihnen passen die Schlaufenformen der Versalien **C**, **E**, **G**, **L** und **S**. Meistens ist es stimmig, sich in einem Text auf eine der Formen zu beschränken, es kann aber auch reizvoll sein, sie zu kombinieren.

**Variation** Folgen wie im Wort **Welle** zwei gleiche Buchstaben aufeinander, bietet es sich an, ihre Formen zu variieren und den zweiten Buchstaben zum Beispiel ein wenig kleiner zu schreiben. Dadurch wird das Schriftbild interessanter und unterscheidet sich deutlicher von einer Satzschrift am Computer.

**Versalien in Schreibschrift** Im Gegensatz zu den relativ strengen Kleinbuchstaben wirken die Großbuchstaben aufwendig und bewegt. Sie setzen visuelle Akzente, bieten Variationsmöglichkeiten und lassen sich mit Schwüngen, Schlaufen und Schnörkeln erweitern.

Statt mit den Schreibschriftversalien kann man die Kleinbuchstaben auch mit den schlichteren Großbuchstaben der unverbundenen Schriftvariante auf der folgenden Seite kombinieren. Das ergibt einen ruhigeren Gesamteindruck.

**Zierstriche** Die geschweiften Zierstriche der Großbuchstaben erfüllen verschiedene Funktionen: Bei **B**, **P** und **R** sind sie optional und dekorativ, beim **K** bilden sie ein visuelles Gegengewicht zum Schnörkel unten am Stamm. Bei **C** und **G** sind die kurzen Striche am Ansatz des Ovals struktureller Bestandteil des Buchstabens. Sie dienen dazu, die große Öffnung optisch zu schließen, und tragen zu einer besseren Verteilung der hellen und dunklen Flächen bei. Außerdem kaschieren sie den dünnen Strichansatz des Ovals.

Die kurzen Abstriche oder Fähnchen an den Schlaufenformen von Buchstaben wie **C**, **E** und **G** kann man in einem Zug schreiben oder zusammengesetzt aus zwei Strichen. In einem Zug geschrieben, beginnen sie mit einem kurzen Abstrich, der in einen weit geschwungenen Aufstrich übergeht. Der Aufstrich muss weit genug nach rechts reichen, sodass für den fetten Abstrich zwischen Strichansatz und Schlaufe genügend Platz bleibt. **L** und **S** in der Vorlage rechts sind ein Beispiel.

Um den Zierstrich als separaten Strich zu schreiben, versetzt man den Abstrich nach der Schlaufe nach rechts und lässt den Beginn des Aufstrichs sichtbar, statt ihn mit dem Abstrich zu überzeichnen. Der Ansatz dient dann als Zielpunkt für den kurzen Abstrich, den man zur Zierde als Letztes ergänzt. **C**, **E** und **G** machen die Strichfolge nachvollziehbar.

Für die Schweife an **R** und **B** setzt man nur mit der Pinselspitze am Stamm an und schiebt den Stift zunächst ohne Druck gegen die Schreibrichtung nach links und unten. Der Druck wird erst in der Kurve erhöht, sonst entsteht dort, wo Stamm und Schweif überlappen, ein dunkler Fleck.

**Ziffern** Die Versalziffern werden ein wenig kleiner geschrieben als die Großbuchstaben, da sie sonst zu sehr hervortreten. Sie haben alle die gleiche Höhe und unterschreiten die Grundlinie nicht. Mit ähnlichen Strichen kann man sie aber auch als Mediävalziffern mit Ober- und Unterlängen schreiben. In Kapitel 2 auf Seite 27 finden Sie dafür ein Beispiel.

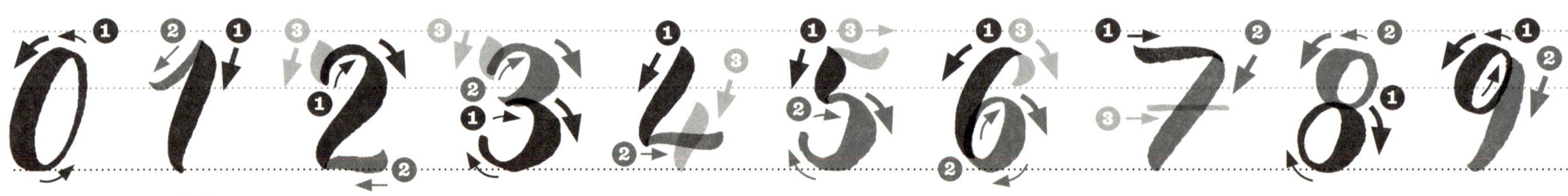


Ziffern

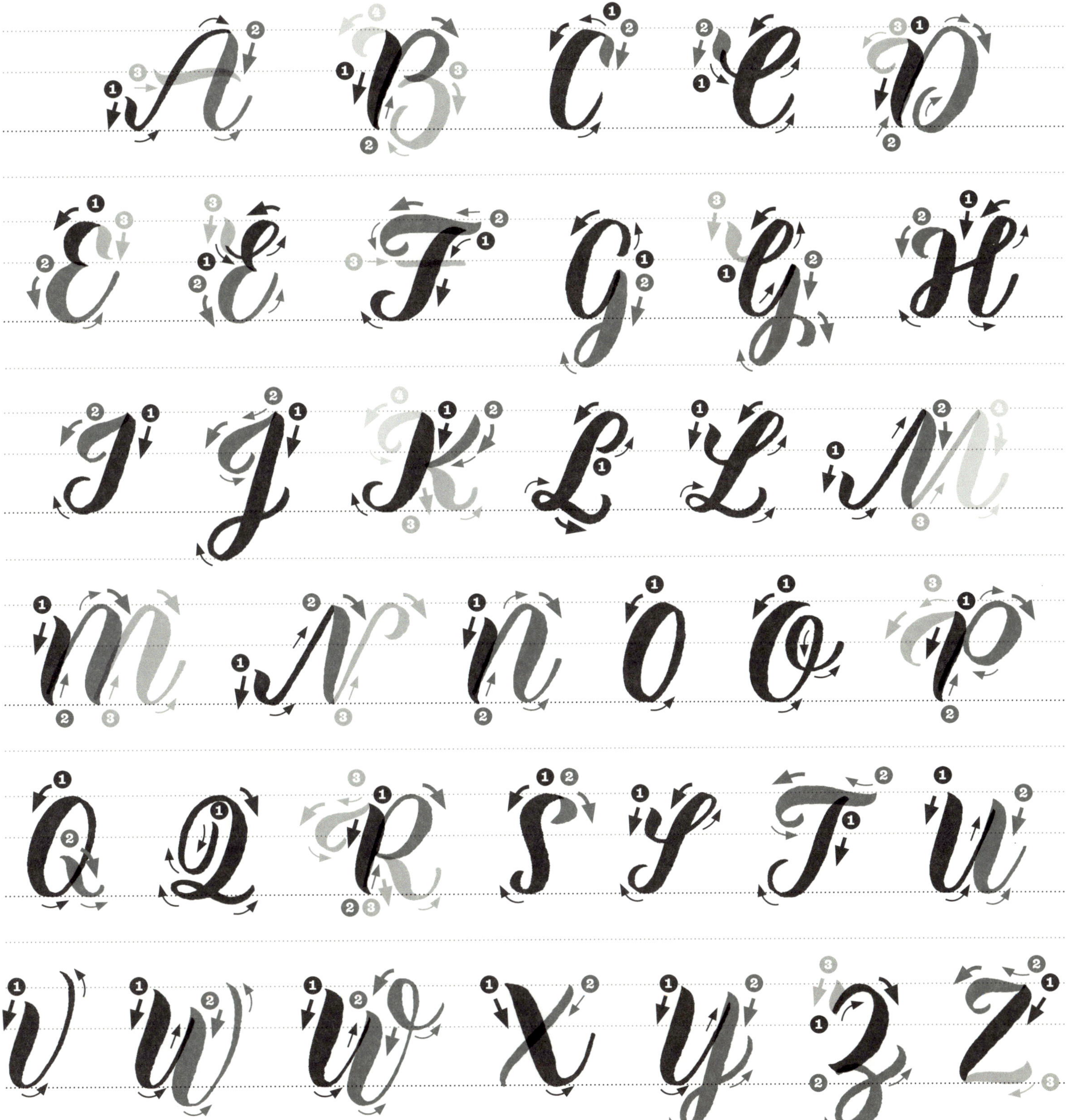

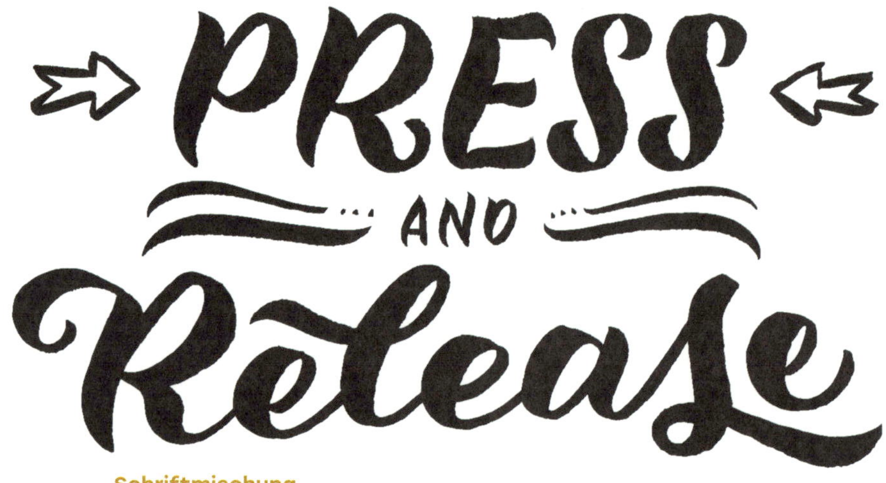


Schriftmischung

## Schriftvariante

Wenn man sie leicht abwandelt, kann man die verbundene Schreibschrift auch unverbunden schreiben. Die Grundformen der Variante ähneln denen der Schreibschrift. Da aber viele Versalien aus kräftigen Abstrichen aufgebaut sind, wirken sie massiver als die Großbuchstaben der Schreibschrift mit ihrem regelmäßigem Wechsel von feinen Auf- und fetten Abstrichen. Damit die Buchstaben nicht zu klobig werden, schreibt man einen Teil der Abstriche mit weniger Druck zum Beispiel bei **M**, **V**, **W** und **X**.

Wie bei der verbundenen Schreibschrift wird der Pinsel auch bei dieser Variante in einem Winkel von etwa 45 Grad zur Grundlinie geführt. Ausgehend von den Grundstrichen und anhand der Beschreibungen auf den Seiten 74–77, sollte die Strichfolge der meisten Buchstaben in der Vorlage rechts selbsterklärend sein.

**Versalien-Variante** Der erste Strich des **A** steht leicht diagonal zum Neigungswinkel, ähnlich wie der zweite Strich des **X**. Ebenso entspricht die Form der Striche von **M**, **V**, **W**, **X** und **Y** einem einfachen Grundstrich, sie sind aber stärker geneigt. Dreht man das Blatt ein Stück, gelingen diese Striche und ihre gerundeten Endungen leichter.

Wo sich wie beim **X** zwei fette Striche überkreuzen, zeichnet man den zweiten etwas dünner, um eine allzu dunkle Überlappung zu verhindern. Zum gleichen Zweck verjüngen sich die Balken von **V** und **W** von oben nach unten ein wenig. **O** und **Q** kann man zusammengesetzt aus zwei halbrunden Abstrichen schreiben oder wie bei der Schreibschrift in einem Zug als Oval.

**Kleinbuchstaben-Variante** Die meisten Kleinbuchstaben der unverbundenen Variante weichen kaum von denen der Schreibschrift ab. Der größte Unterschied besteht darin, dass sie mit einfachen Abstrichen geschrieben werden – ohne verbindende Aufstriche.

**v**, **w** und **x** sind wie ihre entsprechenden Großbuchstaben ohne Rundungen aus Abstrichen aufgebaut. Das kleine **k** hat keine Schlaufe, sondern wie das große **K** einen Arm, allerdings reicht der Arm des kleinen **k** nur bis zur x-Höhe.

**Schriftmischung** Entwürfe, in denen die Schreibschrift mit der unverbundenen Variante kombiniert ist, sehen häufig harmonisch aus, weil sie sowohl kontrastierende als auch gemeinsame Eigenarten haben. Der Strichstärkenkontrast und das Werkzeug wirken verbindend, doch die Anmutung der beiden Schriftarten unterscheidet sich deutlich. Mehr zum Thema Schriftmischung in Kapitel 2, auf Seite 46.

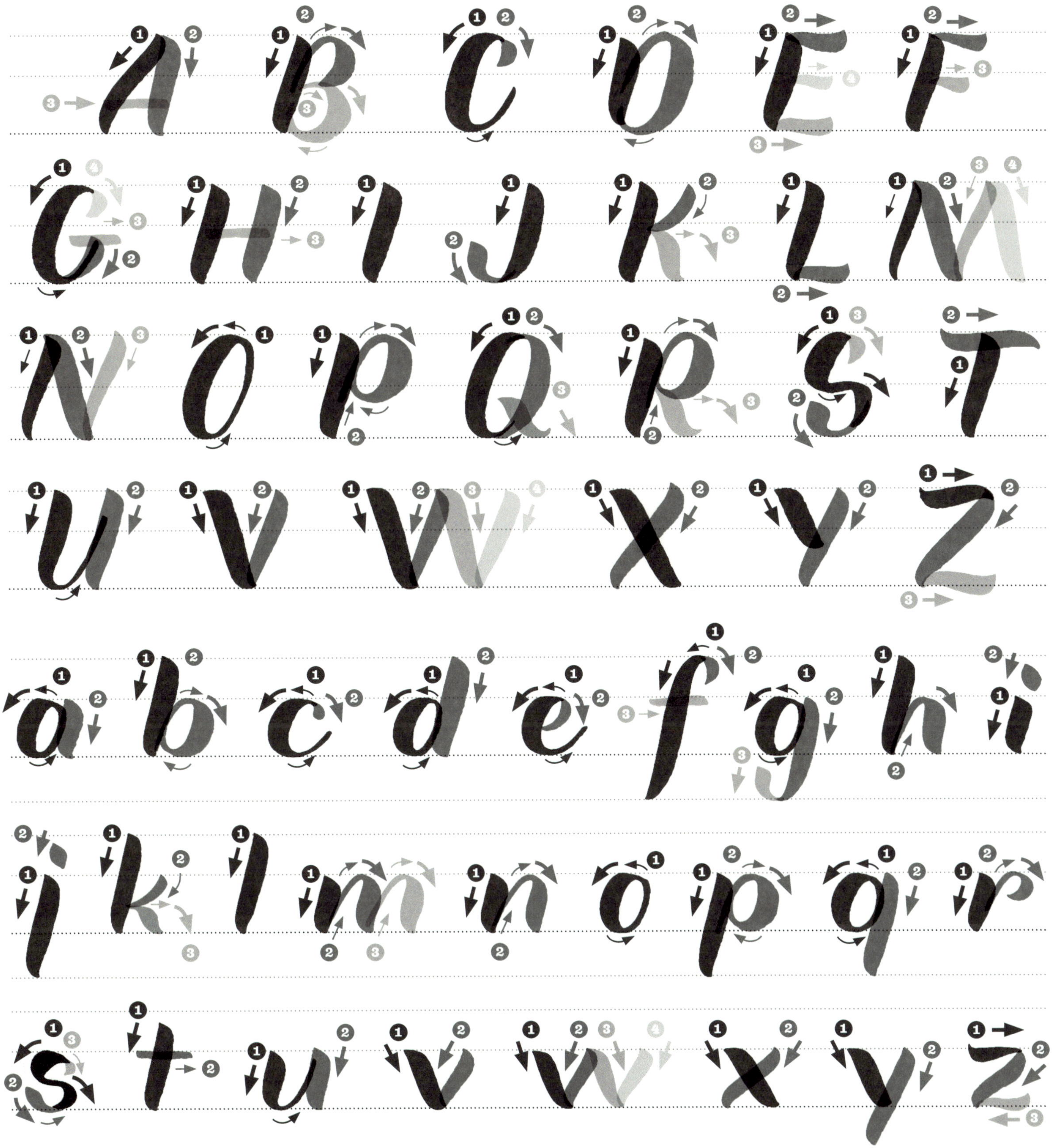
A B C D E F
G H I J K L M
N O P Q R S T
U V W X Y Z
a b c d e f g h i
j k l m n o p q r
s t u v w x y z

ce ci cr es

*Verbindungen*

# Hand in Hand

**Die Grundstriche und Alphabete sind das eine, aber Buchstaben stehen selten für sich, sondern werden meistens zu Wörtern kombiniert. Damit die Buchstabenkombinationen der verbundenen Schreibschrift richtig schön fließen, kommt es auf die richtigen Übergänge an.**

**Buchstabenverbindungen** Wie zwei Buchstaben verbunden werden, hängt von dem vorangehenden und dem folgenden Buchstaben ab. Für fließende, harmonische Übergänge muss man vorausschauend arbeiten, um den Stift nicht unnötig abzusetzen und um sichtbare Verbindungsstellen zu vermeiden.

Vertikale Buchstaben wie **i**, **u** und **n** lassen sich leicht verbinden, denn ihre Aufstriche werden einfach mit dem Abstrich des nächsten Buchstabens überzeichnet. Die Aufstriche sollten ungefähr auf der gleichen Höhe auf den Abstrich treffen. Ein knappes Drittel der x-Höhe, so wie es die gelbe Linie bei **minimum** markiert, ist ein gutes Maß, es darf aber variiert werden.

Bei runden und diagonalen Buchstaben wie **o**, **r** und **v** ist nicht immer auf Anhieb klar, wie sie mit anderen Buchstaben verbunden werden. Da misslungene Verbindungen die Lesbarkeit beeinträchtigen und zu Verwechslungen führen können, zeigen die Beispiele auf dieser Seite die wichtigsten Verbindungsmöglichkeiten.

Bei den Buchstabenfolgen mit **s** und alternativem **r** zieht man den Aufstrich des vorangehenden Buchstabens bis zur x-Höhe hoch und setzt den geschwungenden Abstrich des **s** oder **r** daran an. Der verlängerte Aufstrich des ersten Buchstabens ersetzt in diesen Fällen den Aufstrich des folgenden.

Bei Buchstaben, die an der x-Höhe enden, wie **o**, **b** und das alternative **r**, setzen die folgenden Buchstaben nicht mit einem Aufstrich an der Grundlinie an, sondern mit einem kleinen Verbindungsstrich auf der x-Höhe.

**Abstände** Hier bewährt es sich, dass Sie sich beim Üben der Grundstriche angewöhnt haben, die Aufstriche bis zur x-Höhe zu zeichnen, denn sie verbinden nicht nur die Buchstaben, sie dienen auch als Abstandhalter.

Ein gleichmäßiger Rhythmus von hell und dunkel entsteht dadurch, dass der Abstand zwischen den Buchstaben ungefähr ihrem Innenraum entspricht und etwa die Breite der Abstriche hat. Zum optischen Ausgleich muss der Abstand ein wenig größer sein, wenn zwei fette Striche nebeneinander stehen. Folgen zwei feine Striche aufeinander, ist er etwas geringer.

Das englische Wort **minimum** eignet sich aufgrund der rhythmischen Abfolge vertikaler Auf- und Aufstriche sehr gut dazu, gleichmäßige Abstände zu üben.

**Variation** Nicht alle Buchstaben einer verbundenen Schrift müssen verbunden sein. Besonders die Versalien können für sich stehen. Buchstaben wie **L**, **K** und **R** eignen sich besonders dazu, mit Schwüngen offen unter der Grundlinie zu enden.

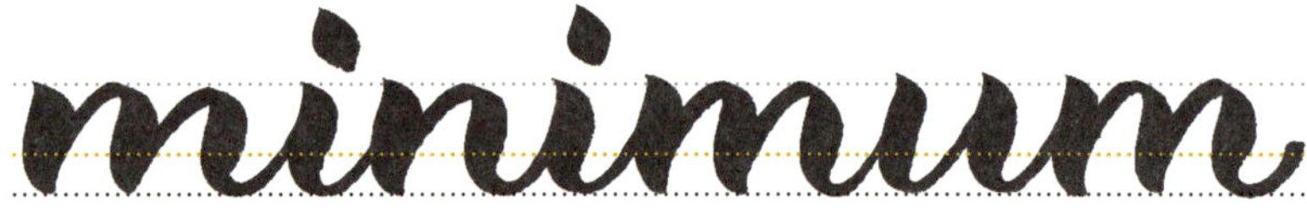

Abstände

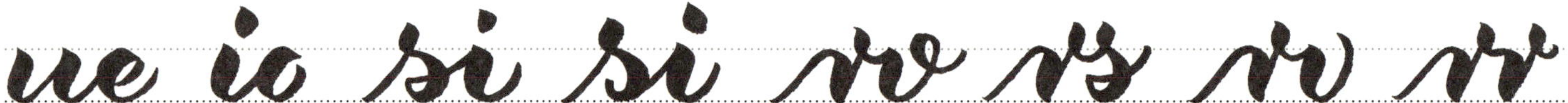
Buchstabenverbindungen

ei or oo oo on oe of if fo

Buchstabenverbindungen

Die weniger verspielten Großbuchstaben der unverbundenen Schriftvariante von Seite 83 bieten eine Alternative zu den Versalien der Schreibschrift. **Katerfrühstück** und **Samtpfoten** zeigen, dass sie sich gut mit den verbundenen Kleinbuchstaben der Schreibschrift kombinieren lassen und einen Schriftzug ruhiger und klarer machen.

Auch innerhalb eines Wortes kann man einzelne Kleinbuchstaben unverbunden schreiben. Dazu eignen sich vor allem Buchstaben mit Unterlängen. Die Schlaufen der Unterlängen sehen in manchen Fällen besser aus, wenn sie offen bleiben oder nur zurück zum Stamm führen – ohne dann als Aufstrich wieder über die Grundlinie zum nächsten Buchstaben zu verlaufen. **Katzenzungen**, **Katzenjammer** und **Tigeraugen** sind Beispiele dafür.

**Schlaufen** Die Schreibschrift ist zwar aus einzelnen Strichen aufgebaut, manchmal bietet es sich aber an, sie fließend in einem Stück zu schreiben. Das trifft besonders zu, wenn sich wie beim Beispiel **Elbe** mehrere Buchstaben mit Schlaufen aneinanderreihen und es den Schreibfluss stören würde, immer wieder neu anzusetzen.

Damit eine Schlaufe weit genug geöffnet ist und der Aufstrich durchgängig aussieht, kann man den Strich brechen und leicht versetzt fortführen. Dazu verläuft der Strich etwa bis zur x-Höhe und knickt dort ab, bevor er sich nach oben fortsetzt.

Katzenzungen

Katerfrühstück

Katzenjammer

Tigeraugen

Samtpfoten

Blechdach

Variation

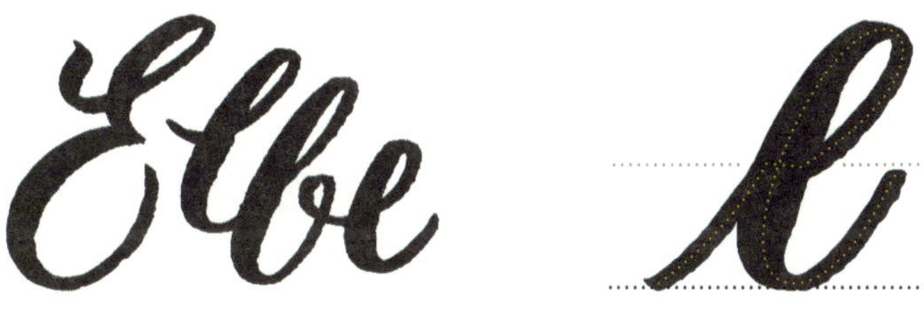


Schlaufen

rr rs yi ge ve vo vo

*Häufige Fehler*

# Troubleshooting

**Endlich beherrschen Sie die Grundstriche und die Druckvariation, Sie üben jeden Tag und denken, Sie machen alles richtig – aber die Ergebnisse sehen trotzdem merkwürdig aus. Anfänger haben oft mit ähnlichen Schwierigkeiten zu kämpfen, aber wenn man weiß, worauf man ein Auge haben sollte, lassen sich die häufigsten Fehler vermeiden.**

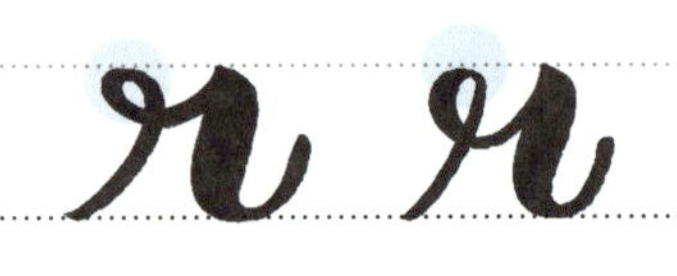

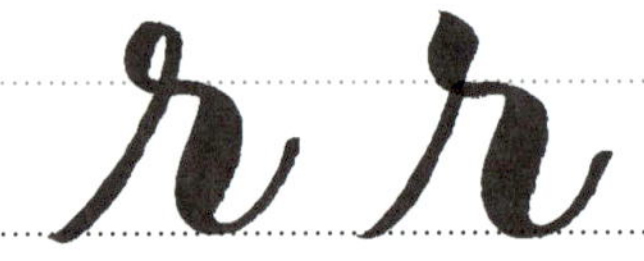

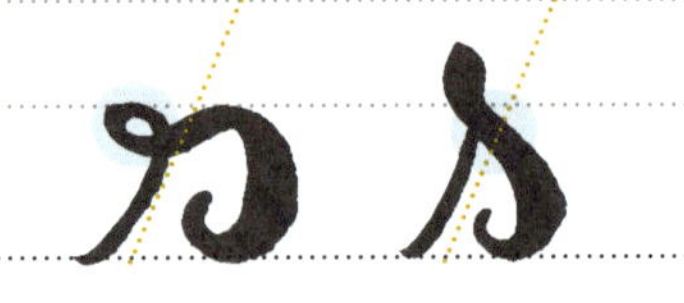

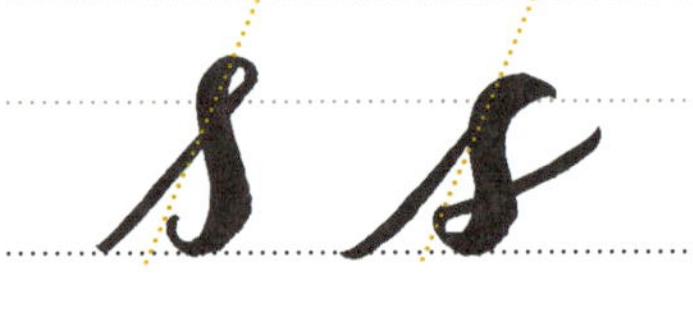

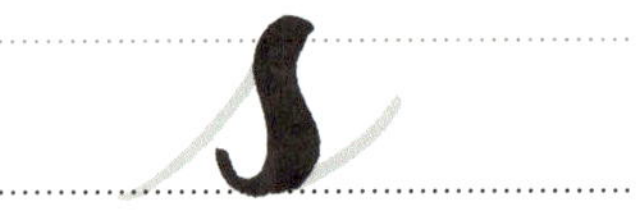

r- und s-Formen

**r- und s-Formen** Die Schlaufe an **r** und **s** ist nicht rein dekorativ, sie hat auch einen praktischen Nutzen, denn sie dient dazu, im Schreibfluss die Richtung zu ändern, ohne den Stift abzusetzen. Daraus ergeben sich Neigung und Platzierung der Schlaufe.

Links sind die fehlerhaften Varianten mit blauen Kreisen markiert, die korrekten sind darunter abgebildet. Die Schlaufen beider Buchstaben liegen oberhalb der x-Höhe und ihre Achsen verlaufen parallel zur Neigung der Schrift. Die Kurve des **s** überragt die x-Höhe ein kleines Stück und neigt sich dem Schreibwinkel entsprechend.

Wenn man sich beim **s** die Aufstriche wegdenkt, erkennt man die geschwungene Grundform. Die Aufstriche dienen nur dazu, das **s** mit dem nächsten Buchstaben zu verbinden, Form und Neigung bleiben unverändert.

Am Anfang scheint alles schiefzugehen: Die Enden der Striche sehen ganz und gar nicht so aus wie in der Vorlage; die Aufstriche sind zittrig, die Kurven eckig, die Abstriche sind mal so und mal so; die Neigung der Kleinbuchstaben schwankt zwischen senkrecht und 45 Grad, die Versalien sind mit Schnörkeln überladen und die Abstände stimmen vorne und hinten nicht.

Ganz ruhig! Wenn man etwas Neues übt, kann man sich einfach nicht auf alles gleichzeitig konzentrieren. Analysieren Sie die Schwächen Ihrer Buchstaben mit kritischem Blick und nehmen Sie sie sich eine nach der anderen vor. Üben Sie zunächst die Kurven, bis Sie den Bogen raushaben, dann konzentrieren Sie sich auf gleichmäßige Strichstärken, danach achten Sie auf die Abstände …

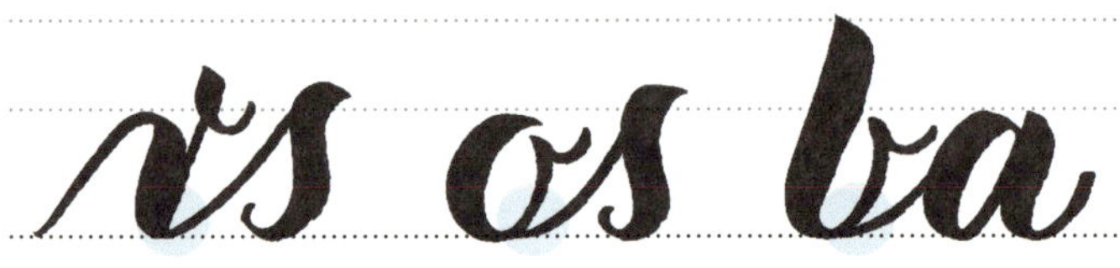


Buchstabenverbindungen

**Buchstabenverbindungen** Die Buchstaben haben unnötige Anstriche und die Aufstriche setzen falsch an.

Die Verbindungen der Buchstaben sind kontextabhängig. Sie sollten sich aus dem Schreibfluss ergeben, ohne dass Sie den Stift unnötig neu ansetzen. Schauen Sie sich dazu noch einmal die Beispiele auf der vorigen Seite an.

Endet ein Buchstabe an der x-Höhe, wie zum Beispiel das **o**, wird der folgende fast immer an der x-Höhe verbunden, auch wenn er in der alphabetischen Vorlage auf der Grundlinie ansetzt.

In manchen Fällen erleichtern die alternativen Formen mit Schlaufen die Verbindungen. Einzelne Buchstaben können auch unverbunden nebeneinander stehen.

**Endungen** Die Endungen der Striche sind nicht bewusst gestaltet.

Seien Sie bis zum Schluss aufmerksam und achten Sie darauf, dass die Strichendungen innerhalb eines Textes gleichförmig und bewusst ausgeführt sind.

**Strichstärke** Die Strichstärke innerhalb eines Wortes variiert stark.

Für ein gleichmäßiges Schriftbild sollten fette und feine Striche jeweils einheitlich stark sein, damit ein Wort aus nur zwei Strichstärken besteht.

**Druckvariation** Die Buchstaben sitzen schwer auf der Grundlinie auf.

Wird der Druck bei den Abstrichen nicht rechtzeitig verringert, beginnt der Übergang zwischen fetten und feinen Strichen zu spät und der Schwung der Buchstaben geht verloren. Reduzieren Sie den Druck bei den Abstrichen nach etwa zwei Dritteln der Strecke, sodass der Strich in der Kurve auf der Grundlinie nur noch die Stärke der Aufstriche hat. Ausführliche Beschreibungen zur Variation des Drucks finden Sie auf Seite 72.

**Strichstärkenkontrast** Der Strichstärkenkontrast ist so gering, dass man fett und fein kaum unterscheiden kann.

Die fetten Striche sollen sich deutlich von den feinen unterscheiden. Ein gleichmäßiger Kontrast gelingt leichter, wenn die fetten Striche richtig fett sind, denn dann können auch die feinen etwas kräftiger sein und lassen sich besser kontrollieren.

**Formen** Die Formen verwandter Buchstaben sind uneinheitlich.

Behalten Sie beim Schreiben die Grundstriche in Erinnerung und bauen Sie die Buchstaben aus diesem Repertoire auf. Damit stellen Sie sicher, dass Abstände und Formen gleichmäßig sind. Mehr darüber auf Seite 73.

**Neigung** Die Buchstaben scheinen zu kippen.

Schreiben Sie die Buchstaben in einem einheitlichen Winkel. Leichte Variationen in der Neigung machen die Schrift lebendig, aber das Schriftbild wird zu unruhig, wenn die Buchstaben in unterschiedliche Richtungen zu kippen scheinen. Achten Sie besonders bei geschwungenen und diagonalen Buchstaben wie **s** und **v** auf den richtigen Neigungsgrad.

**Buchstabenabstand** Die Wörter wirken löchrig und fleckig.

Gegen Flecken und Löcher im Schriftbild helfen einheitliche Strichstärken und Abstände. Das heißt, die Flächen zwischen den Buchstaben sollten etwa gleich viel Raum einnehmen. Wenn die Abstände außerdem ungefähr den Innenflächen der Buchstaben entsprechen, entsteht ein harmonischer Rhythmus von hell und dunkel.

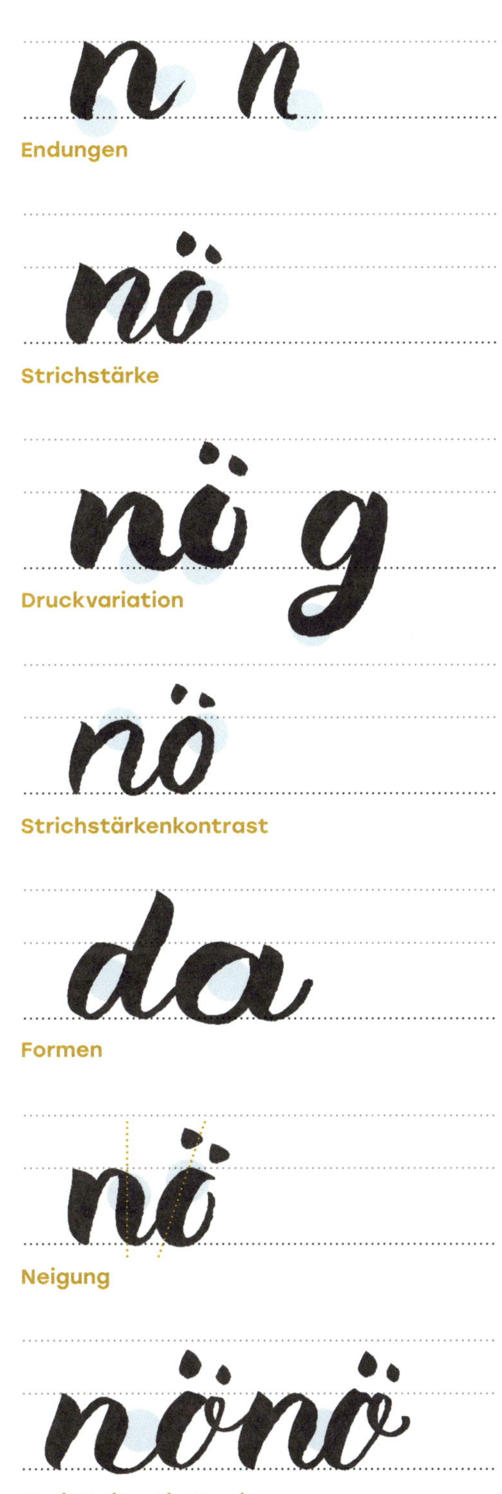

*Übung Ausdruck*

# Freihand

**Nachdem Sie Hand und Auge nach allen Regeln der Kunst trainiert haben, heißt es nun: loslassen. Um ein Gefühl für die Variationsmöglichkeiten der Pinselschrift zu bekommen, üben Sie auf der Grundlage der strengen Form den freien Ausdruck.**

## Material

- unterschiedliches **Papier**
- **Werkzeuge mit flexibler Spitze** wie Pinselstift, Marker, Aquarellpinsel
- **Bleistift**, **Radiergummi**

## Vorgehen

**Parameter** Viele Faktoren beeinflussen die Anmutung der Schreibschrift:

- die Schreibgeschwindigkeit
- die Art der Rundungen
- das Verhältnis von Ober- und Unterlängen zur x-Höhe
- die Neigung
- die Strichstärken und ihr Kontrast
- die Breite der Buchstaben
- das Werkzeug
- die Art des Papiers
- …

In dieser Übung setzen Sie die Parameter ein, um Wörter so zu schreiben, dass ihre Form ihre Bedeutung ausdrückt. Dabei gibt es kein Richtig und kein Falsch. Es geht darum, sich mit der Idee illustrativer Schrift vertraut zu machen und Schrift als erzählerisches Bild zu behandeln. Fangen Sie mit den folgenden Adjektiven an und überlegen Sie sich dann eigene.

- langsam
- hektisch
- aggressiv
- heiter
- majestätisch
- verspielt
- hart
- harmonisch

Fragen Sie sich „Wie sieht langsam aus?" Fällt Ihnen dazu spontan nichts ein, überlegen Sie, womit das Wort in Verbindung gebracht wird, welche unterschiedlichen Bedeutungen und Synonyme es hat. Langsam kann behäbig bedeuten, sorgfältig, blöd, aber auch achtsam.

Arbeiten Sie heraus, was das Adjektiv charakterisiert und überlegen Sie, wie Sie das visuell darstellen können. Dann beginnen Sie zu zeichnen und verdichten und stilisieren die Form in immer neuen Versuchen.

lebendig

entspannt

Variieren

**Variieren** Manchmal genügen geringe Anpassungen, um einen neuen Eindruck zu vermitteln. **entspannt** hat einen geringeren Strichstärkenkontrast und erweiterte Abstände, doch im Übrigen entsprechen die Buchstaben der Vorlage. **Lebendig** ist in einem Zug schnell, fließend und fast ohne Kontrast mit einem trockenen Pinsel geschrieben. Die Buchstaben tanzen auf der Grundlinie, aber ihre Abstände sind relativ gleichmäßig.

Das obere **aggressiv** entfernt sich weiter von den Alphabetvorlagen. Das Wort ist nach links geneigt, die spitzen Endungen entstehen durch das schnelle, zackige Schreiben mit einem Marker. Die zweite Version vermittelt eine etwas andere Art von Aggressivität. Sie wirkt strenger, massiver und beherrschter. Die Rundungen der Buchstaben sind gebrochen, sie haben keinen Strichstärkenkontrast und stehen eng beieinander.

**Verdichten** Das Wort **depressiv** lässt an Schwere und Unbeweglichkeit denken. Daher ist bei **1** der Strichstärkenkontrast nach unten verschoben, die Striche sind auf der Grundlinie relativ fett. Die Schreibschrift wirkt aber zu dekorativ, um die Bedeutung des Wortes darzustellen. Unverbunden geschrieben wie in Version **2**, ist auch der verschobene Kontrast deutlicher zu sehen, die Buchstaben verlieren ihre strenge Form. In der dritten Fassung wurde der Pinsel gleichmäßig stark aufgedrückt, es gibt keinen Kontrast mehr, die Buchstabeninnenräume sind fast oder ganz geschlossen. Bei **4** sind die Formen weiter verdichtet, sie wirken schwer und kompakt.

Diese vier Fassungen sind eine Auswahl der vielen Dutzend, die für diese Übung entstanden sind. Verdichtung findet meist im Verlauf von vierzig Versuchen statt, nicht im Verlauf von vieren.

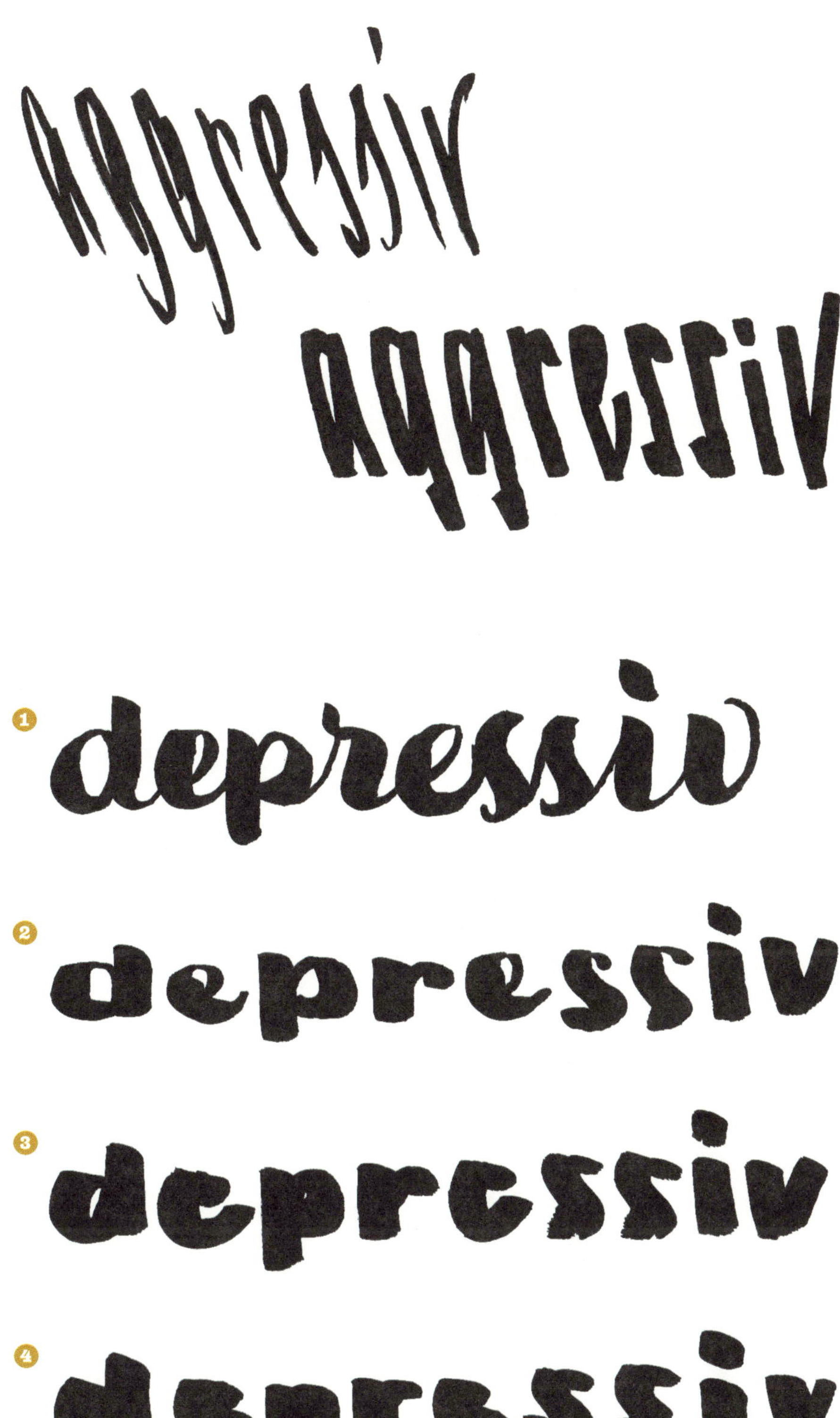

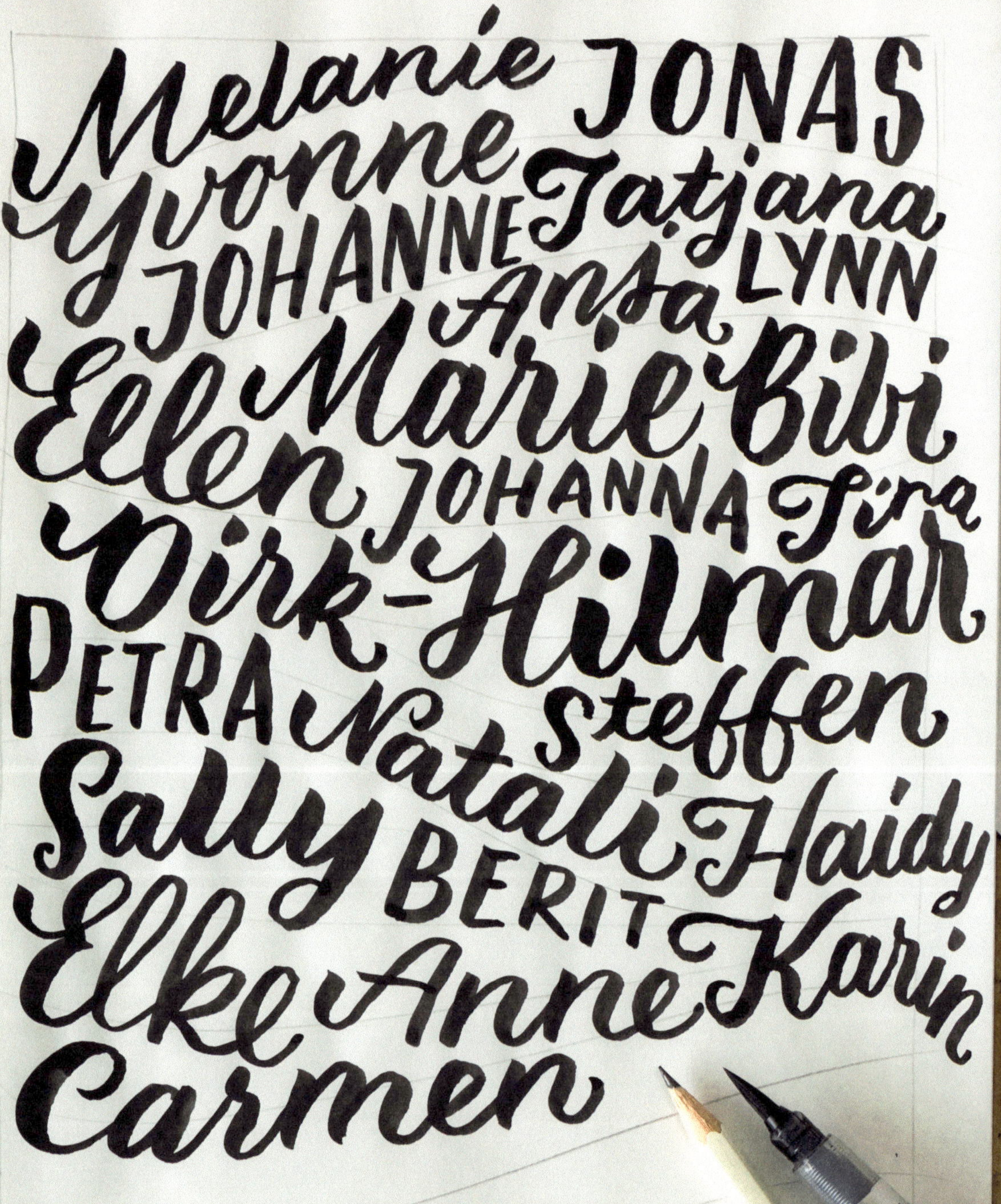

Melanie JONAS
Yvonne Tatjana
JOHANNE Ansa LYNN
Ellen Marie Bibi
JOHANNA Fira
Dirk-Hilmar
PETRA Natali Steffen
Sally BERIT Haidy
Elke Anne Karin
Carmen

*Übung Layout*

# Alle meine Freunde

**Um nun nicht mehr nur einzelne Wörter zu schreiben, sondern viele Zeilen, machen Sie eine Reise in die Vergangenheit: Füllen Sie eine ganze Seite mit den Namen ALLER Freunde, die Sie je hatten – in chronologischer Reihenfolge.**

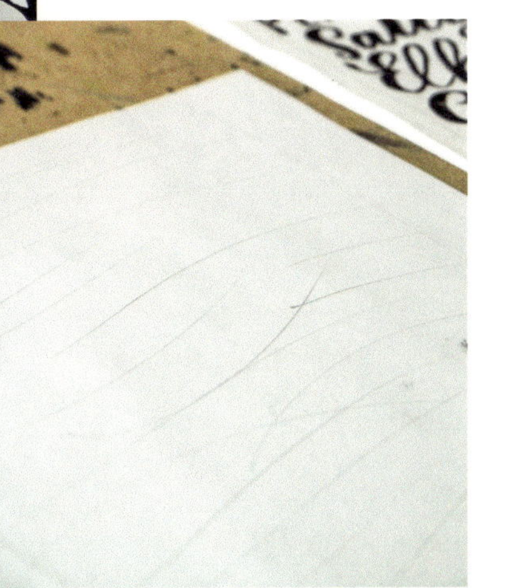

Hilfslinien

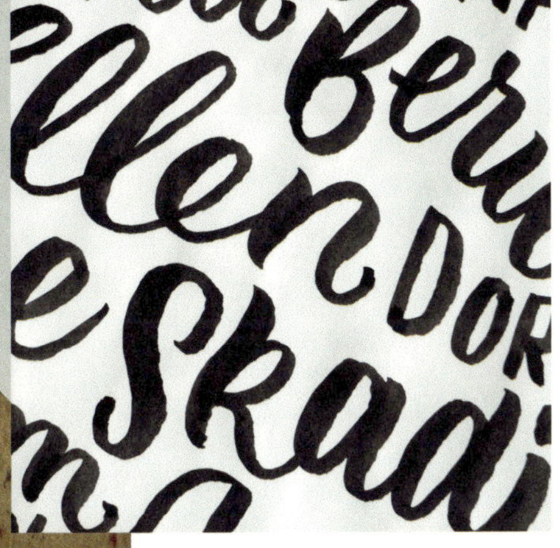

Spontaneität

## Material

- Papier, zum Beispiel **Kopierpapier**
- verschiedene **Werkzeuge mit flexibler Spitze**, wie Pinselstift, Marker, Aquarellpinsel
- gegebenenfalls **Tinte** oder flüssige Wasserfarbe
- Bleistift

## Vorgehen

**Hilfslinien** Nehmen Sie ein Blatt Papier in der Größe Ihrer Wahl und ziehen Sie rundum einen Rahmen, ruhig freihändig ohne Lineal. Lassen Sie den Rand rechts und unten etwa doppelt so breit wie links und oben, das gibt Ihnen Spielraum, falls ein Wort breiter wird als erwartet. Zeichnen Sie sich außerdem horizontale oder geschwungene Hilfslinien für die Zeilen über das ganze Blatt.

**Spontaneität** Nun beginnen Sie ohne Weiteres zu schreiben. Schreiben Sie die Namen Ihrer Freunde von oben nach unten und verschachteln Sie den Text so ineinander, dass ein dicht verwobenes Schriftmuster entsteht. Dazu passen Sie die Buchstaben in den vorhandenen Platz ein und füllen Lücken mit Schwüngen und Schnörkeln. Sie können verbundene und unverbundene Schrift abwechseln, mit den Schriftgrößen Akzente setzen und verschiedene Stifte benutzen.

Durch den deutlichen Kontrast von Schwarz und Weiß ist es möglich, sich beim Üben ganz auf die Formen zu konzentrieren, es spricht aber nichts dagegen, diese Übung bunt zu machen. Die Hilfslinien dienen nur zur groben Orientierung und von der chronologischen Reihenfolge dürfen Sie abweichen, dann ist das Einpassen der Namen leichter. Schreiben Sie vorausschauend und achten Sie darauf, dass Ihnen rechts und unten nicht der Platz ausgeht.

Mit dieser Aufgabe üben Sie Spontaneität beim Schreiben. Denn um die Namen so einzupassen, dass auf der Seite möglichst wenig Lücken entstehen, müssen Sie auf das eben Geschriebene flexibel reagieren. Falls Ihnen so viel ungeplantes Handeln nicht liegt, können Sie den Text aber auch zuerst als lockeren Entwurf mit Bleistift schreiben. Darüber legen Sie ein Blatt und schreiben mit dem Pinselstift über Ihre Vorzeichnung. Der Übungseffekt stellt sich trotzdem ein, da sich die Breite der Pinselschrift-Buchstaben mit dem Bleistift schlecht planen lässt. Auch mit Vorzeichnung muss man improvisieren.

*Übung Komposition*

# Guter Rat

**Auf viele Ratschläge kann man gut verzichten, aber manche treffen einen Nerv und begleiten uns ein Leben lang. Sie lenken den Blick in eine neue Richtung, erinnern an etwas Wesentliches oder bringen auf den Punkt, was man selbst nur vage spürte. Dafür haben sie eine schöne Form verdient.**

## Material

- leicht durchscheinendes **Papier**
- **Bleistift** und **Radiergummi**
- **Lineal**
- **Pinselstift**
- **Tinte** oder flüssige Wasserfarbe

## Vorgehen

**Hierarchie** Bei dieser Übung geht es um planvolle Gestaltung in mehreren Schritten. Beginnen Sie damit, dass Sie Ihren Text notieren und die einzelnen Wörter oder Textteile nach Wichtigkeit gliedern.

**Skizzen** Entscheiden Sie sich dann für ein Format und probieren Sie in kleinen Skizzen Anordnungen für Ihren Text aus. Stehen die Wörter zentriert, links- oder rechtsbündig? Wie sind die Zeilen umbrochen? Gewichten Sie den Inhalt durch verschiedene Schriftgrößen oder Dekorationen? Sind einige Wörter verbunden und andere unverbunden? Planen Sie auch Bildelemente in dieser Phase mit ein. Hinweise zu Layout und Komposition finden Sie in Kapitel 2 auf Seite 42, Tipps zum Thema Skizzieren siehe Kapitel 4, Seite 106.

**Vorzeichnung** Haben Sie sich für eine Ihrer Skizzen entschieden, schreiben Sie den Text locker mit Bleistift in Originalgröße vor. Berücksichtigen Sie die Breite der Ränder und die Strichstärke des Pinselstifts und zeichnen Sie die Buchstaben mit genügend Abstand. Achten Sie auch auf die Größenverhältnisse. Wörter, die gleich wichtig sind, sollten auch gleich groß sein. Weniger wichtige Wörter sollten entsprechend kleiner sein oder sich durch andere Merkmale unterschieden.

**Erste Fassung** Legen Sie ein Blatt Papier über Ihre Vorzeichung und schreiben Sie den Text mit dem Pinselstift. Entspannen Sie sich, es ist nur der erste Schritt, dieser Versuch muss kein großer Wurf werden.

**Überarbeitungen** Betrachten Sie Ihre erste Fassung und notieren Sie nötige Änderungen. Wenn die Farbe getrocknet ist, legen Sie ein neues Blatt darüber und schreiben den Text noch einmal. Sie übernehmen, was schon stimmt, und korrigieren Größen, Abstände und Platzierungen, wo es erforderlich ist.

Bei dieser Korrektur verschieben Sie das obere Blatt jeweils ein wenig, bevor Sie die Wörter erneut schreiben. Zum Beispiel hatten Sie Ihren Text vielleicht zentriert geplant. Beim ersten Durchgang stellt sich nun aber heraus, dass eine Zeile mit dem Pinselstift geschrieben länger ist als in der Bleistiftzeichnung. Versetzen Sie das obere Blatt also vor dem erneuten Schreiben etwas nach links, um die Zeile an der Mittelachse neu auszurichten. Ist der Abstand zwischen zwei Buchstaben zu weit, verringern Sie ihn, indem Sie das Wort bis zum ersten der beiden Buchstaben schreiben und dann absetzen und das obere Blatt ein wenig nach rechts schieben, bevor Sie fortfahren.

Meist braucht es einige Korrekturrunden, bevor die Größen und Abstände stimmen. Auch mit viel Übung setzt man sich nicht unbedingt hin und schreibt im ersten Anlauf eine gelungene Komposition. Im Gegenteil, oft helfen mehrere Versuche dabei, Variationen und Buchstabenverbindungen herauszuarbeiten.

you always have a choice

2 1 3 3 1

Hierarchie

Auf der dritten oder vierten Fassung kann man noch einmal neue Hilfslinien einzeichnen. Die Größen und Abstände sollten bereits mehr oder weniger stimmen, es geht dann vor allem darum, die Schriftlinien parallel zu setzen. Scheuen Sie sich nicht, auf Ihren Blättern zu korrigieren und zu zeichnen. Die Blätter sind nur ein Arbeitsschritt, noch nicht das „Werk“.

## Weitere Tipps

- Um beim Schreiben die Farbmenge zu regulieren, kann man den Pinsel nach dem Eintauchen in das Farbgefäß und vor dem Strich auf einem Schmierpapier abstreifen.
- Durch die Feuchtigkeit der Farbe wellt sich Papier leicht. Fixieren Sie das Blatt beim Schreiben deshalb ober- und unterhalb der Schriftlinie mit Mittel- und Zeigefinger.
- Die Spontaneität des Ausdrucks bleibt trotz der Wiederholungen erhalten, wenn man sich ganz auf den aktuellen Strich konzentriert und nicht darauf, das darunter liegende Blatt möglichst genau zu kopieren.
- Sollten die Seitenränder am Ende nicht gleichmäßig sein, beschneiden Sie das Blatt einfach ein wenig.
- Wenn man einen Text sehr häufig schreibt, sieht man immer mehr Details und läuft Gefahr, sich daran festzubeißen. Schreiben Sie einen Entwurf daher nur einige, nicht einige Dutzend Mal, und lassen Sie Ihre Versuche dann bis zum nächsten Tag liegen, um sie mit frischem Blick zu betrachten. Die Unterschiede sind oft kaum noch zu erkennen.

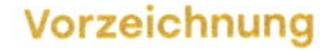

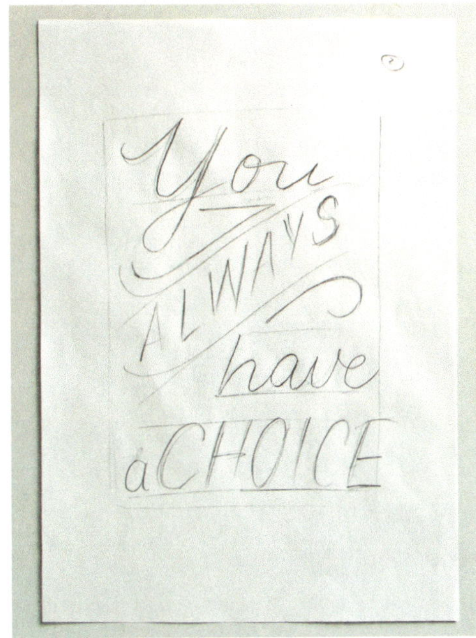


Vorzeichnung

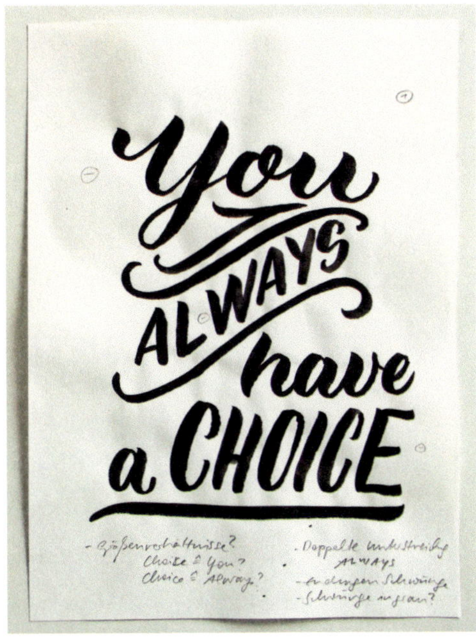


Erste Fassung

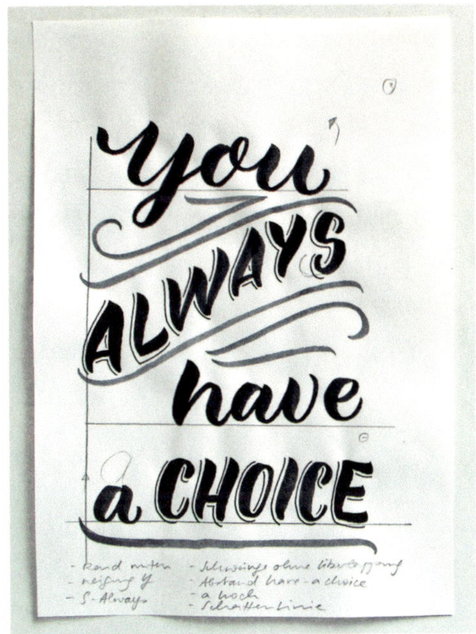


Überarbeitung

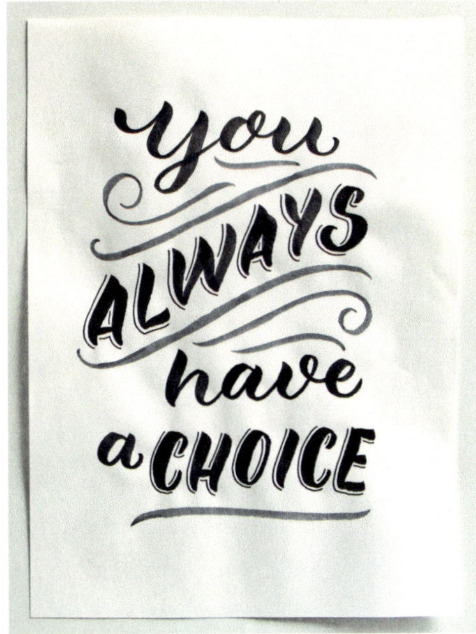


Finale Zeichnung

*Übungsplan*

# 21 days to build a habit

**Es heißt, dass man 21 Tage braucht, um eine Gewohnheit zu brechen, und so wird es umgekehrt wohl auch drei Wochen dauern, um sich etwas zur Gewohnheit zu machen. Zum Beispiel das Schönschreiben.**

„Aber wie soll ich denn üben?!" Der Übungsplan beantwortet diese Frage für die ersten 21 Tage und danach wird Ihnen Lettering eine liebe Gewohnheit sein. Für die Aufgaben sollten Sie sich 20 oder 30 Minuten Zeit nehmen. Haben Sie die erst mal hinter sich, werden Sie so im Flow sein, dass Sie ganz von alleine weitermachen.

Um sich warm zu schreiben, beginnen Sie jede Übungssession mit den Grundstrichen. Oder Sie üben einmal das ganze Alphabet der Kleinbuchstaben oder alle Großbuchstaben. Danach nehmen Sie sich eine der Aufgaben vor. Schreiben Sie auf einer Kopie des Grundlinienrasters von Seite 155 oder ziehen Sie sich freihändig lockere Hilfslinien. Im Laufe der drei Wochen können Sie bei den Übungen verschiedene Werkzeuge mit flexibler Spitze verwenden, oder Sie bleiben einfach bei Ihrem Lieblingsstift.

## Ein eigener Stil

Durch den Übungsplan lernen Sie die Parameter, mit denen Sie auch arbeiten können, um einen eigenen Stil herauszubilden. Die Aufgaben dienen nämlich nicht nur dazu, sich das tägliche Üben anzugewöhnen, sie stellen auch allzu vertraute Arbeitsweisen infrage und helfen, neue zu entwickeln.

Achten Sie beim Üben darauf, welche Gewohnheiten sich einspielen. Welche Formen gehen Ihnen leicht von der Hand, welche fallen Ihnen schwer? Probieren Sie einmal, bewusst dagegen zu arbeiten. Wenn Sie die Buchstaben mit dem Pinselstift zum Beispiel sehr schmal schreiben, versuchen Sie eine Weile, ganz breite Buchstaben zu zeichnen, und beobachten Sie, was dabei passiert: Gelingt es Ihnen mühelos oder arbeiten Sie gegen Widerstände an? Bemerken Sie eine Veränderung, wenn Sie dann zu einer Schreibweise zurückkehren, die Ihnen leichtfällt?

Wenn Sie mit der Zeit feststellen, dass bestimmte Eigenarten Ihre Buchstaben prägen, behalten Sie diese bei und betonen Sie sie. So entwickeln diese Formen sich zu Ihrem persönlichen Stil weiter. Ein eigener Stil entsteht allerdings weniger durch bewusstes Zutun, sondern dadurch, dass Sie sehr viel üben, ausprobieren und Ihr Tun reflektieren. Nach und nach kristallisiert sich so eine für Sie charakteristische Herangehensweise heraus, eine Machart, die auf breiter und tiefer Erfahrung basiert und nicht auf gewollter Stilisierung.

Graupel-
schauer
8

Raureif
17

Schneeflocke
5

Dunst
10

Sternen-
meer
14

Wetter
Wetter
WETTER
Wetter
Wetter …
20

am blauen
Himmelszelt
16

Wo
6

## Übungsplan für 21 Tage

1. **Neigung** Schreiben Sie sehr aufrecht.
2. **Neigung** Nun stark geneigt.
3. **Buchstabenbreite** Extra breite Buchstaben.
4. **Buchstabenbreite** Ganz schmale Buchstaben.
5. **Größe** Schreiben Sie so klein wie mit dem Pinselstift möglich.
6. **Größe** So groß wie möglich.
7. **Kontrast** Mit geringem Strichstärkenkontrast.
8. **Proportion** Schreiben Sie Buchstaben mit sehr langen Ober- und Unterlängen.
9. **Schlaufen** Versehen Sie so viele Buchstaben wie möglich mit Schlaufen.
10. **Schnörkel** Erweitern Sie die Buchstaben mit dekorativen Anfangs- und Endstrichen.
11. **Ligaturen** Probieren Sie alternative Verbindungen aus, kombinieren Sie Buchstaben zu einer Form.
12. **Bergfest** Sie haben die Hälfte geschafft! Schreiben Sie sich selbst ein paar motivierende Worte für die zweite Hälfte der 21 Tage – zur Entspannung ganz ohne formale Vorgaben!
13. **Kombination** Schreiben Sie einen kurzen Text und kombinieren Sie dabei unverbundene und verbundene Wörter.
14. **Grundlinie** Lassen Sie die Buchstaben über und unter die Grundlinie tanzen.
15. **Schatten** Zeichnen Sie Buchstaben mit Schattenlinie, stellen Sie sich vor, dass das Licht von oben rechts kommt.
16. **Ornament** Umranden Sie einen Text mit einer Komposition aus Zierlinien.
17. **Anmutung** Schreiben Sie so, dass die Schrift zackig und hart wirkt.
18. **Anmutung** Freundlich, rund.
19. **Anmutung** Leicht und elegant.
20. **Ausdruck** Schreiben Sie das gleiche Wort zehnmal – mit unterschiedlichem Ausdruck.
21. **Stilistik** Schreiben Sie zum Abschluss einen kurzen Text ohne weitere Vorgaben. Betrachten Sie das Ergebnis und analysieren Sie, was Ihren Schreibstil ausmacht. Sind die Buchstaben massiv oder filigran, aufrecht oder geneigt? Schreiben Sie den Text noch einmal und betonen Sie diese Eigenschaften.

Nebelwand
4

Sommerregen
7

eitel
Sonnenschein
13

Eisblume
11

Morgenstund
1

Monsun
18

Sturmhöhe
2

Schneetreiben
9

15 Wetterleuchten

Nieselregen
19

Donnerwetter
3

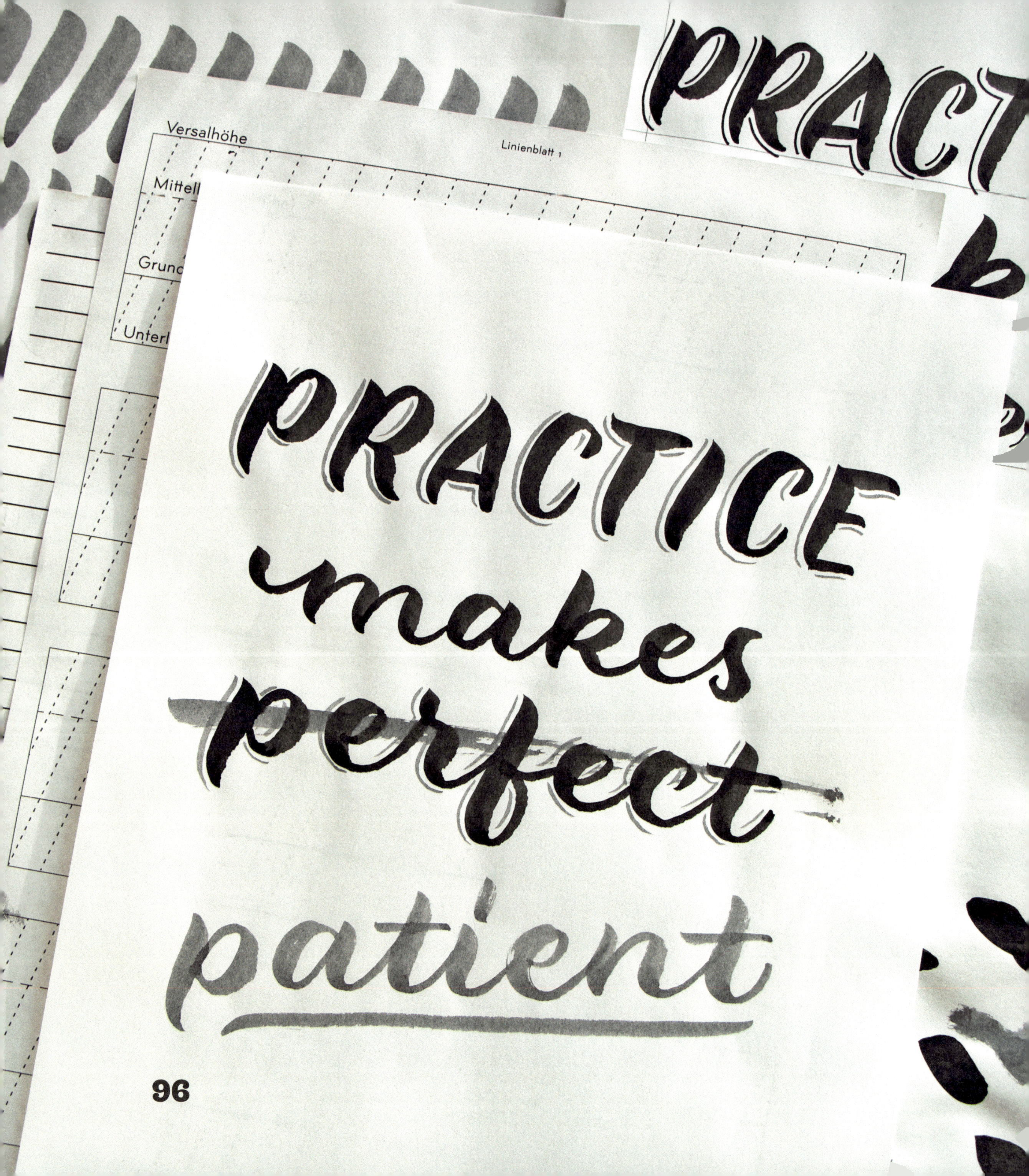

PRACTICE

Versalhöhe

Linienblatt 1

Mittell

Grund

Unterl

PRACTICE
makes
~~perfect~~
patient

*Motivationstipps*

# Üben, üben, üben!

**Was ist der Unterschied zwischen denen, die Brush Lettering können und denen, die es nicht können? Richtig: Übung. Mehr nicht. Um auch bald zu den Könnern zu gehören, müssen Sie nach den ersten 21 Tagen also einfach nur weiterüben. Hier sind Tipps und Tricks, damit nichts leichter ist als das.**

## Zeit finden

Sie haben es geahnt: Nur mit regelmäßiger Übung werden Sie besser. Regelmäßig, das heißt jeden Tag, und zwar mindestens zwanzig Minuten. Jetzt fragen Sie sich, wie das gehen soll, man soll ja so viele Dinge täglich tun – Sport machen, gesund essen, meditieren. Aber vermutlich waschen Sie sich jeden Morgen und vielleicht trinken Sie jeden Morgen Kaffee – und nun fügen Sie dieser Routine einfach noch das Schreibenüben hinzu. Wenn Sie Ihre Übungszeit außerdem als Meditation betrachten, schlagen Sie zwei Fliegen mit einer Klappe.

## Aufwärmen

Fangen Sie einfach an. Nehmen Sie also Ihren neuen Pinselstift und kritzeln Sie herum. Machen Sie ein paar Schwungübungen oder schreiben Sie, was Ihnen gerade in den Sinn kommt. So bekommen Sie ein Gefühl für das Werkzeug und sehen, welche Schreibspuren Sie damit hinterlassen können. Auch wenn Sie mit diesen Ergebnissen vielleicht erst einmal unzufrieden sind, ist der Anfang gemacht! Nehmen Sie sich jetzt die Grundstriche von Seite 71 vor und beginnen Sie das eigentliche Training.

## Wortwahl

Nachdem Sie sich mit den Grundstrichen ein wenig warm geschrieben haben, schreiben Sie einige Alphabete, ruhig auch jeden Buchstaben mehrfach. Beißen Sie sich aber nicht an einem fest, indem Sie ihn bis zur Perfektion üben. Beginnen Sie lieber zügig damit, ganze Wörter zu schreiben, denn es geht ja nicht um isolierte Formen, sondern um das Wechselspiel zwischen den Buchstaben und den sie umgebenden Flächen in einem Wort.

## Mal was anderes

Versuchen Sie zur Abwechslung, die Schriftvorlagen zu variieren – schreiben Sie die Buchstaben extrem schräg, richtig rund oder sehr eckig, und beobachten Sie, wie das die Anmutung der Schrift verändert. Der Übungsplan auf der vorigen Seite gibt Anregungen für solche Variationen. Wenn Ihnen dabei langweilig wird, nehmen Sie sich etwas Konkretes vor und motivieren Sie sich durch praktische Projekte: Lettern Sie einen Text, der Ihnen gefällt, oder beglücken Sie jemanden mit einer Karte.

## Wortschatz

Wenn einem partout kein Text zum Lettern einfällt, gibt es diese Auswege:

- Wörter aus einem Index in einem Buch
- Songtexte
- große Worte
- Binsenweisheiten
- ein Ansporn
- guter Rat
- das, was Ihre Oma immer gesagt hat
- ein Zungenbrecher
- der erste Satz aus Ihrem Lieblingsbuch
- Ihr Lebensmotto
- Ihr Name

## Souvenir

Denken Sie daran: Beim Üben zählt das Tun mehr als das Ergebnis. Konzentrieren sollten Sie sich schon, aber es ist besser, regelmäßig zu üben, wenn auch manchmal mit weniger Fokus, als das Training auszusetzen, weil man sich nicht danach fühlt. Tägliche Praxis trainiert das Muskelgedächtnis von Arm und Hand. Mit der Zeit gehen Ihnen die Schreibbewegungen dadurch so in Fleisch und Blut über, dass Sie nicht mehr nachdenken müssen.

## Ommmmm!

Manchmal ist es schlicht langweilig, die gleichen Grundstriche immer und immer wieder zu üben, und dann fällt es schwer, fokussiert zu bleiben. Verändern Sie in solchen Momenten den Blickwinkel und betrachten Sie das Schreiben als Achtsamkeitsübung. Versuchen Sie also, sich ganz und gar auf den einen Strich zu konzentrieren, den Sie gerade schreiben. Was aussieht wie ein gerader Strich, ist plötzlich eine hochkomplexe Form, die erstaunlicherweise in einer gleitenden Bewegung allein durch die Regulierung des Drucks entsteht. Bleiben Sie mit Ihrer Aufmerksamkeit bei der Bewegung des Stifts und der Spur, die er hinterlässt. Die Spur dokumentiert die Zeit, die vergangen ist, während Sie diesen Strich gezeichnet haben – jetzt denken Sie darüber mal nach …

## Hinsehen

So wichtig wie das tägliche Training der Hand ist die kontinuierliche Schulung des Auges. Sehen Sie sich die Arbeiten anderer an und finden Sie heraus, was Ihnen gefällt. Bleiben Sie in Ihrem Urteil aber nicht bei „Find ich super!“ stehen, sondern betrachten Sie analytisch und stellen Sie sich dabei folgende Fragen:

- Warum finde ich diese Gestaltung gelungen?
- Was gefällt mir daran?
- Welchen Eindruck erweckt sie?
- Welche Elemente tragen zu diesem Eindruck bei?
- Gibt es etwas, das ich anders machen würde? Was und warum?

## ~~Nicht~~ abgucken!

Nehmen Sie ein Lettering-Beispiel, das Sie bewundern, und beschreiben Sie seinen Charakter. Ist es luftig und elegant? Wirkt es verspielt? Oder streng? Überlegen Sie, welche Elemente zu seiner Eigenart beitragen – große Schwünge, geringer Buchstabenabstand, kantige Formen? Versuchen Sie dann, das Beispiel so genau wie möglich zu kopieren. Sie werden erstaunt sein, wie schwierig es ist, einen Stil nachzuahmen, und wie viel Sie dabei über Ihre eigene Arbeitsweise lernen.

Alpaka Chamäleon
Bachforelle Eckfleck
Dornochse Flusspferd
Goldkatze Holzbock
Iltis Junikäfer
Kellerassel Leuchtkäfer
Meerkatze Nilkrokodil
Ohrwurm Pestfloh
Quappe Rüsseltier
Schellente Uhu
Turteltaube Vielfraß
Wollmaus Zebra

Galerie

# Brushpen Lettering

**Pinselschrift wirkt informell, emotional und weil sie in den 1950er-Jahren so viel in der Werbung benutzt wurde, oft auch etwas nostalgisch. Ihr Ausdruck lässt sich für ganz unterschiedliche Zwecke variieren.**

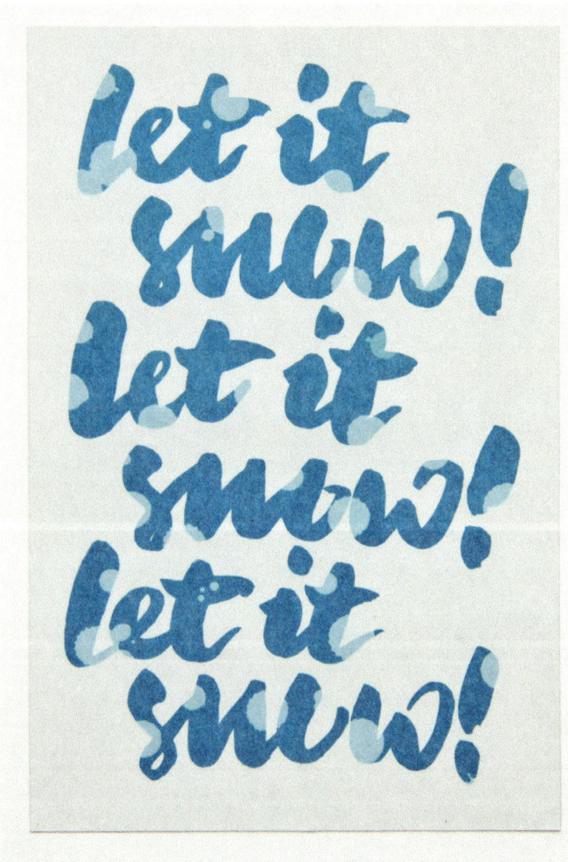


**Informell** „Let it snow!“ Schnell geschrieben mit einem einfachen Schulpinsel. Die Formen sind expressiver als die der Schreibschrift in diesem Kapitel, aber trotzdem in sich stimmig.

**Filigran** Mit der Spitzfeder geschrieben, wirkt die Schreibschrift edel und klassisch. Die Prinzipien sind die gleichen: starke Kontraste und eine gleichmäßige Verteilung fetter und feiner Striche. Der Text tanzt auf der Schriftlinie und ist ornamental ineinander gewoben. *Man sieht nur mit dem Herzen gut*, Prestel, 2015.

**Locker** Zum leichten Tonfall des Romans passt der lockere Charakter der Pinselschrift mit der klassischen Kombination Serifenlose und Schreibschrift. Der Autorenname ist etwas zackiger – wie eine expressive Unterschrift. Rowohlt, 2015.

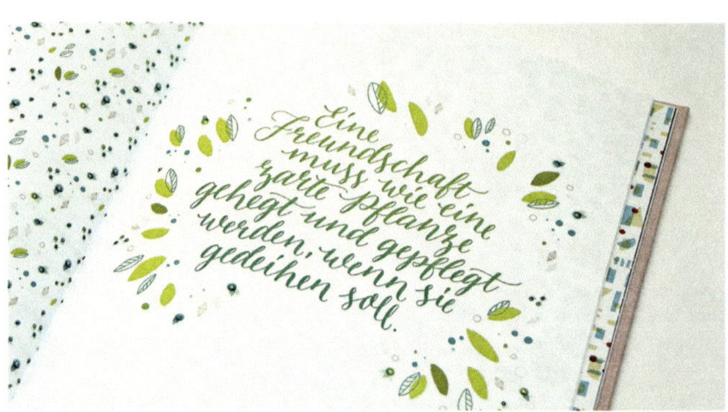


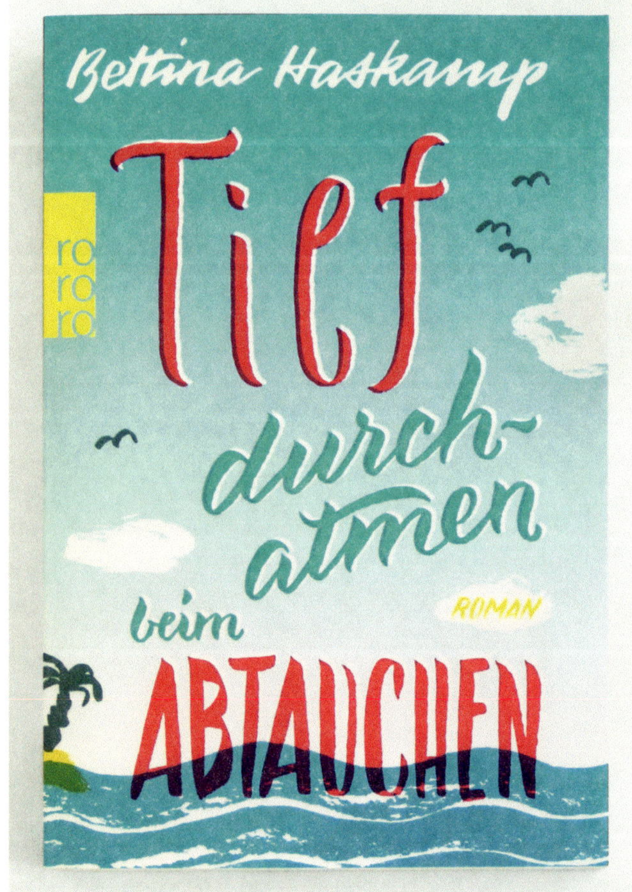

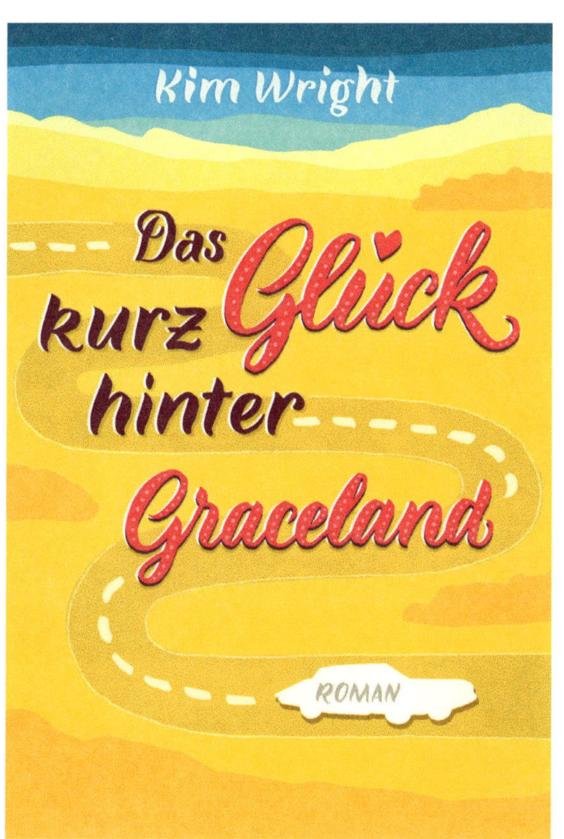


**Kontrastierend** Die Schlüsselwörter des Titels sind groß und geschwungen betont, die weniger wichtigen Wörter nehmen sich kleiner und serifenlos zurück. Die einheitliche Neigung der Buchstaben, ähnliche Proportionen und das Werkzeug verbinden die Elemente zu einem Ganzen. Entwurf für den Ullstein Verlag, 2016, vorgesehen zur Veröffentlichung im Herbst 2017.

**Lebendig** „Many Times Fake Smile“ – das gebrochene Englisch kommt mit kräftigen Farben und reich dekoriert informell und dynamisch daher.

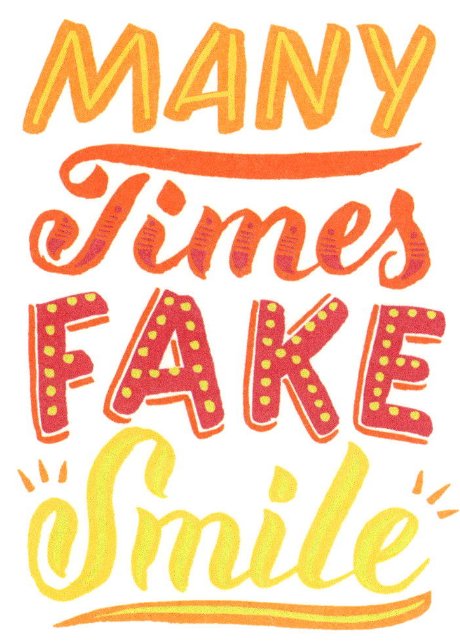


**Kombiniert** Eva Gesine Baurs Mozartanekdoten sind beiläufig und unterhaltsam – aber historisch belegt. Das spiegelt sich in der Kombination einer schwungvollen Pinselschrift mit der modernen Variante einer strengen Spitzfeder-Kursiven. Verlag C. H. Beck, 2016.

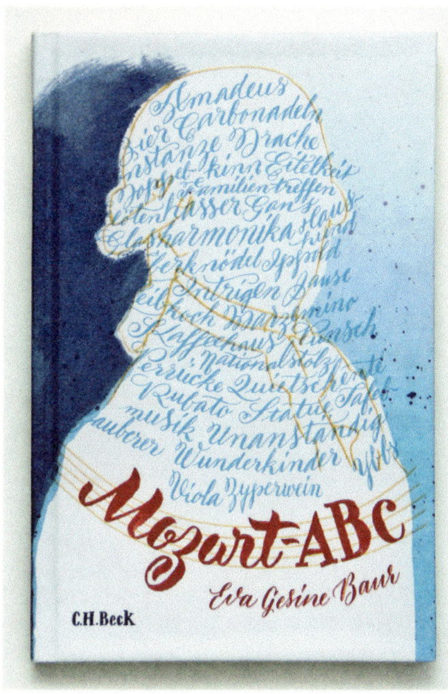


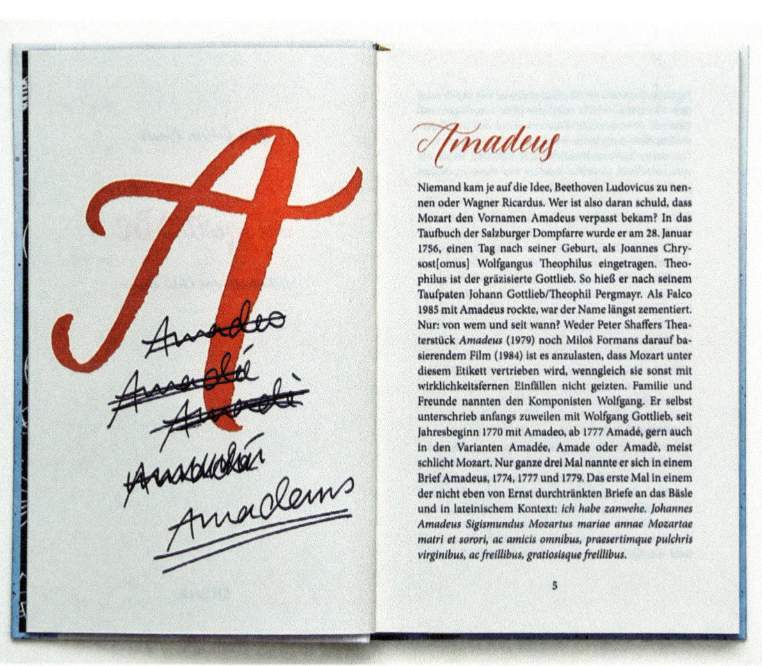

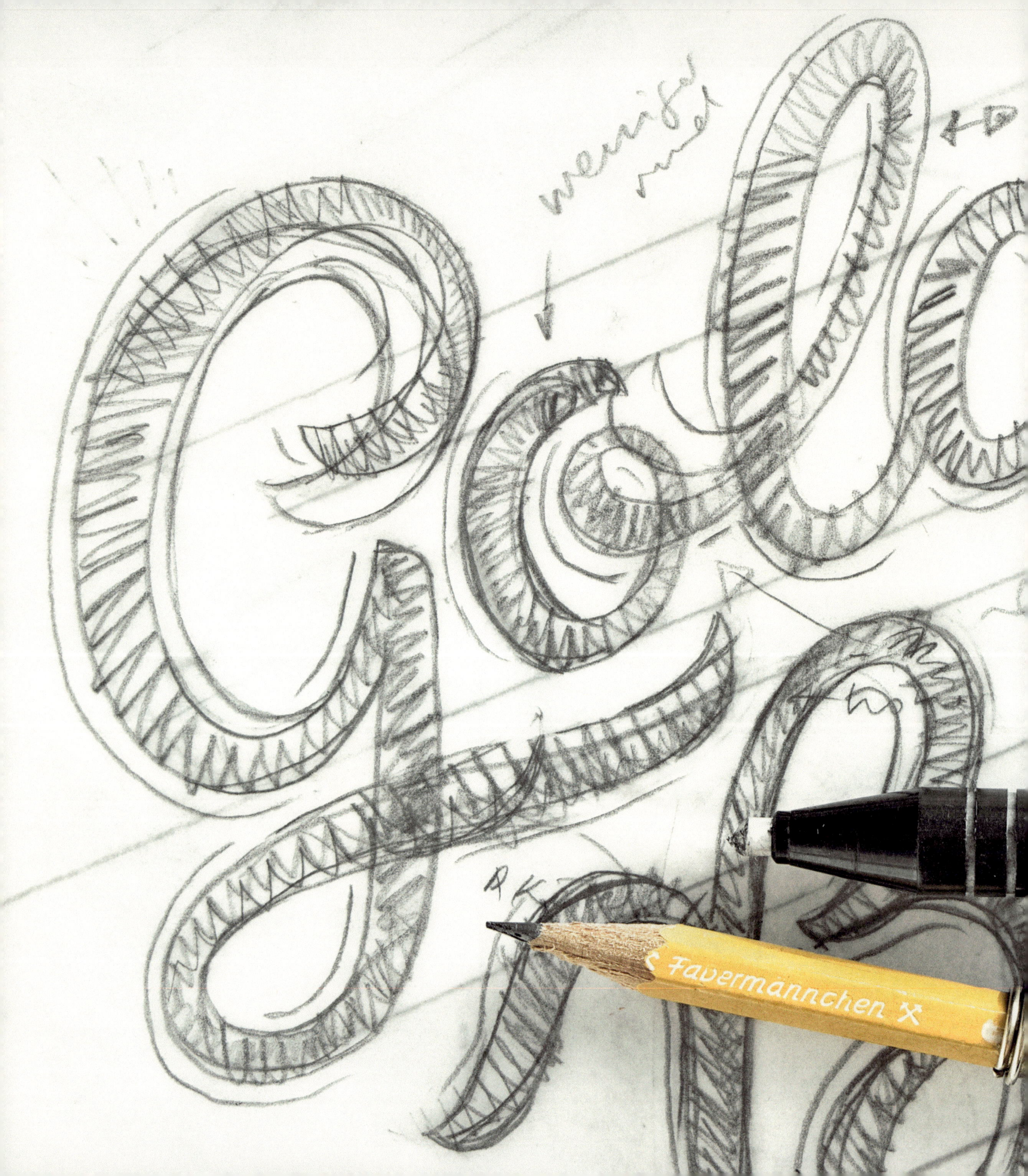
Favermannchen

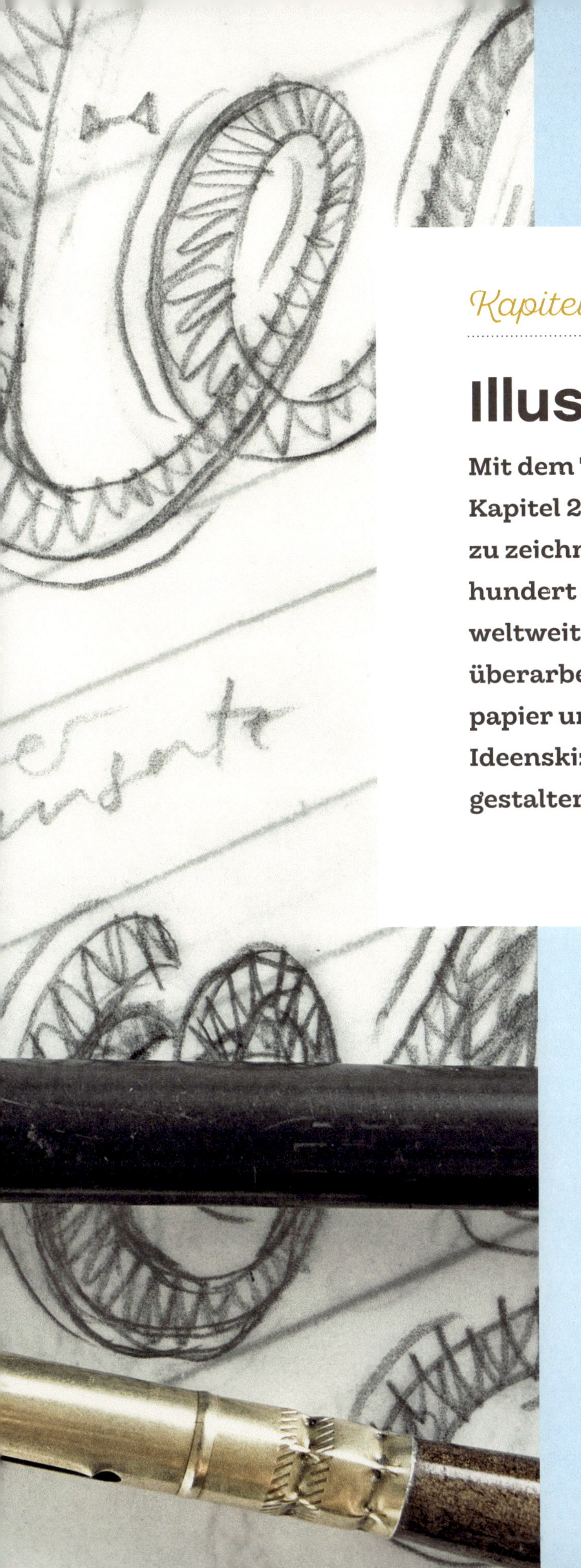

Kapitel 4

# Illustrative Schrift

**Mit dem Theorie- und Werkzeugwissen aus Kapitel 2 und 3 geht es nun daran, Schrift zu zeichnen. Die Technik dafür hat sich seit hundert Jahren kaum verändert und findet weltweit Verwendung: Schritt für Schritt überarbeitet man eine Skizze auf Transparentpapier und trifft auf dem Weg von den ersten Ideenskizzen bis zur Reinzeichnung jede Menge gestalterische Entscheidungen.**

*Ideenfindung*

# Was fällt Ihnen ein?

**Sobald feststeht, welchen Text man zeichnen will, kann es losgehen. Doch tritt man nicht gleich zum Zeichentisch, sondern erst einmal einen Schritt zurück. Der Gestaltungsprozess ist eine Verkettung von Entscheidungen. Daher sollte man zu Beginn formulieren, was man überhaupt vermitteln will, um sich später daran zu orientieren. So fallen die Entscheidungen im Schaffensprozess viel leichter.**

Zum Glück braucht man beim Gestalten nicht von Anfang an eine glasklare Vorstellung vom fertigen Design – sonst wäre die Umsetzung ja ohne Überraschungen! Der kreative Prozess ist weit weniger mysteriös, als er oft dargestellt wird, und durchläuft typische Phasen: Man formuliert eine Aufgabe, vertieft sich in das Thema, lässt es dann eine Weile ruhen, entwickelt Ideen und beginnt schließlich mit der Umsetzung. Man gibt sich also einen Rahmen, recherchiert, brütet und brainstormt – und trifft alle weiteren Entscheidungen nach und nach beim Zeichnen. Idealerweise bleibt man dabei offen für das, was unterwegs passiert, sodass vermeintliche Fehler nicht zu einem Nervenzusammenbruch führen, sondern unverhofftes, kreatives Potenzial bergen.

Das Schwierigste am Gestaltungsprozess ist es vielleicht, auszuhalten, dass man nicht schon alles wissen kann, bevor man wirklich anfängt. Ob eine Idee wirklich gut ist, ob sie sich umsetzen lässt – und ob man überhaupt eine Idee haben wird, zeigt sich erst im Prozess. Diese große Offenheit ist weniger überwältigend, wenn man zunächst einen Rahmen bestimmt, in dem man arbeitet. Eine Möglichkeit besteht darin, ein Briefing oder eine Aufgabenstellung zu schreiben und darin zu formulieren, was erreicht werden soll. Das heißt, Sie überlegen sich nicht nur einen Text, den Sie gestalten wollen, sondern auch seinen Kontext, also einen bestimmten, konkreten Verwendungszweck und eine Zielgruppe. Daraus leiten sich alle weiteren gestalterischen Entscheidungen ab. Bei Aufträgen wird dieser Kontext meist schon vom Kunden definiert, aber auch bei eigenen Projekten bietet ein Briefing Orientierung.

Ideen kommen nicht einfach aus dem Nichts und auch Geistesblitze brauchen Vorbereitung. Deswegen geht der Ideenfindung eine inhaltliche und visuelle Recherche voraus. Egal, ob umfangreiches Buch oder kurzes Zitat – Begriffe und Ideen aus dem Text sind dafür der Einstieg. Von dort aus assoziiert man frei und lotet die Materie aus, versucht, so viel wie möglich darüber zu erfahren, und erkundet auch benachbarte Themen. Erst danach beginnt die Entwicklung von konkreten Ideen mit Thumbnail-Skizzen und schließlich die Umsetzung eines Konzepts. Dieses Kapitel zeigt den Weg vom Briefing zur Reinzeichnung am Beispiel eines Buchcovers.

**Briefing** Ob Glückwunschkarte oder Großauftrag vom Verlag – ein Briefing hilft, ein Projekt vorab zu definieren. Dazu kann man zunächst einige Adjektive sammeln, die beschreiben, wie das Lettering wirken soll: Fröhlich? Festlich? Streng? Dabei geht man vom Inhalt des Textes aus, vom Anlass, für den er gestaltet wird, und vom Publikum, an das er sich richtet. Formale Aspekte liefern weitere Entscheidungskriterien: Welches Format soll der Entwurf haben? Welche Farbigkeit? Wird er analog umgesetzt oder am Ende digital bearbeitet? Die Antworten auf diese Fragen sorgen dafür, dass man sich in den vielen Möglichkeiten nicht verliert. Ist man unsicher, ob ein Entwurf mehr Farbe, weniger Schnörkel oder ein anderes Format braucht, kann man sich auf die Aufgabenstellung besinnen und im Anschluss entscheiden.

In diesem Kapitel dient ein Coverentwurf für die Erzählungen *Wir haben Raketen geangelt* von Karen Köhler als Beispiel. Das Buch ist 2014 beim Carl Hanser Verlag in München erschienen, mit einem Umschlag, den die Autorin selbst gestaltet hat – übrigens auch mit Handlettering. Der Titel des Buchs ist ebenfalls der Titel einer der Geschichten.

Das selbstformulierte Briefing zum Alternativ-Cover lautet: Das Buch richtet sich an ein breites Altersspektrum von ca. 20- bis 60-Jährigen, der Text ist literarisch. Auf dem Cover soll das Titel-Lettering die Hauptrolle spielen, ergänzt um einige Bildelemente, die sich auf die Titelgeschichte beziehen. Die Anmutung soll grafisch und modern sein und Bezug nehmen auf die übergreifenden Themen und Stimmungen des Buchs.

**Recherche** Schritt eins der Recherche ist es natürlich, den Text zu lesen, ruhig mehrfach. Daraufhin notiert man alles, was einem zu Text und Thema spontan in den Sinn kommt. Falls Bilder dabei sind, werden auch die dazu gescribbelt. Danach beginnt die systematische Recherche in unterschiedliche Richtungen. Listen Sie Ideen, Wörter und Formulierungen auf, schreiben Sie Assoziationsketten und schlagen Sie verwandte Begriffe nach.

Als Einstieg für die visuelle Recherche googeln Sie Stichwörter aus der Sammlung, die Sie gerade angelegt haben. So stellen Sie fest, welche Bilder mit dem Thema in Verbindung gebracht werden. Die eigenen Entwürfe können dann auf der Basis dieser Bilder entstehen – oder ihnen etwas entgegensetzen. Das Vorhersehbare, Klischeehafte ist selbstverständlich zu meiden. Doch manchmal gelingt es, eine verbrauchte Idee umzuarbeiten oder einem abgedroschenen Bildmotiv einen neuen Aspekt abzugewinnen. Sammeln Sie daher erst einmal alles, was Ihnen begegnet und was Sie thematisch passend finden, eine Auswahl folgt später. Die Recherche sollte sich aber nicht auf das Internet beschränken, sondern Bücher und die Umwelt miteinbeziehen. Mit einem Moodboard lässt sich visuelles Material strukturieren.

Beginnen Sie früh mit der inhaltlichen und visuellen Recherche, damit das Ganze Zeit hat, in Ihrem Hinterkopf zu arbeiten. Versenken Sie sich in das Thema, verbringen Sie so viel Zeit wie möglich damit und dann denken Sie eine Weile nicht mehr darüber nach. Gehen Sie laufen, schlafen Sie darüber, kaufen Sie ein oder räumen Sie auf – egal, Hauptsache, Sie machen etwas anderes. Wenn Sie sich dann wieder dem Projekt zuwenden und mit dem Skizzieren beginnen, werden die Ideen schon kommen.

Recherche

Skizzieren

# Denken mit der Hand

**Bei aller thematischen Versenkung – irgendwann kommt man mit der Recherche an einen Punkt, an dem sich im Kopf nichts mehr bewegen lässt, und dann muss man anfangen zu zeichnen. Auf dem Papier nehmen die Ideen Form an.**

**Notieren** Banal, aber: Als Erstes schreibt man den gewählten Text einmal auf. So hat man ihn vor Augen, kann noch Unsicherheiten bei der Rechtschreibung klären – und das Blatt ist nicht mehr leer.

**Format** Dem Verwendungszweck entsprechend wählt man ein Format für den Entwurf. Die Seitenverhältnisse der Thumbnail-Skizzen, mit denen Sie Ihre Ideen zunächst entwickeln, sollten denen des Endformats entsprechen. Es spart Zeit, sich eine Pappschablone zuzuschneiden und vor dem Skizzieren eine Seite mit Rahmen zu füllen, sodass man danach nicht mehr zu messen braucht.

Wenn Sie einen Entwurf am Ende vektorisieren wollen, genügt ein Format, das auf ein DIN-A4-Blatt passt, denn als Vektorgrafik können Sie es später uneingeschränkt skalieren. Auf DIN-A4-Papier ist die Arbeitsfläche gut zu überblicken und die Buchstaben sind nicht zu groß, sodass es nicht zu lange dauert, sie zu zeichnen. Gleichzeitig ist ein Entwurf in dieser Größe meist groß genug, um auch Details ausarbeiten zu können. Außerdem passt das Blatt anschließend auf einen gewöhnlichen Scanner. Für sehr detaillierte Zeichnungen ist es eventuell sinnvoll, auf DIN-A3-Papier zu arbeiten. Sie können die Zeichnung dann in zwei Schritten scannen und im Bildbearbeitungsprogramm zusammensetzen.

Wollen Sie das Lettering als Pixelbild weiterbearbeiten, ist es oft besser, es im 1,3-, 1,5- oder sogar 2-fach vergrößerten Format zu zeichnen und später zu verkleinern. Beim Verkleinern verschwinden Unebenheiten an den Kanten. Umgekehrt können Sie eine Zeichnung auch kleiner als das Endformat anlegen. So haben Sie beim Zeichnen weniger Kontrolle über die Details der Formen und in der Vergrößerung sieht man die rauen Kanten des Strichs. Das kann ein reizvoller Effekt sein.

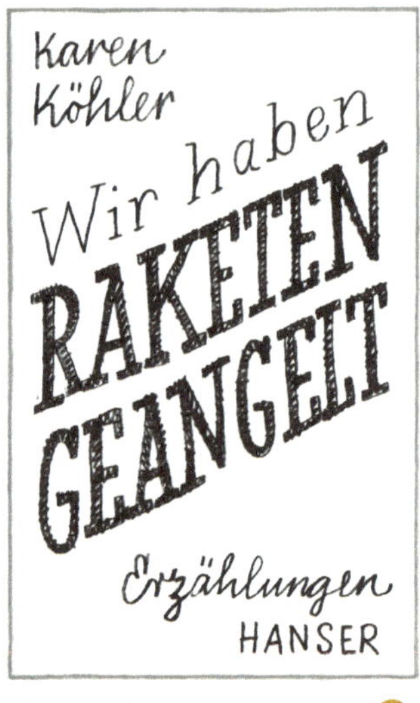


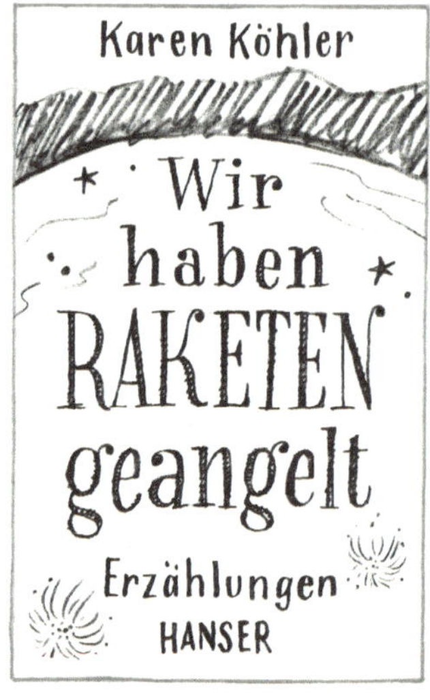


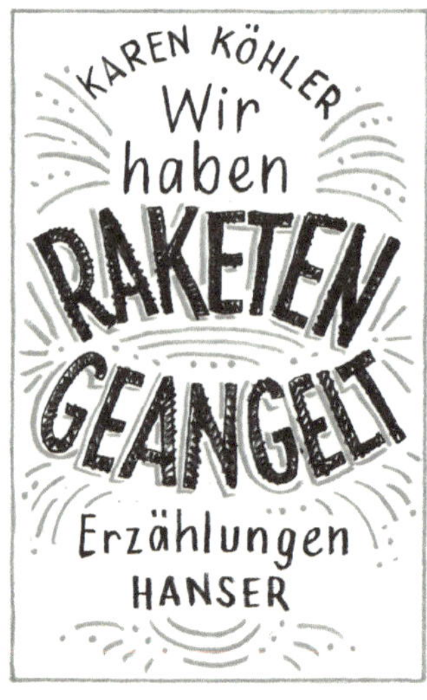


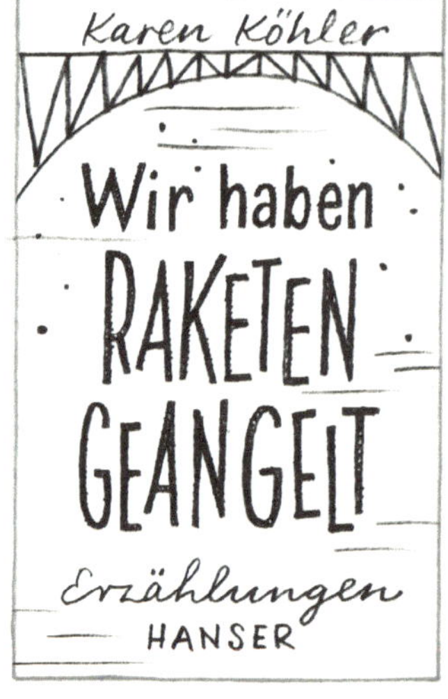


Ideenskizzen ❶ ❷ ❸ ❹

RAKETEN GEANGELT

Raketen geangelt

Raketen geangelt

RAKETEN GEANGELT

Formenfindung

**Ideenskizzen** Ausgehend von der Recherche probiert man Ideen und Ansätze in kleinen Skizzen aus. Treffen Sie erste Entscheidungen über die Schriftstile und legen Sie inhaltliche Hierarchien fest:

- Welche Wörter sind wichtig, welche weniger?
- Was soll zuerst ins Auge springen, was als Zweites?
- Welchen Weg soll der Blick über die Zeichnung nehmen und welche Elemente lenken ihn auf diesem Weg?
- Welche Schrift passt zur Aussage des Textes und zum Verwendungszweck?
- Wie müssten die Wörter aussehen, um auch denen, die die Sprache nicht sprechen, zu vermitteln, worum es geht?

Probieren Sie aus, ob der Text zentriert, links- oder rechtsbündig stehen soll, oder um mehrere Achsen angeordnet. Suchen Sie bereits in diesen kleinen Skizzen nach Möglichkeiten, Buchstaben zu interessanten (und lesbaren!) Formen zu verbinden. Planen Sie auch Buchstabendekorationen, Zierlinien und illustrative Elemente gleich mit ein, sonst funktioniert die Komposition später nicht.

Oft steckt in den ersten Skizzen schon vieles, was auch im endgültigen Entwurf bestehen bleibt. Probieren Sie trotzdem mehrere, ganz unterschiedliche Ansätze aus und gehen Sie mit Entschiedenheit in die Extreme. Gerade wenn einem etwas auf Anhieb gut gefällt und man meint, man habe die Lösung schon gefunden, lohnt es sich, Alternativen zu suchen. Am Ende war die erste Idee vielleicht doch die beste – aber die weiteren Versuche haben geholfen, sie zu konkretisieren. Manche Ansätze lassen sich auch miteinander kombinieren, sie dürfen sich nur nicht gegenseitig schwächen.

Die Thumbnail-Skizzen dienen dazu, herumzuprobieren und Ideen zu klären. Sie sind ein Arbeitsmittel, mehr nicht. Selbst wenn Sie die Skizzen dazu verwenden wollen, mit einem Kunden Konzepte durchzusprechen – schön sein müssen sie nicht. Die Skizzen links sind übrigens mehrfach überarbeitet, damit sie auch Außenstehenden verständlich sind.

Bei **1** sind die beiden wichtigsten Wörter des Titels etwa gleich groß in schmalen, serifenbetonten Versalien auf einer aufsteigenden Grundlinie gezeichnet, die weniger wichtigen Wörter stehen in gemischter Schreibweise darüber. Der Name der Autorin und das Genre kontrastieren in einer eckigen Schreibschrift auf waagerechter Grundlinie. In Abbildung **2** steht der Text mittig vor einer angedeuteten Landschaft. Die Schrift wirkt klassisch und wegen der tropfenförmigen Endungen an **K** und **N** etwas verspielt. Nur das Schlüsselwort **RAKETEN** ist in Versalien geschrieben. In der dritten Skizze bei **3** sind die sprühende Dekoration und die Schrift auf gebogener Grundlinie eine abstraktere Illustration von Feuerwerksraketen, die serifenlosen Buchstaben bilden dazu einen nüchternen Gegensatz. In Variante **4** schweben die Schlüsselwörter schmal, schlicht und serifenlos auf einer bewegten Schriftlinie, Name und Genre kontrastieren in kursiver Schreibschrift.

**Formenfindung** Zusätzlich zu den Skizzen können Sie damit experimentieren, die wichtigen Wörter des Texts auf verschiedene Arten zu schreiben. So bekommen Sie ein Gefühl für Form und Rhythmus der Buchstabenfolgen und arbeiten Variationsmöglichkeiten heraus.

**Werkzeugbezug** Mit dem Bleistift ist man nicht mehr an die Eigenschaften der Schreibwerkzeuge gebunden und kann Buchstaben völlig frei zeichnen. Aber gerade deswegen ist es gut, die kalligrafischen Werkzeuge zur Hand zu haben. Im Zweifelsfall ruft man sich damit die unterschiedlichen Formprinzipien in Erinnerung. Formprinzipien? Siehe Kapitel 2, Seite 47.

**Recherche** Parallel zu den Skizzen ist oft eine zweite, gezieltere Recherche sinnvoll. Zum Beispiel kann es hilfreich sein, historische Schriftmuster zu suchen, um Varianten für eine Buchstabenform zu finden oder sich auf eine bestimmte Epoche zu beziehen.

**Auswahl** Wählen Sie die Skizze aus, die Sie umsetzen wollen. Falls Sie sich nicht entscheiden können, erinnern Sie sich an die Vorgaben aus Ihrem Briefing und entscheiden Sie anhand dessen, welcher Ansatz für Zweck und Publikum am besten geeignet ist. Gehen Sie jedoch auch danach, welche der Ideen Sie am liebsten umsetzen möchten. Hören Sie ruhig auf Ihr Gefühl, damit liegt man häufiger richtig als man denkt.

Die Beurteilung der Skizzen links lautet: **1** ist zu kühl und technisch, **2** zu klassisch und lieblich, **3** ist einfach drüber, aber **4** hat Potenzial.

*Zeichentechnik*

# Zack, Zack, Zickzack

**Nun ist der große Moment gekommen: Beim Schriftzeichnen wenden Sie das Grundlagenwissen aus Kapitel 2 an. Mit der kalligrafischen Erfahrung vom Brush Lettering, der folgenden Zeichentechnik auf Transparentpapierebenen und einigen praktischen Tipps ist die Verbindung von Theorie und Praxis ein Leichtes.**

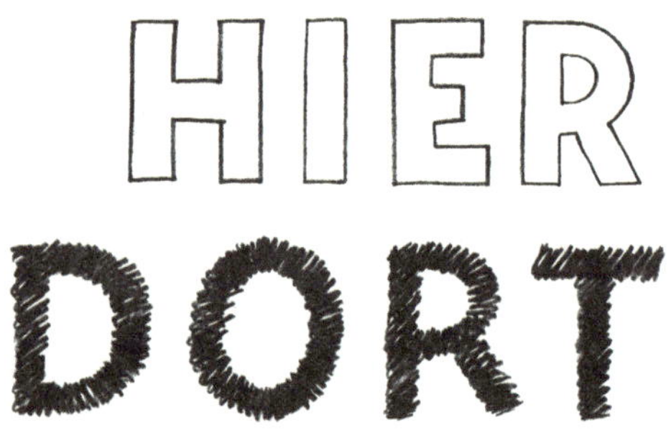


Schraffur

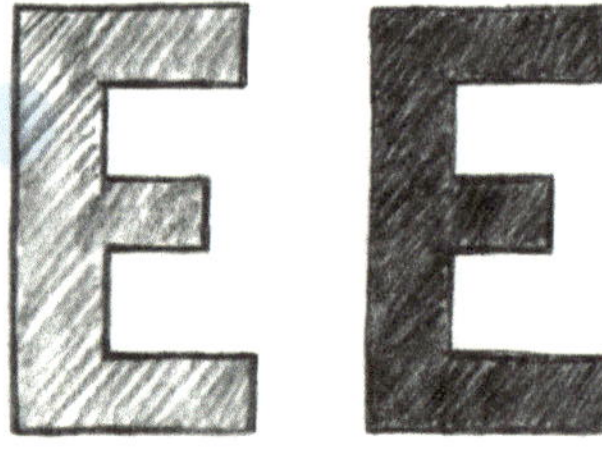


Tonwert

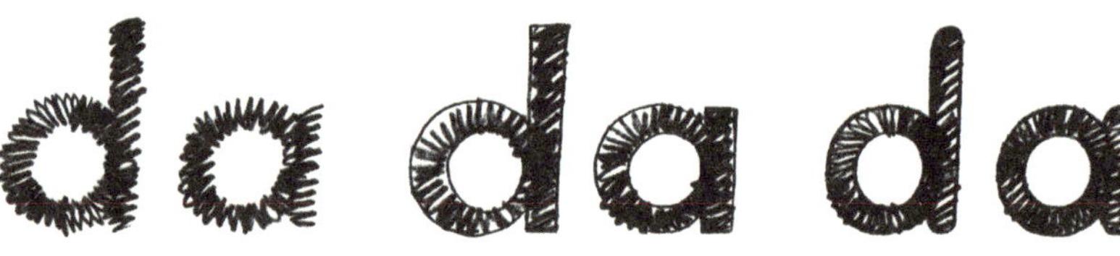


Kontur

## Zeichentechnik

**Schraffur** Kinder zeichnen meist zuerst die Kontur einer Form und malen sie dann aus. Beim Schriftzeichnen macht man es umgekehrt: Zunächst werden die Flächen der Buchstaben locker schraffiert, dann erst die Kontur gezogen. Mit der Schraffur legt man fest, welchen Raum die Buchstaben einnehmen und wie ihre Abstände sind, mit den Outlines bestimmt man anschließend ihre Formen.

Anfängern geht es oft gegen den Strich, zuerst zu schraffieren und erst dann die Konturen zu zeichnen. Aber Buchstaben sind eben nicht nur schwarze Flächen, sondern das Zusammenspiel von schwarzen und weißen Flächen. Wörter sind harmonisch und gut lesbar, wenn diese Flächen gleichmäßig verteilt sind. Denken Sie daher beim Zeichnen in Flächen und Formen, nicht in Strichen. Wenn man ein Wort wie oben das **Hier** nur mit Outlines zeichnet, hat man im Grunde eine weiße Fläche, die nur von dünnen Linien unterbrochen ist. Die Verteilung von hell und dunkel kann man sich so nur vorstellen. Schraffiert man ein Wort dagegen, bekommt man besser ein Gefühl für das Volumen der Buchstaben und ihr Verhältnis zueinander. So lassen sich Flächenverteilung und Abstände schon beim Zeichnen besser beurteilen. **Dort** zeigt ein Beispiel.

Optional kann man auch die ganz feinen Striche eines Buchstabens schraffieren, statt sie als einfachen Strich zu zeichnen. Sie haben dann eine gewisse Körperlichkeit und verbinden sich besser mit den fetteren schraffierten Strichen. Außerdem haben die Buchstaben mit dieser Technik durchgängig unruhige Kanten.

**Tonwert** Die Konturen der Buchstaben sollten den gleichen Grauwert haben wie die schraffierten Fächen, damit sie die Buchstabenform zwar definieren, aber nicht von ihr ablenken.

**Kontur** Durch die Schraffuren nimmt man die grobe Verteilung von hell und dunkel vor, mit den Konturen trifft man Entscheidungen über die Details der Buchstabenformen. Die drei Versionen **da** zeigen, dass eine ähnliche Schraffur unterschiedliche Formen ergeben kann, je nachdem, wie man die Konturen setzt.

Mit der Schraffur-Zeichentechnik kann man zügig verschiedene Varianten einer Form zeichnen. So lassen sich Alternativen ausprobieren und ohne großen Zeitverlust wieder verwerfen.

**Formenaufbau** Bei dieser Zeichentechnik baut man die Formen schrittweise auf. Im ersten Schritt zeichnet man nur das Skelett des Buchstabens und nimmt damit die grobe Platzierung der Wörter im Format vor. Dann legt man ein neues Blatt Transparentpapier darüber und schraffiert in der Strichstärke der Wahl über die Skelette, meistens mittig. Danach entfernt man das darunter liegende Blatt, zeichnet die Outline um die Schraffur und definiert so die Form.

Bei jeder weiteren Überarbeitung beginnen Sie wieder mit der Schraffur und zeichnen die Kontur erst als Zweites. Der Zeichenprozess wird auf den folgenden Seiten am Beispiel des Buchcovers erklärt.

## Zeichentipps

**Diagonalen** Beim Zeichnen der diagonalen Striche eines Buchstabens helfen vertikale Hilfslinien. Für ein **A** zum Beispiel bestimmt man mit zwei Hilfslinien die Breite des Buchstabens und setzt zur Orientierung oben mittig einen Punkt, an dem sich die beiden Diagonalen treffen. Um zu verhindern, dass ein **N** zu breit oder zu schmal wird, zeichnet man zuerst die beiden senkrechten Balken und verbindet sie dann mit der Diagonalen.

**S-Kurven** Folgende Schritte erleichtern das Zeichnen eines **S**:

- mit zwei senkrechten Hilfslinien die Breite des Buchstabens festlegen
- oben und unten die Bögen zeichnen, den unteren ein wenig breiter als den oberen
- etwas über der rechnerischen Mitte einen Punkt setzen, zur Orientierung dafür, wo die Kurve verlaufen soll
- über und unter dem Punkt ausnahmsweise zuerst die Outlines setzen – oder die Kurve direkt schraffieren

**Schatten** Um die richtige Form und Platzierung eines Schattens zu finden, besonders bei runden Buchstaben, helfen die folgenden Tricks: Pausen Sie das Wort, das Sie mit einem Schatten versehen wollen, auf ein Transparentpapier durch. Dann legen Sie das Blatt unter das Transparentpapier mit Ihrem Entwurf und verschieben es um das gewünschte Maß zum Beispiel nach links und unten, als würde das Licht von oben rechts kommen. Nun brauchen Sie nur noch die Konturen vom unteren Blatt durchzuzeichnen und sie gegebenenfalls an den Ecken zu verbinden.

**Variation** Ein Schriftzug wird interessanter, wenn bei zwei aufeinanderfolgenden, gleichen Buchstaben die Formen nicht identisch sind, sondern sich zum Beispiel in der Größe unterscheiden. Das Wort **Welle** in Kapitel 3 auf Seite 80 illusriert dies.

**Tropfen** Ein tropfenförmiger Strichabschluss wie manchmal am **a**, **r** oder **j** sollte etwa der Strichstärke des Buchstabens entsprechen. Am Ohr des geschleiften **g** ist er kleiner. Der Tropfen ist einfacher zu zeichnen, wenn man zunächst seine Kontur als Verlängerung der Buchstabenform anlegt.

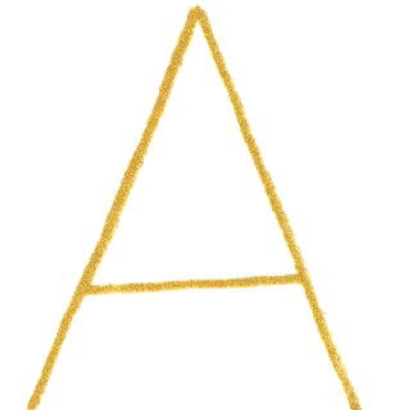
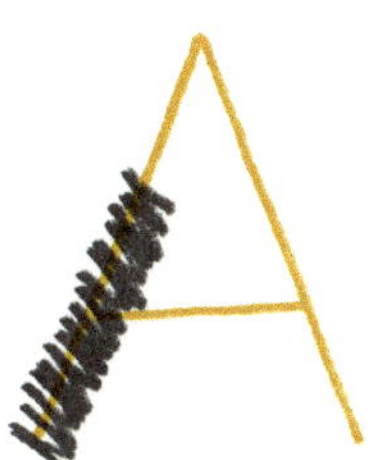
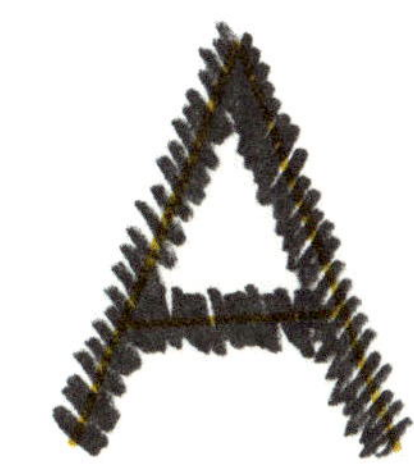
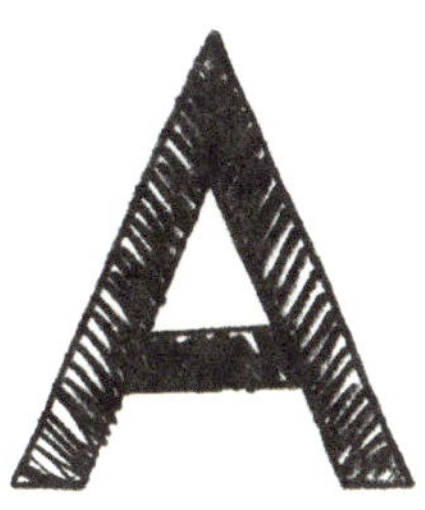

Formenaufbau

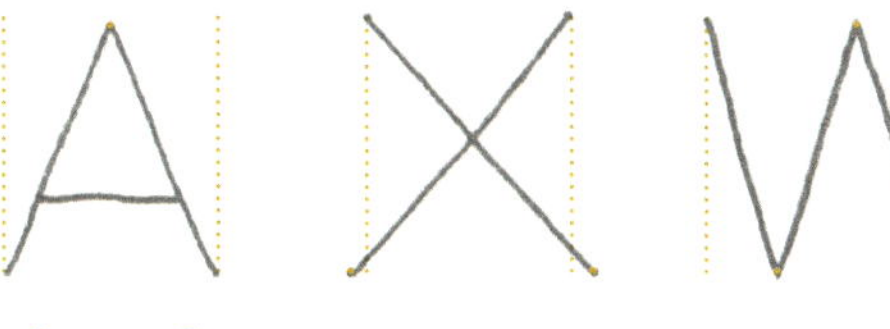

Diagonalen

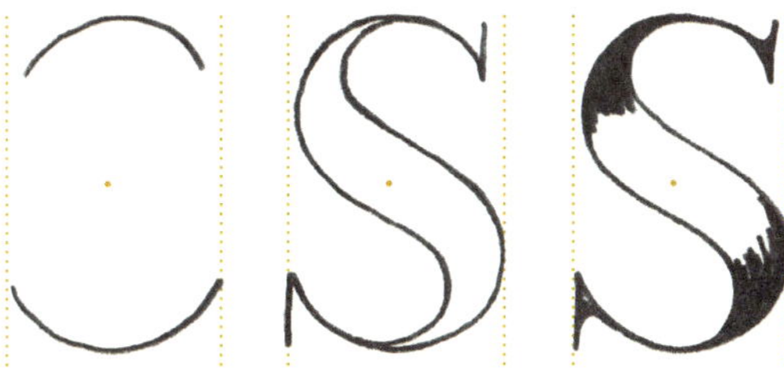

S-Kurven

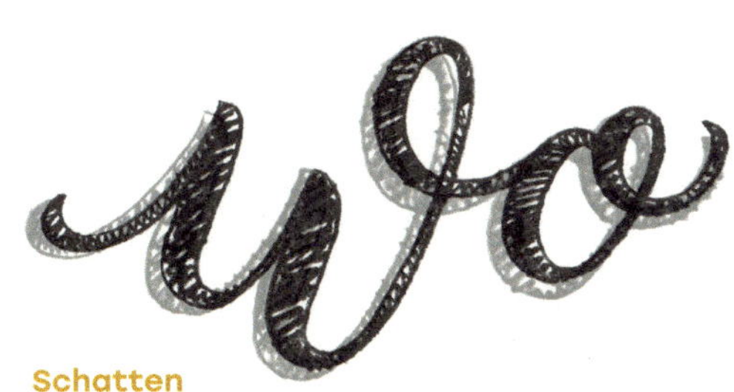

Schatten

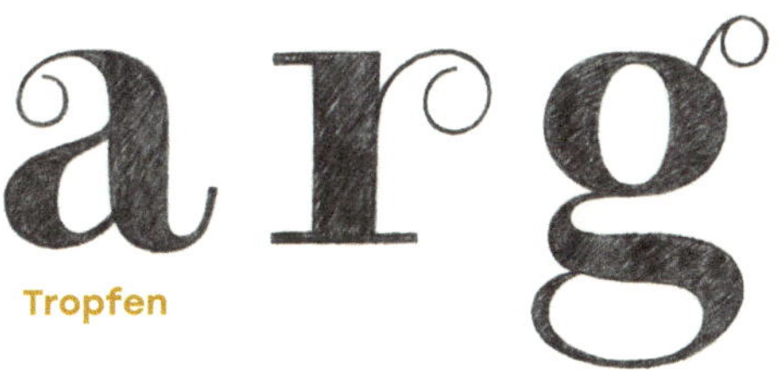

Tropfen

*Entwurfsprozess*

# Vielschichtig

**Dank Briefing, Recherche und Ideenskizzen wissen Sie inzwischen ungefähr, wo Sie mit Ihrem Entwurf hinwollen. Aber erst auf der Reise von der Rohskizze zur Reinzeichnung entscheiden Sie Schritt für Schritt, wie das Ziel genau aussehen wird.**

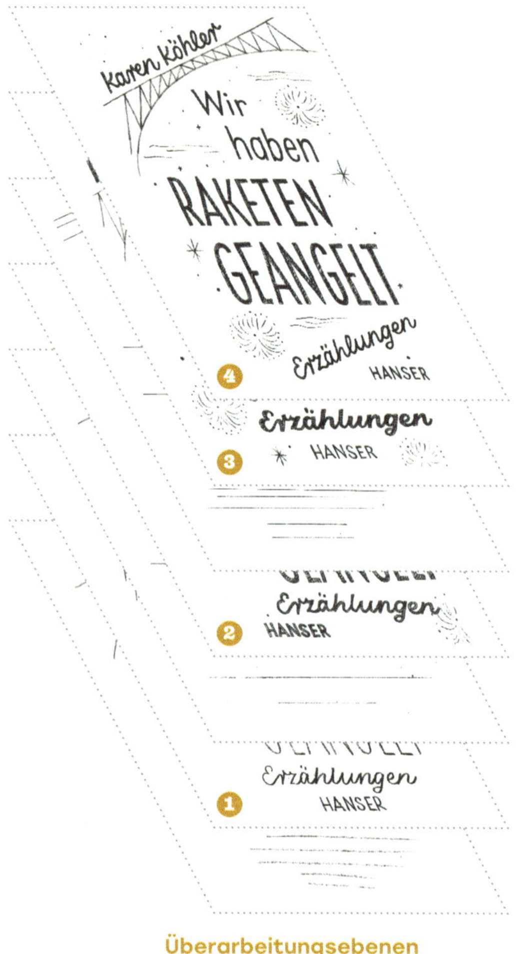


Überarbeitungsebenen

**Überarbeitungsebenen** Mithilfe der Transparentpapiertechnik lassen sich Ideen schnell entwickeln, indem man einen Entwurf auf mehreren Blättern überarbeitet und verbessert. Von einer Ebene auf die nächste übernimmt man, was bereits stimmt, und verändert, was nötig ist. Der Vorteil dieser Technik ist, dass man sich mit den Überarbeitungen nicht lange aufhält und dadurch schnell und unkompliziert unterschiedliche Ansätze ausprobieren kann. Falls Sie im Prozess merken, dass etwas nicht so funktioniert, wie Sie es sich vorgestellt haben, können Sie es zügig noch einmal zeichnen.

Im ersten Schritt zeichnen Sie nur das Skelett der Buchstaben, im zweiten schraffieren Sie ihre Form. Sie analysieren, welche Änderungen sinnvoll sind, schraffieren den Entwurf auf einem weiteren Blatt erneut und beginnen dabei zu korrigieren. Stimmige Elemente pausen Sie durch, andere modifizieren Sie. Es folgt eine weitere Analyse und die erneute Überarbeitung. Jedes Mal werden fertige Teile kopiert, die übrigen angepasst.

Überarbeiten Sie Ihren Entwurf, bis Sie damit zufrieden sind. Drei bis sechs Korrekturrunden genügen meistens, es sei denn, man probiert sehr unterschiedliche Richtungen aus oder kann sich nicht entscheiden. Nummerieren Sie die Überarbeitungsstufen, damit die Reihenfolge später nachvollziehbar ist.

Ein weiterer Vorteil dieser Zeichentechnik besteht in ihrer Flexibilität. Man korrigiert die Buchstabenabstände oder die Position eines Wortes, indem man das obere Transparentpapier verschiebt und die Buchstaben entsprechend versetzt neu zeichnet. Deshalb wird das aktuelle Blatt beim Zeichnen nicht auf der vorigen Fassung fixiert.

Das heißt, wenn Sie zum Beispiel den Abstand zwischen zwei Buchstaben erhöhen wollen, schraffieren Sie das Wort bis zum ersten der beiden Buchstaben, verschieben das Blatt über der Vorlage etwas nach links und fahren erst dann mit dem Schraffieren des zweiten Buchstabens fort. Soll der Abstand verringert werden, rücken Sie das Blatt ein wenig nach rechts. Um den Zeilenabstand anzupassen, verschieben Sie die Zeichnung nach oben oder unten.

Beim Überarbeiten ist es wichtig, den gesamten Entwurf im Blick zu haben und sich nicht in Details zu verlieren. Man arbeitet zügig vom Groben ins Feine und hält alle Bildteile auf dem gleichen Ausarbeitungsniveau. Erst nach und nach arbeiten Sie die Einzelheiten aus und konkretisieren den Charakter der Buchstaben und den Gesamteindruck.

Zeichnen Sie also nicht an einer Stelle bis ins letzte Detail, während an einer anderen noch die ersten losen Striche stehen. Anders formuliert: Hängen Sie nicht die Gardinen auf, bevor der Rohbau steht.

Arbeiten Sie mit Entschiedenheit und schrecken Sie nicht vor extremen Änderungen zurück. Deutliche Änderungen helfen oft besser, die richtige Form zu finden, als geringfügige Variationen. Dabei behält man immer im Kopf, was der Text vermitteln soll, und setzt nur die Elemente ein, die dazu beitragen. Das Gute: Sie können sich beim Zeichnen ganz entspannen, denn die Überarbeitungen sind nur Arbeitsschritte, keine „Werke“.

Einen weit fortgeschrittenen Entwurf, bei dem die Formen bereits stimmen und nur die Buchstabengrößen und Abstände noch Korrekturen brauchen, kann man auch scannen, um die Feinheiten mit einem Bildbearbeitungsprogramm anzupassen. Anschließend druckt man den Entwurf wieder aus und paust die Reinzeichnung durch. So sind am Ende die Strichstärken aller Elemente gleich, auch wenn man sie digital vergrößert oder verkleinert hat. Ab Seite 118 finden Sie weitere Hinweise zur Reinzeichnung.

Man muss übrigens nicht bei jedem Projekt alle Schritte des Entwurfsprozesses durchlaufen. Für manche Aufgaben ist vielleicht keine Recherche nötig, weil man mit dem Thema bereits vertraut ist. Bei anderen hat man sofort eine Idee im Kopf und braucht nicht lange zu skizzieren. Bei einem Projekt genügen zwei Überarbeitungen, während man beim nächsten viel herumprobieren muss, bevor die passende Lösung gefunden ist.

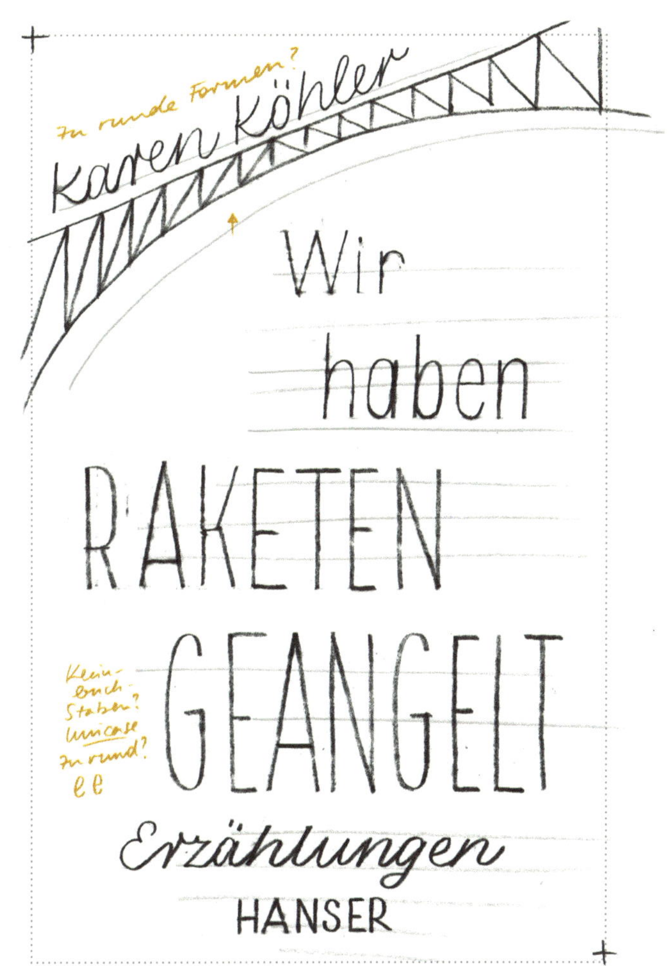


Rohskizze

**Rohskizze** Zuerst wird die ausgewählte Miniskizze proportional vergrößert. Dazu zeichnet man einen Rahmen in der entsprechenden Größe, ruhig auf einfachem Kopierpapier. Soll der Entwurf am Ende digital bearbeitet werden, legen Sie die Zeichnung besser etwas größer an als das Endformat und verkleinern sie später. Die Beispielskizzen in diesem Abschnitt sind etwa 25 Prozent größer gezeichnet als ihr Endformat.

Legen Sie ein Transparentpapier auf das Blatt mit dem Rahmen und ziehen Sie lockere Grundlinien für die einzelnen Wörter. Darauf skizzieren Sie die Skelette der Buchstaben und nehmen damit grob die räumliche Verteilung des Texts vor. So wird sichtbar, wie viel Platz die Wörter benötigen und was das für die Proportionen der Buchstaben bedeutet.

Im Beispiel oben ist Idee Nummer **4** von Seite 106 bereits variiert, damit der Entwurf dynamischer wirkt. Die Wörter sind jetzt nicht mehr um eine Mittelachse angeordnet, sondern nach links und rechts versetzt. Sie werden von oben nach unten größer und schaffen so einen Eindruck von räumlicher Tiefe.

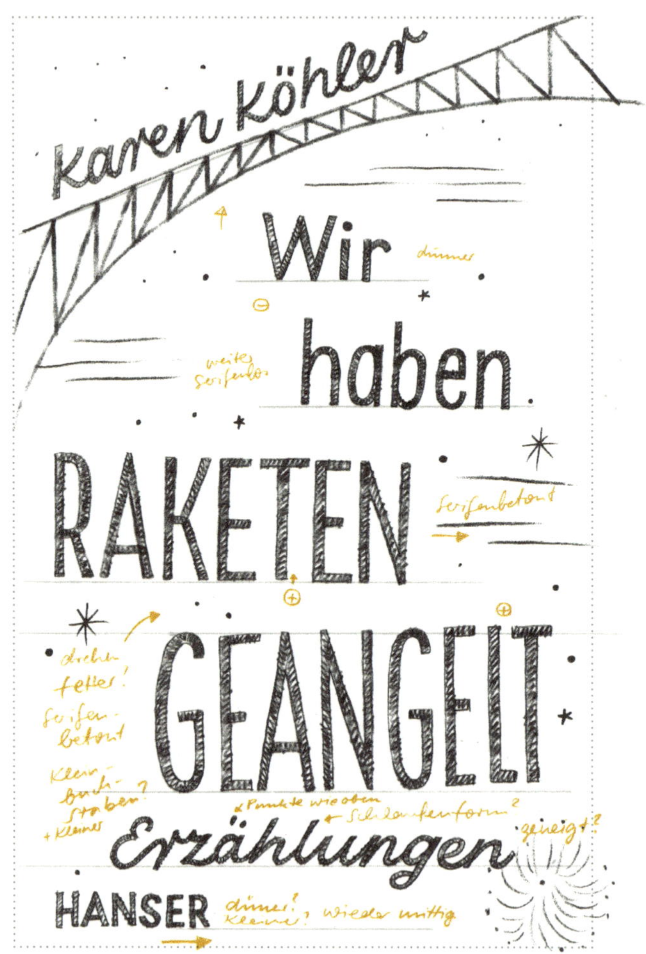


1. Entwurf

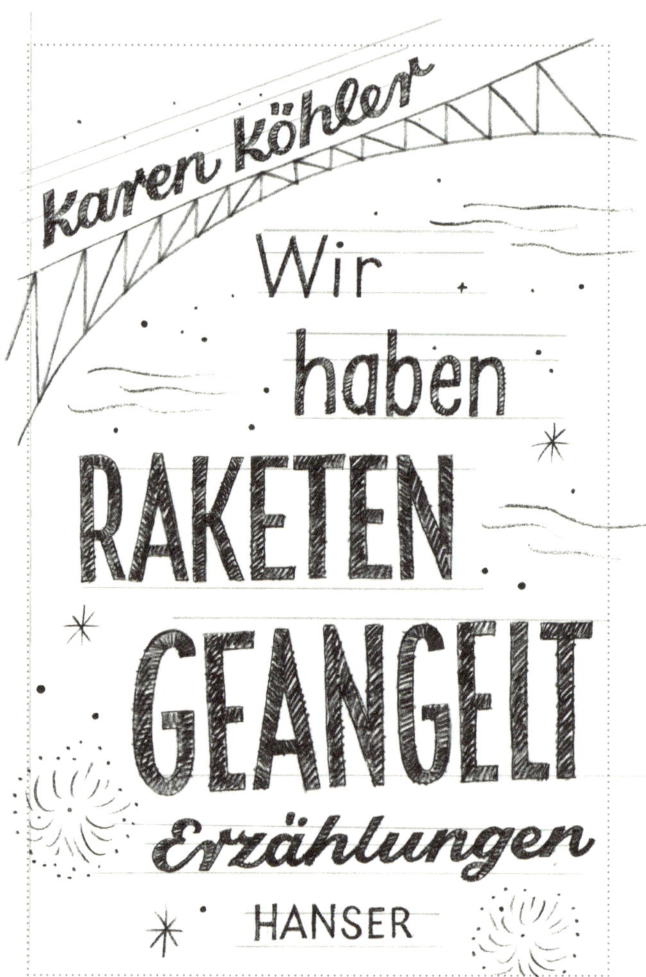


1. Überarbeitung

Die stilisierte Brücke oben im Bild verläuft nun diagonal, der Name der Autorin steht parallel darüber. Die Hilfslinien haben beim Zeichnen dieser Anordnung kaum eine Rolle gespielt.

**Hilfslinien** Für ein Blatt mit neuen Hilfslinien, die sich an der Rohskizze orientieren, legt man ein Transparentpapier auf die Skizze und fixiert es seitlich an zwei Stellen mit einem Klebeband, das sich rückstandslos entfernen lässt. Ziehen Sie mit einem Lineal die Grundlinien, x-Höhen, Oberlängen und Unterlängen der Wörter. Wollen Sie kursive Schrift zeichnen, fügen Sie auch einige geneigte Hilfslinien hinzu.

Das Lineal brauchen Sie danach übrigens nicht mehr. Die Buchstaben maßgenau zu konstruieren, dauert lange und geht auf Kosten des lebendigen Ausdrucks. Die runden Formen zeichnet man ohnehin freihändig. Daher hat man am Ende unter Umständen eine lebendige Anmutung in den Kurven – also genau das, was das Lettering ausmacht – und eine technische Anmutung in den mit einem Lineal gezogenen Geraden. Verwenden Sie die Zeit lieber darauf, Ihre Hand zu trainieren: So lernen Sie, alle Linien mit gleichem Charakter zu zeichnen, auch wenn sie am Anfang vielleicht uneinheitlich sind.

**1. Entwurf** Im 1. Entwurf bekommen die Buchstabenskelette ihren Körper. Legen Sie dazu ein weiteres Transparentpapier über die Rohskizze und die neuen Hilfslinien und schraffieren Sie die Flächen der Buchstaben. Dann zeichnen Sie die Konturen um die Schraffuren. Die Strichstärke bestimmt, wie viel Raum die Buchstaben einnehmen, die Konturen definieren die Formen genauer.

Wenn Sie mit dem 1. Entwurf fertig sind, entfernen Sie Rohskizze und Hilfslinien und betrachten ihn kritisch. Notieren Sie, welche Änderungen Sie vornehmen wollen oder markieren Sie sie direkt auf der Zeichnung.

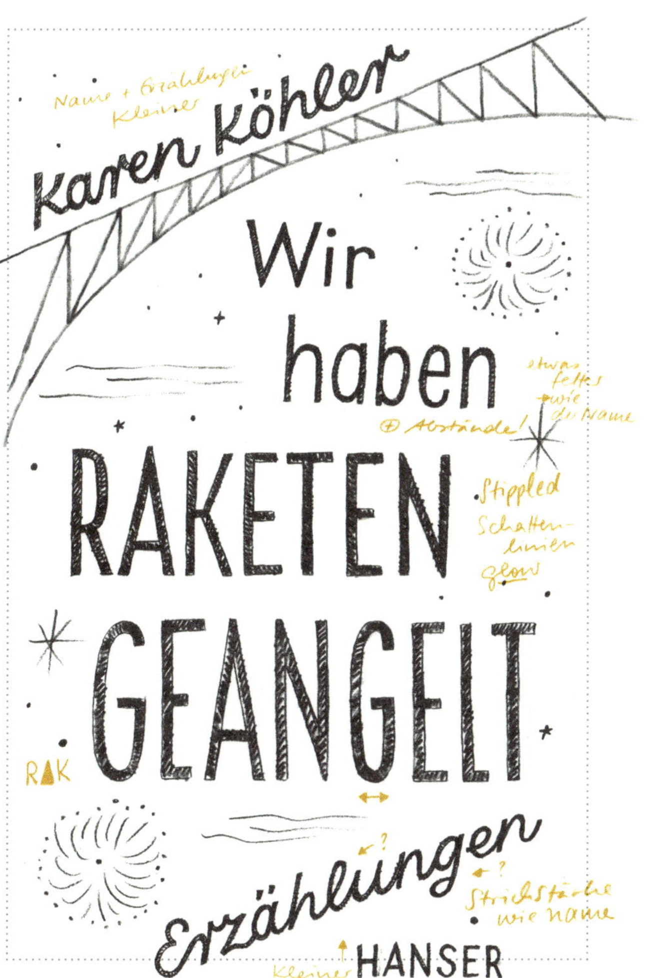


2. Überarbeitung

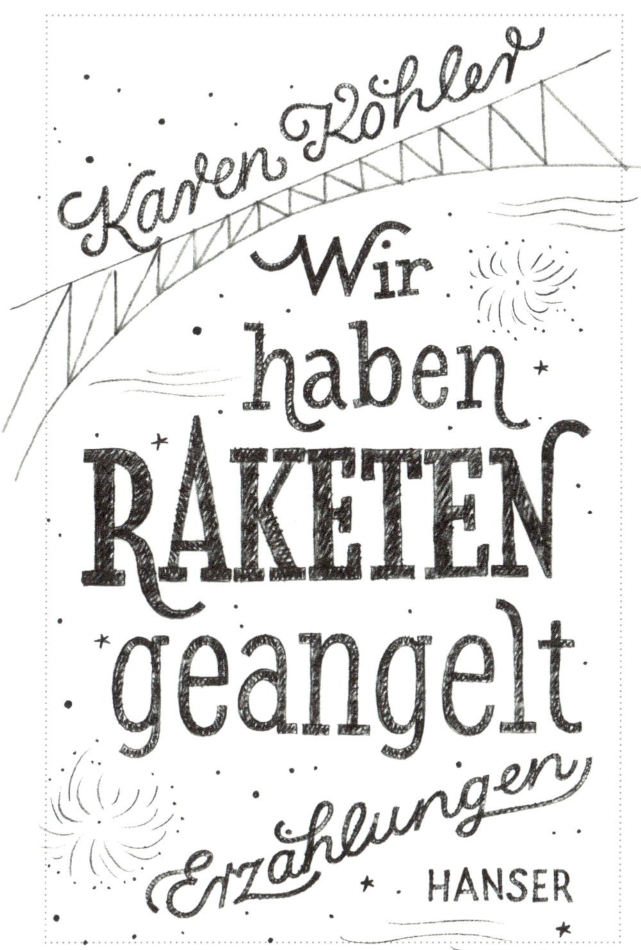


3. Überarbeitung

Im 1. Entwurf für das Beispielcover sind der Name der Autorin und das Wort „Erzählungen" im Verhältnis zum Titel relativ groß. Die gemeinsame Schriftart stellt die Wörter optisch und inhaltlich auf eine Ebene. Die Genrebezeichnung könnte auch kleiner sein, das würde den formalen Zusammenhalt nicht mindern. Die monolineare Schreibschrift passt gut zur serifenlosen, kontrastarmen Schrift des Titels. Ihre Endungen sind flach, nicht gerundet, damit die Anmutung nicht zu kindlich ist. Die Abstände und Ausrichtungen der Wörter brauchen noch Korrekturen.

**1. Überarbeitung** Die Veränderungen der 1. Überarbeitung sollen die räumliche Wirkung verstärken. Die Wörter des Titels nehmen nun von oben nach unten nicht nur in der Größe zu, sondern auch in der Strichstärke. Autorinnenname und Genrebezeichnung haben einen deutlichen Strichstärkenkontrast, der Verlagsname ist feiner gezeichnet. Im Verhältnis zur Titelschrift sind die Buchstaben des Verlagsnamens aber etwas zu breit beziehungsweise sie sind nicht deutlich genug unterschieden, denn sie sind etwas breiter, haben aber eine ähnliche Form.

Dem kritischen Blick hält die Überarbeitung nicht stand. Die Gesamtwirkung des Titels ist zu massiv, außerdem ist der Unterschied zwischen „Wir" und „geangelt" so groß, dass man ihn kaum noch als Ganzes liest. Autorinnenname und Genre sind durch den kräftigen Strichstärkenkontrast ebenfalls zu feist.

**2. Überarbeitung** Die 2. Überarbeitung verwirft die Änderungen der vorigen und geht einen Schritt zurück in Richtung des 1. Entwurfs. Die Strichstärke des Titels ist wieder geringer und einheitlicher. „Erzählungen" hat nun die gleiche Neigung wie der Name. Dadurch passen die Textelemente nicht mehr ins Format. Dieser Umstand wird jedoch in einer späteren Überarbeitung digital behoben.

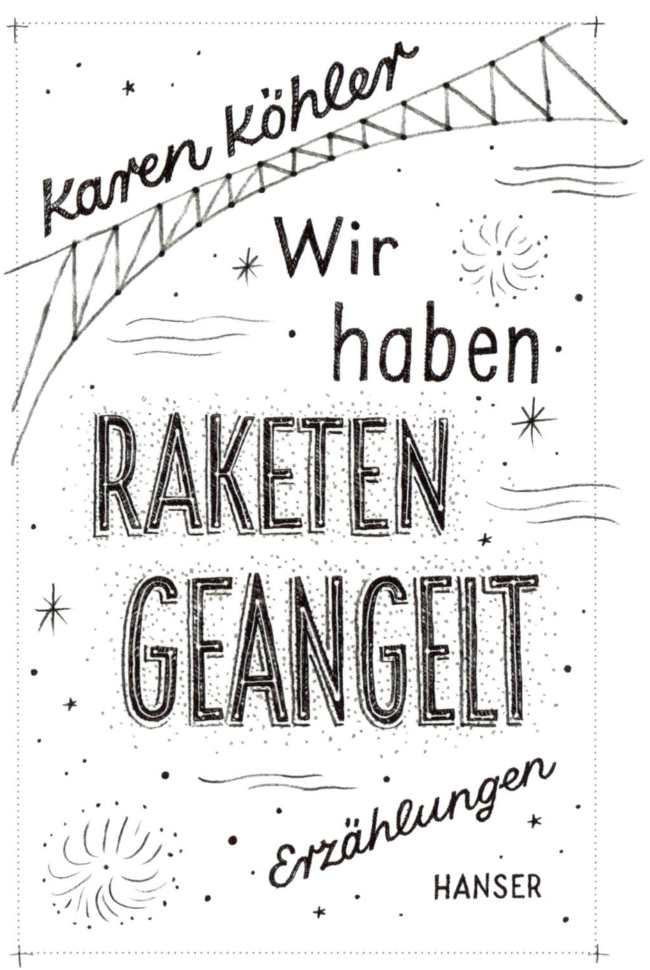


Digitale Überarbeitung

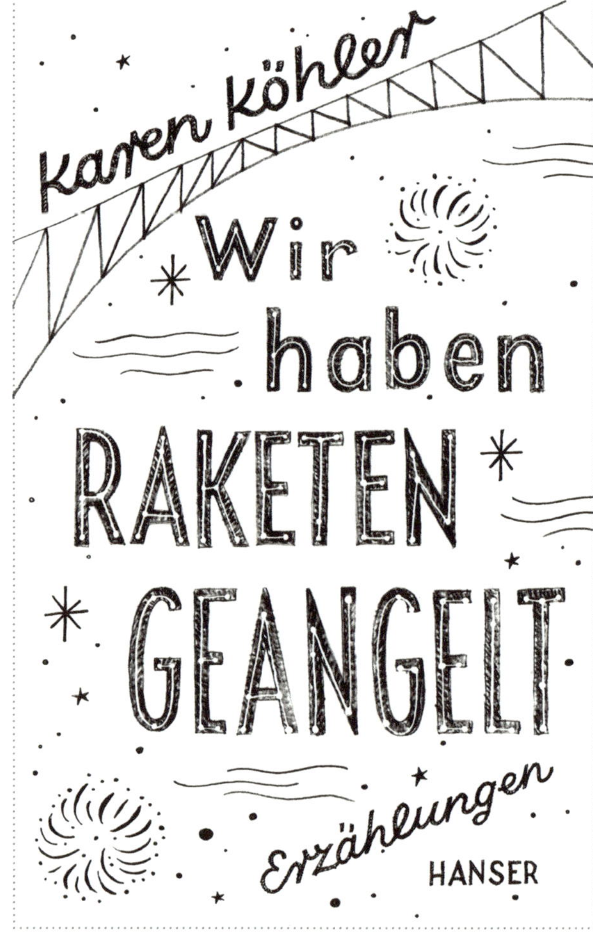


Finaler Entwurf

Die lang gezogenen, nüchternen Formen der Titelschrift passen zwar inhaltlich zu den Wörtern „Raketen" und „geangelt" und zur Atmosphäre des Buchs, sie sehen aber auch ein bisschen langweilig aus und nutzen noch nicht alle Möglichkeiten handgezeichneter Schrift.

**3. Überarbeitung** Die Buchstaben sind individueller gestaltet, aber die vielen ornamentalen Schwünge entsprechen nicht dem Inhalt und der Erzählweise des Buchs. Auch dass nur noch das Wort „Raketen" durch eine kräftigere Schrift hervorgehoben ist und nicht mehr die Wortfolge „Raketen geangelt", schwächt den poetischen Reiz des Titels.

**Digitale Überarbeitung** Da die Variationen der 3. Überarbeitung nicht überzeugend waren, geht es mit dem Ergebnis 2. Überarbeitung weiter. Digital wurden sowohl die Größen und Platzierungen der Wörter als auch die Buchstabenabstände korrigiert.

Der Titel wurde auf einem separaten Transparentpapier um eine Schattenlinie ergänzt, der Hintergrund um ein dichtes Punktmuster. Die weiße Mittellinie auf den Wörtern „Raketen geangelt" wurde ebenfalls auf einem eigenen Blatt gezeichnet, separat gescannt und invertiert, sodass die Bleistiftstriche nun weiß auf der darunterliegenden Ebene mit den Buchstaben zu sehen sind. Die Verzierung erinnert sowohl an Konstellationen von Sternen als auch an Neonröhren und greift das Thema der Hintergrundelemente auf. Schließlich dient ein Ausdruck dieser digitalen Bearbeitung als Vorlage für die finale Entwurfszeichnung.

**Finaler Entwurf** Der endgültige Entwurf greift die Schlichtheit der 2. Überarbeitung auf. Die Strichstärke der Titelwörter ist nun angeglichen, alle Begriffe haben eine weiße Zierlinie. Die Schattenlinie und die vielen kleinen Punkte sind wieder verschwunden.

*Selbstkritik*

# Soll das so?

**Die ganze Zeit haben Sie so schön vor sich hingezeichnet, aber plötzlich werden Sie von Zweifeln übermannt: Ist das wirklich gut so? Müsste dieses Wort nicht größer und das da kleiner? Stimmen die Abstände? Falls gerade niemand da ist, den Sie fragen können, fragen Sie sich selbst.**

Wenn man einen Entwurf mehrmals überarbeitet, setzt manchmal Betriebsblindheit ein. Schlägt dann die Unsicherheit zu, holt man sich idealerweise Feedback von außen. Falls das gerade nicht möglich ist, genügt es aber auch, den Entwurf aus einem anderen Blickwinkel zu betrachten. Mit den Vorgaben aus Ihrem Briefing und den richtigen Fragen können Sie Ihre eigene Arbeit kritisch beleuchten. Statt „sieht irgendwie doof aus" formulieren Sie konkrete Verbesserungsmöglichkeiten und geben sich damit selbst Korrekturanweisungen. Hinterfragen Sie die Entscheidungen, die Sie im Entwurfsprozess bisher getroffen haben, zum Beispiel mit diesen Überlegungen:

- Was funktioniert an dem Entwurf bereits, was noch nicht?
- Ist die Komposition ausgewogen?
- Sind helle und dunkle Flächen gleichmäßig verteilt?
- Was könnte ich noch anders lösen? Größenverhältnisse? Buchstabenverbindungen? Schriftwahl?
- Haben die Buchstaben noch formale Schwächen?
- Sind die Formen einheitlich? Habe ich Gleiches gleich behandelt – oder entschieden unterschiedlich?
- Sind die Endungen, Schlaufen, Strichstärken, Neigungswinkel harmonisch?
- Wie verhält sich die Zeichnung zu den umgebenden Rändern? Stimmt die Platzierung im Format?
- Passt der Entwurf zum beabsichtigten Zweck und kommuniziert er das, was er kommunizieren soll?

Neben dieser kritischen Selbstbefragung ermöglichen zwei kleine Techniken einen frischen Blick: Erstens, man kneift die Augen soweit zusammen, dass man nur noch verschwommen die grobe Struktur des Entwurfs sieht. Oder zweitens, man dreht die Zeichnung um 180 Grad oder betrachtet das Blatt – falls es sich um ein Transparentpapier handelt – von der Rückseite spiegelverkehrt. Mit beiden Tricks löst man den Blick von den Buchstaben und der Bedeutung der Wörter und kann sich auf die abstrakten Formen, die Verteilung der hellen und dunklen Flächen und die Buchstabenabstände konzentrieren.

*Häufige Fehler*

# Troubleshooting

**Gerade weil Bleistift und Radiergummi beim Zeichnen jede Freiheit erlauben, führen sie manchmal zu Entwürfen, die dem Grundsatz „Hauptsache, es sieht gut aus" nur wenig entsprechen. Beachten Sie die folgenden Hinweise, dann haben Sie den meisten Anfängern schon einiges voraus.**

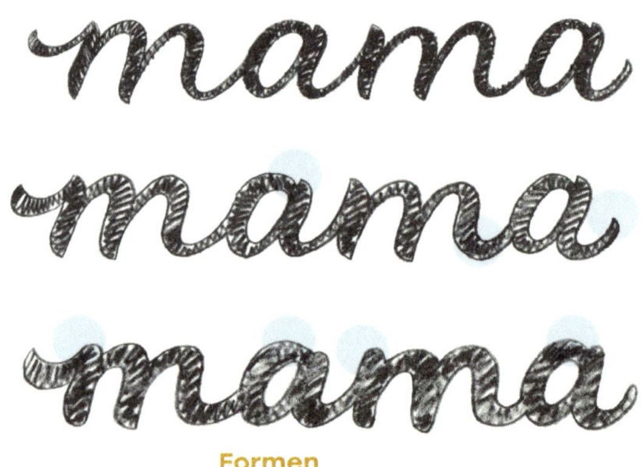

Formen

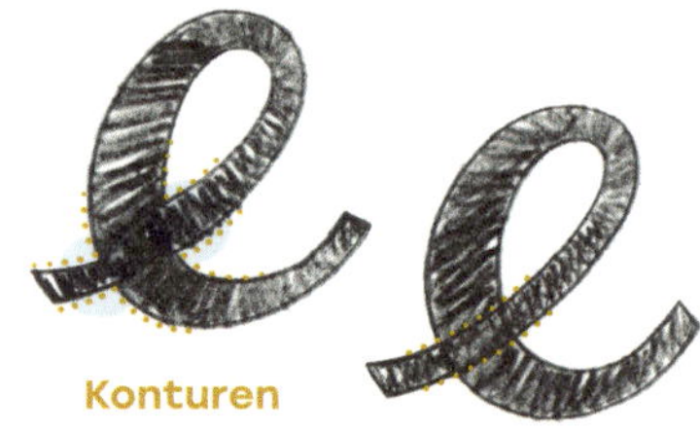

Konturen

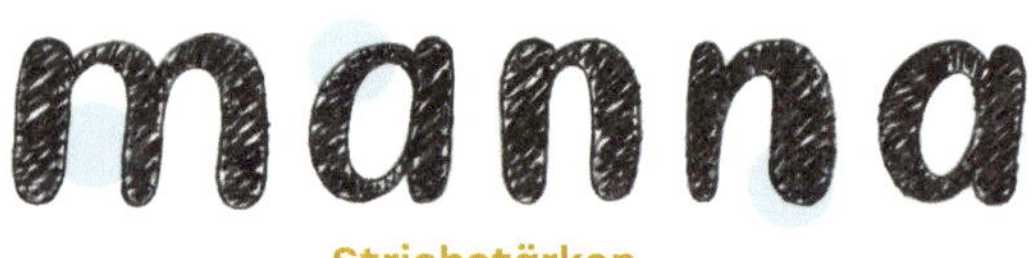

Strichstärken

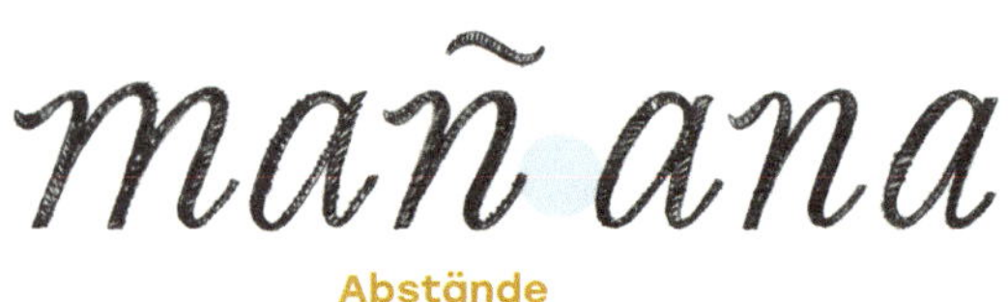

Abstände

**Formen** Die Buchstabenformen werden beim wiederholten Durchpausen immer klobiger und ungenauer.

Achten Sie bei Überarbeitungen darauf, dass Sie nicht außen um die Buchstabenform herumzeichnen und die Außenseite dabei immer weiter versetzen. Bereits definierte Formen verschwimmen sonst und schon getroffene gestalterische Entscheidungen gehen verloren. Ist eine Form gelungen, pausen Sie sie getreu der vorigen Zeichnung nach. Verändern Sie Formen und Abstände nur dort, wo sie noch nicht stimmen. Ein spitzer Bleistift trägt zur Genaugikeit bei.

**Konturen** Die Anschlüsse der Striche passen nicht recht zusammen.

Zeichnen Sie die Konturen eines Strichs so, wie Sie ihn schreiben würden. Das heißt, Sie ziehen die Linien nicht außen um die Schraffur herum, sondern folgen der Bewegung des Strichs und zeichnen die Kontur fließend und durchgehend, so als würden sich die Formen überlappen. Dadurch stellen Sie sicher, dass die Strichstärken gleich bleiben und die Verbindungsstellen zusammenpassen.

**Strichstärken** Die Wörter machen einen ungleichmäßigen, fleckigen Eindruck.

Alle fetten Striche in einem Wort sollten eine ähnliche Breite haben, und alle feinen Striche ebenfalls, sodass die Strichstärken einheitlich aussehen.

**Abstände** Der Entwurf ist unausgewogen, die Wörter sind schlecht lesbar.

Wenn die Abstände der Buchstaben schlecht ausgeglichen sind, beeinträchtigen sie oftmals die Lesbarkeit. Unter Umständen fallen Wörter ganz auseinander und man liest statt einem Wort zwei. Es braucht einige Übung, um die Abstände zwischen Buchstaben richtig einzuschätzen. Mit der Zeit entwickelt man ein Auge dafür, ob helle und dunkle Flächen in einem Entwurf gleichmäßig verteilt sind. Das wird beim Schriftzeichnen gelernt, aber auch durch analytisches Betrachen von Beispielen. Grundsätzliches zu Buchstabenabständen ist auf Seite 38 erläutert.

**Größe** Manche Buchstaben sehen zu klein aus, obwohl sie so groß sind wie ihre Nachbarn.

Beim Lettering ist Augenmaß Trumpf. Daher muss man optisch ausgleichen, dass runde und dreieckige Buchstaben kleiner wirken als viereckige. Zu diesem Zweck gibt man ihnen einen Überhang, lässt sie also oben und unten etwas über die Linien hinausragen. Mehr zum optischen Ausgleich: Kapitel 2, Seite 36.

**Buchstabenstatik** Manche Großbuchstaben scheinen nach vorne zu kippen.

Bei einigen Großbuchstaben wie **E**, **F**, **K** und **P** versetzt man die Mitte etwas nach oben oder nach unten, um ihnen optisch mehr Stabilität zu geben. Die untere Hälfte von **X**, **Z** und **S** sind aus dem gleichen Grund etwas breiter. Mehr zu Buchstabenstatik? Siehe Seite 37.

**Proportionen** Die Schrift wirkt verzerrt, gequetscht oder unproportional.

Die klassischen Proportionen der römischen Inschriften sind nicht das Maß aller Dinge, aber es ist gut, sie zu kennen und im Hinterkopf zu behalten. Ein **M** ist nun mal tendenziell breiter als ein **A**, und zeichnet man alle Buchstaben schematisch gleich breit, ist die Verteilung von hell und dunkel meistens unausgewogen. Im Zweifelsfall bietet die Skelettschrift auf Seite 28 Orientierung.

**Strichstärkenkontrast** Schreibschriftbuchstaben fehlt der richtige Schwung.

Anfänger setzen Strichstärkenkontraste häufig falsch, weil ihnen nicht klar ist, wie sich die Formen der Buchstaben von einem spezifischen Schreibwerkzeug herleiten. Möchten Sie zum Beispiel ein Wort in einer Schreibschrift mit Kontrast zeichnen und sind unsicher, an welchen Stellen der Strich fett bzw. fein sein muss, schreiben Sie das Wort zunächst mit dem Pinselstift. So können Sie klären, wo die Kontraste hingehören. Ihre Platzierung ergibt sich aus der Schreibbewegung und der Druckvariation fast von selbst. Mehr zum Einfluss der Werkzeuge in Kapitel 2 ab Seite 47 und in Kapitel 3.

MANNOMETER

Größe

MUFFELKOPP

Statik

**Zierlinien** Ornamente und Schwünge bilden kein harmonisches Ganzes.

Zierlinien und Schwünge sehen so aus, als seien sie leicht hingezeichnet. Sie sind aber keinesfalls beliebige Kringel, sondern meist symmetrisch aus sich wiederholenden Grundformen aufgebaut und zu einer Komposition zusammengefügt. Orientiert man sich eine Zeit lang an historischen Beispielen, bekommt man ein Gespür für Aufbau und Proportionen von Zierlinien. Grundlegende Tipps hat Seite 41 parat.

**Lesbarkeit** Die Buchstaben und das Layout sind so überladen, dass man das Wort nicht mehr lesen kann.

Erinnern Sie sich in einem solchen Fall daran, dass das Lettering in den meisten Fällen nicht nur dekorieren, sondern auch kommunizieren soll.

MANNO

Proportionen

madig

Strichstärkenkontrast

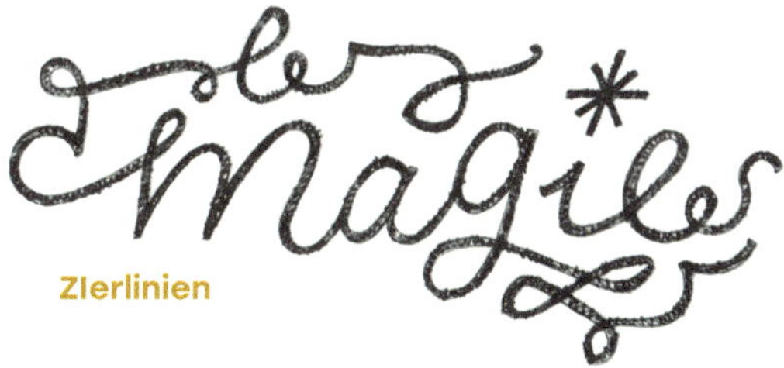

Zierlinien

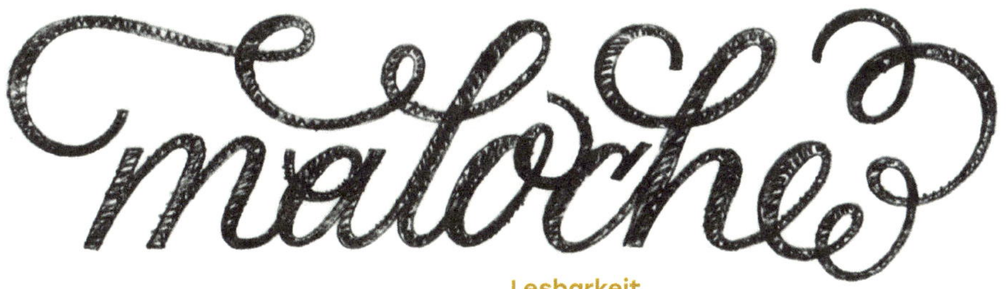

Lesbarkeit

*Reinzeichnung*

# Zielgerade

**In den Überarbeitungen auf Transparentpapier sind alle wesentlichen Entscheidungen getroffen, hinterfragt und korrigiert. Nun fehlt nur noch der letzte Schritt: die Reinzeichnung – schön schwarz, damit sie sich gut digital bearbeiten lässt, oder in Farbe, wenn es eine Originalzeichnung sein soll.**

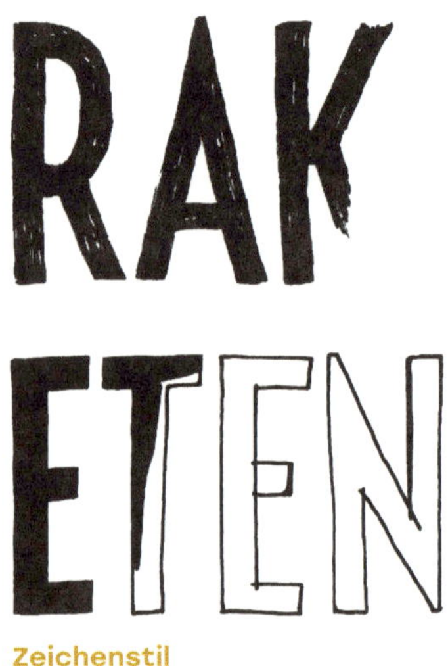


Zeichenstil

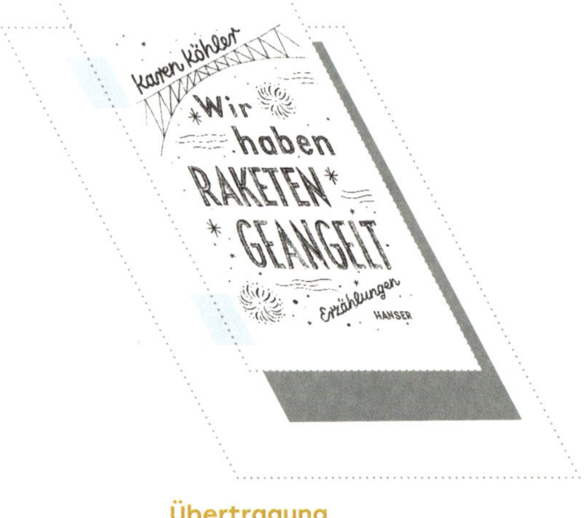


Übertragung

**Zeichenstil** Eine schwarz-weiße Reinzeichnung und ein sorgfältiger Scan erleichtern die digitale Bearbeitung. Dadurch vermeidet man weitgehend, die Zeichnung in Photoshop säubern zu müssen, um klare Konturen zu erhalten.

Für die Reinzeichnung kann man die Buchstabenformen mit einem Fineliner oder Marker mit kurzen, dichten Strichen aufbauen, ohne vorher die Konturen zu zeichnen. Am Beispiel **RAK** ist zu sehen, dass diese Zeichentechnik meist zu etwas ungleichenmäßigen Kanten führt, was ein stilistisches Element sein kann. Je nachdem, wie eng man die Striche setzt, haben die Buchstaben mehr oder weniger strukturierte Flächen.

Anders als für den Entwurfsprozess empfohlen, ist es genauso in Ordnung, zuerst mit einem Fineliner die Konturen zu ziehen und dann die Flächen mit einem breiteren Stift auszufüllen, so wie es **ETEN** zeigt. Statt Marker und Fineliner können Sie auch Feder, Tusche und Pinsel verwenden, das ist allerdings schmier- und tropfanfälliger.

Kurven lassen sich besser nachzeichnen, wenn man das Blatt mehrmals bewegt. Horizontale Serifen und Querstriche gelingen ebenfalls leichter, wenn man das Papier um 90 Grad dreht und sie als vertikale Linien zeichnet.

Kleine Fehler wie zu lange Linien oder unebene Kanten können Sie später digital korrigieren. Falls Ihnen exakte Formen wichtig sind, legen Sie die Reinzeichnung stark vergrößert an oder Sie schenken sie sich einfach und zeichnen Ihren Entwurf mit Vektoren nach.

Man muss nicht jeden Entwurf am Ende noch einmal ordentlich mit Fineliner nachzeichnen. Wenn der skizzenhafte Charakter erhalten bleiben soll oder man den Entwurf manuell vektorisieren will, genügt für die digitale Bearbeitung eine kräftige Bleistiftzeichnung.

**Übertragung** Die Reinzeichnung können Sie auf einem Transparentpapier vornehmen, das Sie über Ihren finalen Entwurf legen. Oder Sie übertragen den Entwurf mit wachsfreiem Transfer- oder Graphitpapier auf ein Zeichenpapier. Fixieren Sie ihn dazu an einer Seite mit zwei Streifen Klebeband auf dem Zeichenpapier. Dann legen Sie ein Transferpapier dazwischen und zeichnen die Konturen der Buchstaben nach. Statt Transferpapier zu verwenden, kann man auch die Rückseite des Entwurfs schwärzen, indem man mit der Bleistiftmine flach über das Papier reibt und so selbst eine Art Graphitpapier herstellt. Mit einem spitzen, harten Bleistift lässt sich das Lettering dann auf ein Zeichenpapier durchpausen.

erzähl

erzähl

Skalierung

1 RAKETEN

2 RAKETEN

3 RAKETEN

4 RAKETEN

5 RAKETEN

6 RAKETEN

Ausarbeitung

Entfernen Sie anschließend das Transparent- und das Transferpapier und zeichnen Sie den Entwurf mit Fineliner, Feder und Tusche oder einem Werkzeug Ihrer Wahl nach. Ist die Farbe getrocknet, radieren Sie die durchgepausten Linien mit einem Knetradiergummi weg.

**Skalierung** Manchmal ist es sinnvoll, den endgültigen Entwurf für die Reinzeichnung noch einmal größer zu kopieren, oder – falls Sie ihn digital bearbeitet haben – größer auszudrucken, selbst wenn Sie ihn bereits größer als das Endformat entwickelt haben. Zeichnen Sie die Buchstabenformen als schwarze Flächen, haben Sie in der Vergrößerung mehr Kontrolle über glatte Kanten und präzise definierte Ecken. Kleine Unebenheiten verschwinden hinterher durch die Verkleinerung.

Soll die Reinzeichnung eine Schraffur oder Struktur haben, hat die Größe der Zeichung einen Einfluss darauf, wie das Lettering am Ende wirkt. Die Effekte der Skalierung können als stilistisches Mittel dienen. Das Beispiel **erzähl** wurde einmal in ca. 3 Zentimeter Breite gezeichnet und einmal 15 Zentimeter breit. Oben sind beide Versionen in etwa 7 Zentimetern Breite abgebildet. Die obere Zeichnung ist um 110 Prozent vergrößert, die untere um die Hälfte verkleinert. Bei der vergrößerten kleinen Zeichnung sind die Striche fetter, die Form ist weicher und diffuser. Das verkleinerte Wort hat feinere Striche und wirkt kompakt und verdichtet.

**Ausarbeitung** Eine Reinzeichnung anzufertigen bedeutet nicht, einen finalisierten Entwurf nur stumpfsinnig abzupausen. Man kann auch in diesem letzten Schritt des analogen Entwurfsprozesses noch die Anmutung des Letterings beeinflussen, je nachdem, welches Werkzeug man verwendet. Die **RAKETEN** auf der rechten Seite zeigen einige Beispiele. Sie wurden mit folgenden Werkzeugen gezeichnet: **1** Bleistift, **2** Fineliner und Marker, **3** Pinselstift, **4** ausgetrocknetem Marker, **5** trockenem Pinselstift, **6** Fineliner und Marker. Beispiel **6** ist eigentlich eine Konturenzeichnung wie Nummer **2**, nur sind die Flächen der Buchstaben nicht vollständig ausgemalt. Der raue Licht- und-Schatten-Effekt entsteht dadurch, dass die Form nur grob an der linken und oberen Kontur mit breiten Strichen ausgefüllt ist.

Oberflächenstrukturen lassen sich auch später digital hinzufügen, mehr dazu in Kapitel 5 auf Seite 138.

Karen Köhler
Wir haben RAKETEN GEANGELT
Erzählungen
HANSER

Wir haben RAKETEN GEANGELT

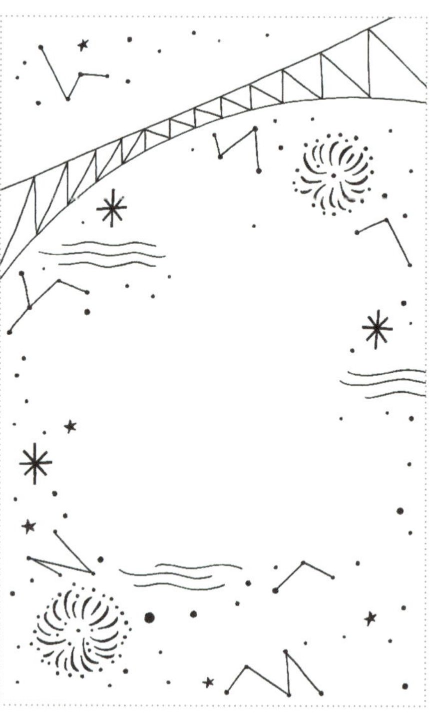

Farbvorlagen 1 2 3

**Farbvorlagen** Es gibt verschiedene Techniken, um einen Entwurf am Computer farbig zu gestalten. Will man mit einer reduzierten Farbpalette und überlappenden grafischen Formen arbeiten, bietet sich sowohl für Pixelbilder als auch für Vektorgrafiken das folgende Vorgehen an. Es erfordert zu Beginn etwas Planung, weil man weitestgehend vorab entscheidet, wie man die Farben einsetzen will, später erleichtert es aber die Arbeit.

Ausgehend vom finalen Entwurf zeichnet man alle Elemente, die am Ende dieselbe Farbe haben sollen, in Schwarz auf einen separaten Bogen Transparentpapier, so als würde man Vorlagen für einen mehrfarbigen Siebdruck erstellen. Diese Bögen scannt man ein, vereint sie als einzelne Ebenen in einem Dokument und stellt den Ebenenmodus jeweils auf „multiplizieren", sodass alle Teile zu sehen sind. Diese Arbeitsweise spart bei der Farbbearbeitung die Mühe, Elemente aus einer Gesamtzeichnung einzeln auszuwählen und zu isolieren, um sie einzufärben. In Kapitel 5, ab Seite 134, ist das Vorgehen Schritt für Schritt erklärt.

Abbildung **1** zeigt die Ebene für die Farbflächen der Buchstaben, **2** die Buchstabendekoration, die später negativ über die Flächen gelegt wird. Auf der Ebene **3** befinden sich alle Bildelemente für den Hintergrund. Sollen sie mehrfarbig sein, kann man mehrere Ebenen zeichnen oder sie nachträglich im Bildbearbeitungsprogramm auswählen und auf einzelne Ebenen verteilen – je nachdem, was weniger Arbeit macht. Auf der **4.** Ebene ist eine Schraffur gezeichnet, die der Fläche der Buchstaben Stuktur gibt. Auf der rechten Seite zeigt **5** die Ebenen in einem Dokument übereinander gelegt im Endformat von 12,8 x 20,8 Zentimetern, also ca. 20 Prozent kleiner als sie gezeichnet wurden. Die Deckkraft der Ebene mit den Buchstabenflächen ist hier um 50 Prozent reduziert, damit auch die Schraffur zu sehen ist.

Wenn man die einzelnen Ebenen sehr exakt zeichnet, passen sie anschließend im Bildbearbeitungsprogramm genau übereinander. Meistens sind jedoch Anpassungen nötig und man muss die einzelnen Elemente digital ein wenig zurechtrücken. Auch lassen sich manche Fehler und Unwuchten durch den geringeren Kontrast der Grautöne von Bleistiftstrichen und Transparentpapier nicht erkennen und werden erst sichtbar, wenn die Zeichnung in reinem Schwarz-Weiß vorliegt. Dann sind Feinjustierungen der Reinzeichnung erforderlich. Es kann aber auch interessant sein, gerade nicht alles ganz genau auszurichten.

4

**Originalzeichnungen** Soll ein Entwurf nicht digitalisiert, sondern als Originalzeichnung verwendet werden, überträgt man den finalen Entwurf wie auf der vorigen Doppelseite beschrieben mit Transferpapier auf ein Zeichenpapier. Darauf erstellt man die Reinzeichnung.

Als Untergrund eignet sich nicht nur festes Papier, sondern jede mehr oder weniger glatte, beschreibbare Oberfläche. Abhängig davon, worauf Sie ihren Entwurf übertragen, müssen Sie für die Zeichnung entsprechende Stifte oder Farben verwenden. Bei Originalzeichnungen sind Sie freier in der Farbwahl und müssen nicht schwarz-weiß arbeiten.

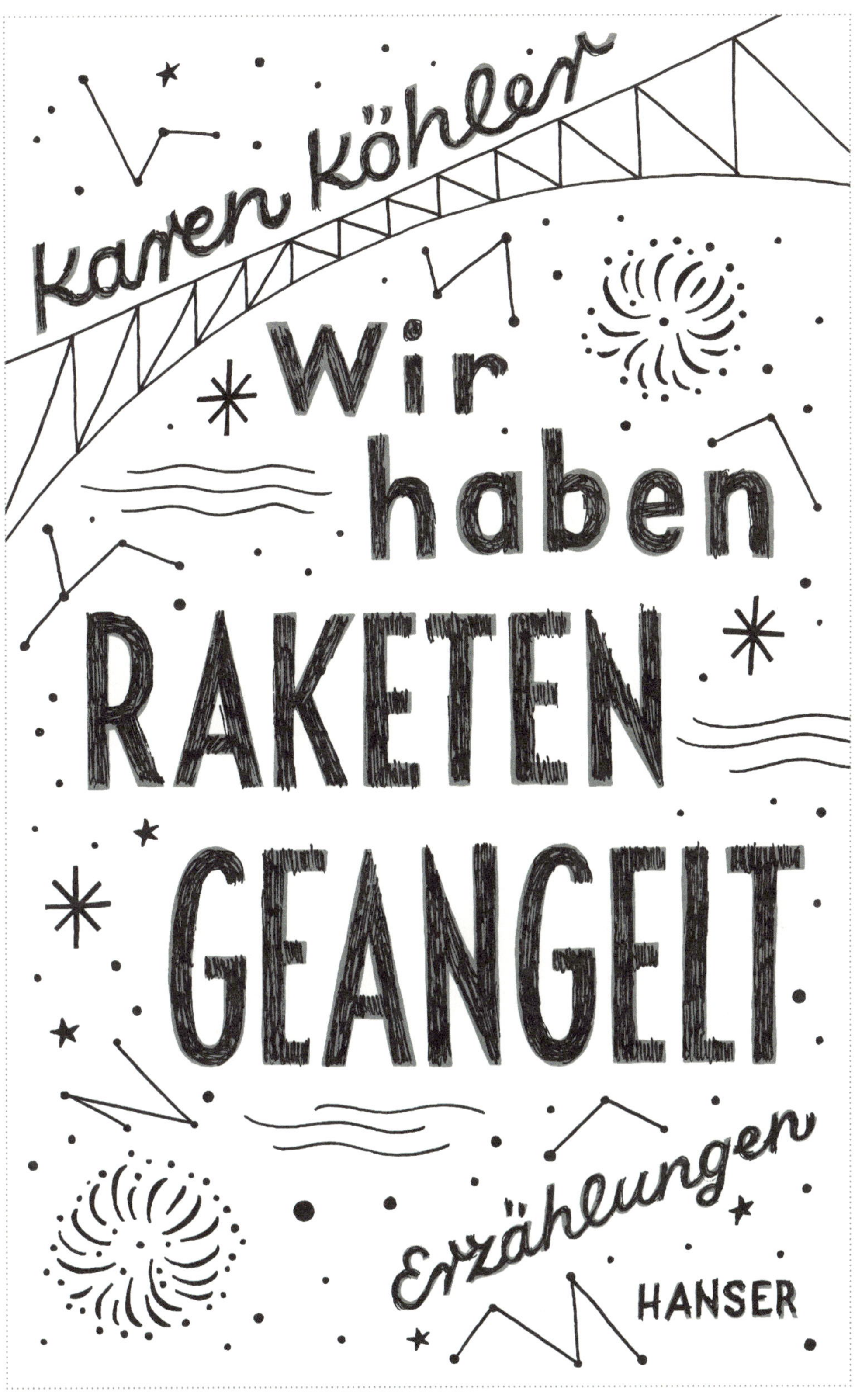


5

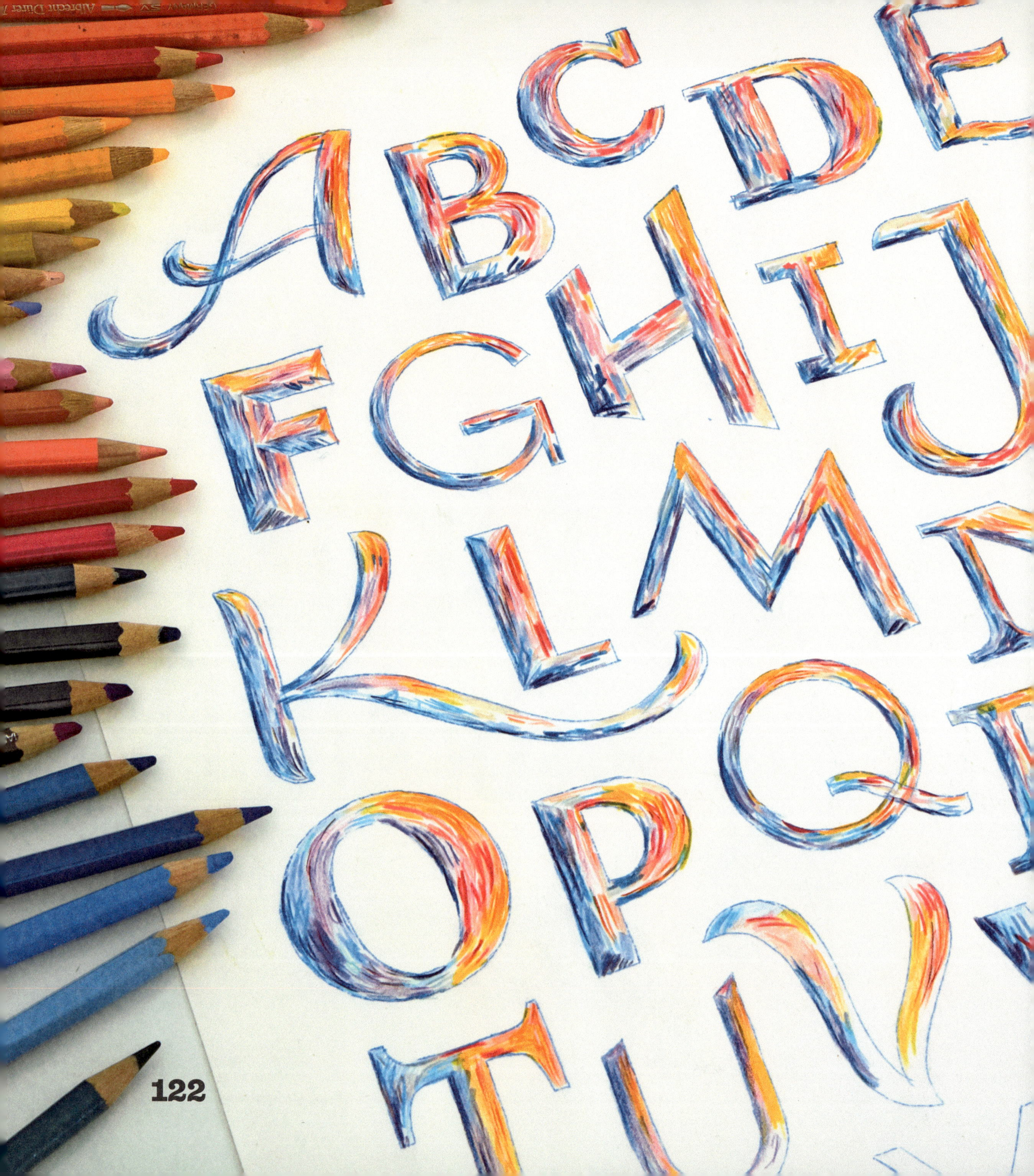
ABCD
FGHIJ
KLM
OPQ
TUV

*Übung Variation*

# Hellbox

**In die *hellbox* warfen englischsprachige Buchdrucker die Lettern, die beschädigt waren oder noch sortiert werden mussten. Die typografische Hölle in diesem Kasten sei Ihnen Inspiration für die folgende Übung: Zeichnen Sie ein Alphabet mit so vielen verschiedenen Schriftstilen und Dekorationen wie möglich.**

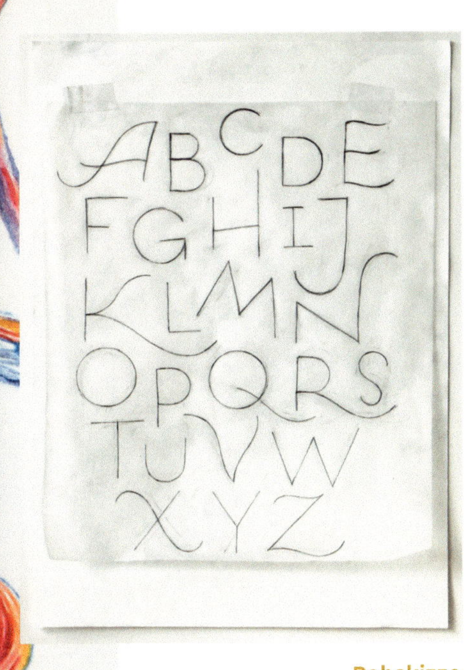


Rohskizze

Entwurf

## Material

- **Papier**, **Transparentpapier**, **Transferpapier** und festes **Zeichenpapier**
- **Bleistift**, **Radiergummi**, **Lineal**, **Klebeband**
- **Buntstifte** oder andere **Farbstifte**

## Vorgehen

**Rohskizze** Wählen Sie ein Format und zeichnen Sie Ihr Alphabet in Originalgröße auf ein entsprechendes Papier. Verteilen Sie die Buchstaben zunächst mit einfachen, schnellen Strichen. Entweder Sie zeichnen von oben nach unten und links nach rechts oder bunt durcheinander, indem Sie zuerst einige größere Buchstaben auf dem Blatt verteilen und den Raum dazwischen nach und nach mit mittelgroßen und kleinen Buchstaben füllen. In diesem Schritt geht es nur um die ungefähre Größe und Verteilung der Buchstaben. Entscheidungen über den Schriftstil, Strichstärken und alles Weitere folgen erst in den nächsten Schritten.

**Entwurf** Legen Sie ein Blatt Transparentpapier über die erste Skizze und beginnen Sie, zuerst das Volumen der Buchstaben mit Schraffuren festzulegen und dann ihre Formen mit Konturen zu bestimmen. Entscheiden Sie dabei, welche Buchstaben welche Schriftstile haben sollen. Falls Ihnen schon beim **E** die Ideen ausgehen, recherchieren Sie noch einmal gezielt – in Büchern, im Internet, im Supermarkt oder bei einem Spaziergang. Auch das Dekorationen-Alphabet auf Seite 34 und der Abschnitt **Schriftklassen** ab Seite 47 geben Anregungen.

**Überarbeitung** In den nächsten Überarbeitungsschritten korrigieren Sie die Platzierung der Buchstaben und ihre Formen und fügen Dekorationen und Details hinzu. Überlegen Sie dabei auch, welche Farben Sie verwenden wollen und wie Sie sie auf dem Blatt verteilen.

**Reinzeichnung** Da das Ergebnis dieser Übung keine Vorlage zum Digitalisieren sein soll, sondern ein farbiges, analoges Bild, übertragen Sie den finalen Entwurf für die Reinzeichnung auf festes Zeichenpapier. Dazu fixieren Sie ihn an einer Seite mit einem sanften Klebeband auf dem Papier und schieben ein Blatt Transferpapier dazwischen. Dann pausen Sie den Entwurf durch und zeichnen ihn anschließend mit farbigen Stiften zu Ende. Das Schöne ist: Falls die Zeichnung nichts wird, können Sie den Entwurf einfach noch einmal übertragen und es erneut versuchen.

*Übung Komposition*

# Uhhh, shopping!

**Früher gehörten sie in jeden gut geführten Haushalt: Merktafeln für den Einkauf. Heute fehlen „Ata", „iMi" und „Herdputz" niemandem mehr, aber wenn man sie begrifflich etwas aktualisiert, ist so eine Tafel immer noch praktisch – und *so* dekorativ!**

## Material

- **Papier** und **Transparentpapier**
- **Bleistift**, **Radiergummi**, **Lineal**
- **Kreidetafel**, alternativ eine **Pappe** oder ein **Holzbrett** und **Tafelfarbe**
- weißes **Transferpapier**
- klassische **Tafelkreide**, weiße und bunte **Kreide**- oder **Pastellstifte** oder **Flüssigkreide-Stifte**
- ein feuchtes **Tuch**
- **Sprühfilm** (Firnis)

## Vorgehen

**Tafel** Mit Tafelfarbe aus dem Baumarkt oder dem Künstlerbedarf können Sie einen Untergrund Ihrer Wahl zur Tafel machen. Die Tafelfarbe sollte aus Acryl und auf Wasserbasis sein, kein lösungsmittelhaltiger Tafellack, sodass Sie Ihr Werk zum Schluss mit einer Firnis versehen können, die weder die Kreidebeschriftung anlöst noch chemisch mit der Tafelfarbe reagiert. Meist braucht es zwei Anstriche und am Ende ist es eventuell nötig, die Oberfläche mit Sandpapier etwas glattzuschleifen. Falls Sie weniger baumarktaffin sind, kaufen Sie in einem Schreibwaren- und Künstlerbedarfsladen oder einem Einrichtungsgeschäft einfach eine gebrauchsfertige Tafel.

**Entwurf** Haben Sie sich für ein Format und einen Text entschieden, zeichnen Sie einen entsprechenden Entwurf und überarbeiten Sie ihn mit den Schritten, die Sie in diesem Kapitel gelernt haben. Wenn Sie farbige Kreiden verwenden möchten, planen Sie sie mit ein.

**Materialprobe** Machen Sie mit Ihren Kreiden oder Stiften eine Materialprobe auf der Tafel. Dadurch bekommen Sie ein Gefühl dafür, wie die Stifte auf der Oberfläche funktionieren.

**Übertragung** Mit weißem Transferpapier wird die Reinzeichnung auf die Tafel übertragen. Die Linien lassen sich einfach überzeichnen oder am Ende wegradieren.

**Reinzeichung** Nun zeichnen Sie Ihren Entwurf auf der Tafel nach. Je nachdem, wie kleinteilig Ihre Zeichnung ist, verwenden Sie dazu klassische Schulkreide, Kreide- oder Pastellstifte oder Kreidemarker. Beginnen Sie oben links und arbeiten Sie sich nach unten rechts vor (falls Sie mit der linken Hand arbeiten, umgekehrt). Fehler können Sie leicht mit einem feuchten Tuch korrigieren. Ein Blatt Papier unter der Zeichenhand verhindert, dass bereits Geschriebenes beim Ausbessern verwischt.

**Finish** Wollen Sie Ihre Tafel immer mal wieder neu beschriften, lassen Sie sie unversiegelt. Sonst schützen Sie Ihre Zeichnung mit einem Sprühfilm für Öl- und Acrylfarben.

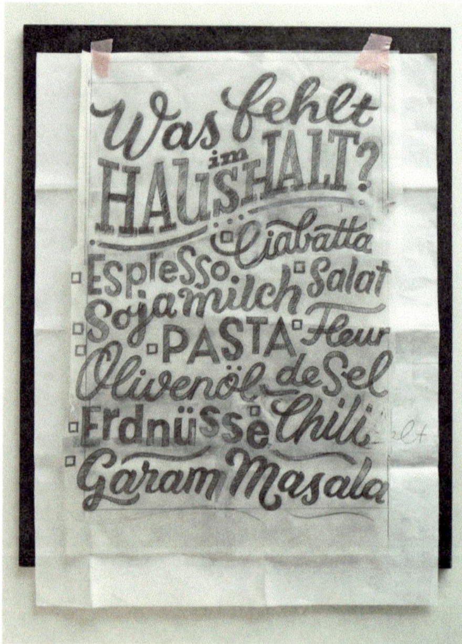


Reinzeichnung

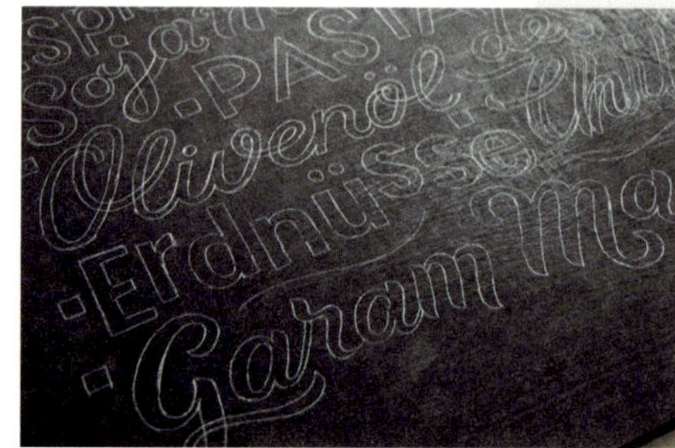


Übertragung

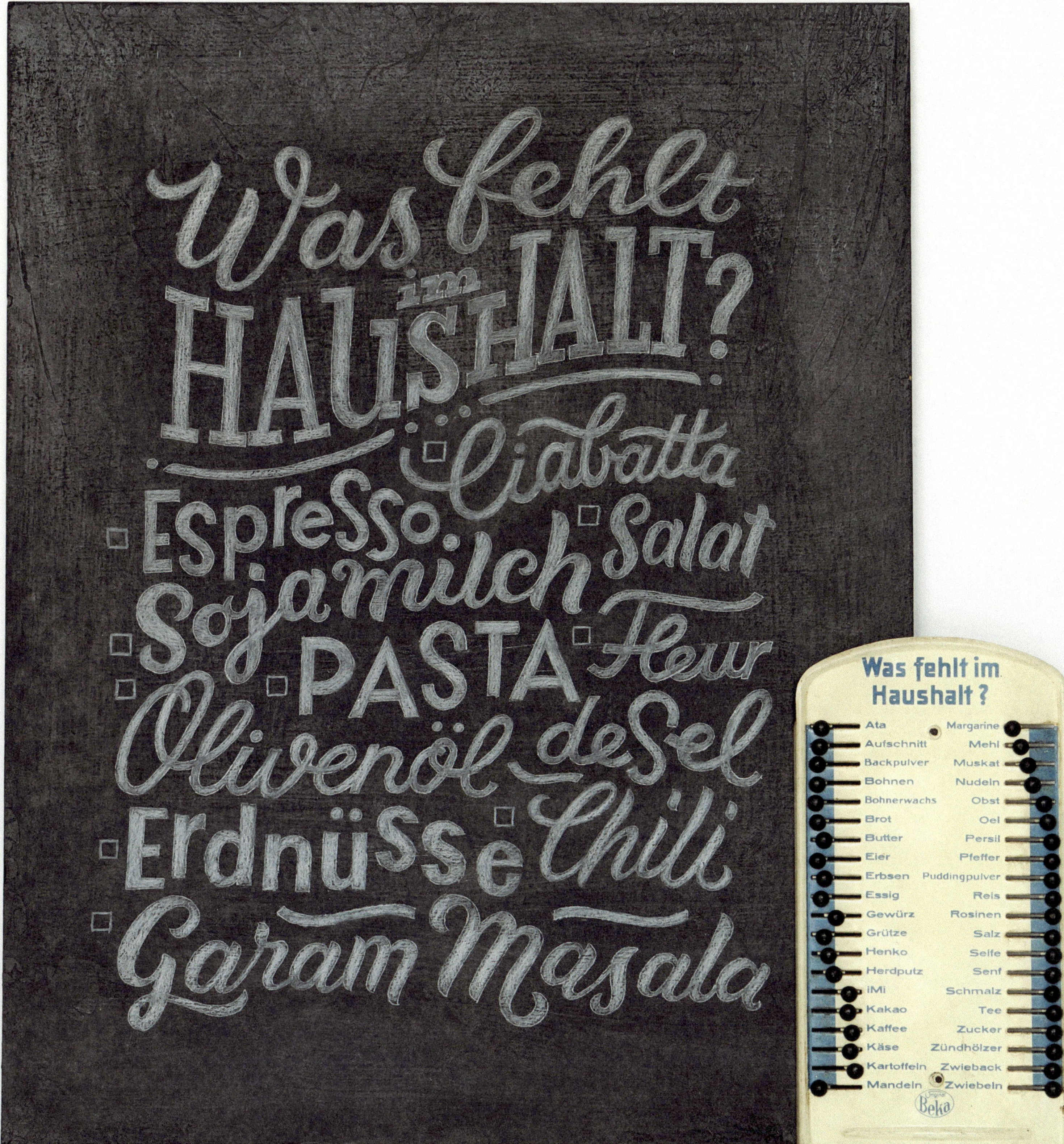
Was fehlt im HAUSHALT?
Ciabatta
Espresso
Salat
Sojamilch
PASTA
Fleur
Olivenöl
de Sel
Erdnüsse
Chili
Garam Masala
Was fehlt im Haushalt?
Ata
Aufschnitt
Backpulver
Bohnen
Bohnerwachs
Brot
Butter
Eier
Erbsen
Essig
Gewürz
Grütze
Henko
Herdputz
IMi
Kakao
Kaffee
Käse
Kartoffeln
Mandeln
Margarine
Mehl
Muskat
Nudeln
Obst
Oel
Persil
Pfeffer
Puddingpulver
Reis
Rosinen
Salz
Seife
Senf
Schmalz
Tee
Zucker
Zündhölzer
Zwieback
Zwiebeln
Beka

*Praxisbeispiel*

# Mahlzeit!

**Mit der Zeichentechnik auf Transparentpapier kann man auch komplexe Texte illustrativ in Form bringen – das sei hier an einem Magazincover demonstriert. Die Arbeitsschritte bleiben gleich, man muss nur den Überblick behalten und in einem Format arbeiten, in dem sich auch kleine Schriftgrößen noch zeichnen lassen.**

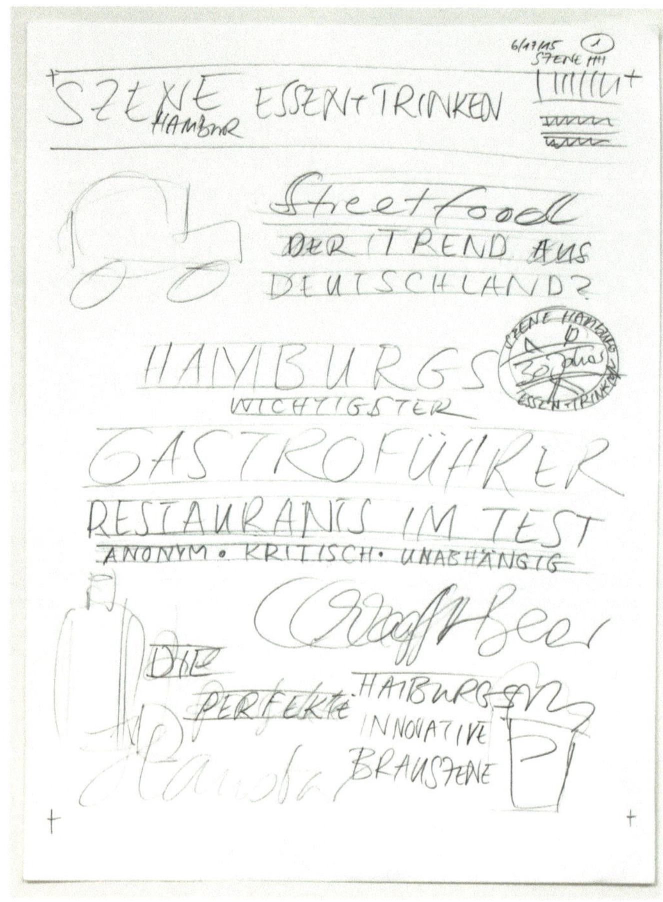


Rohskizze

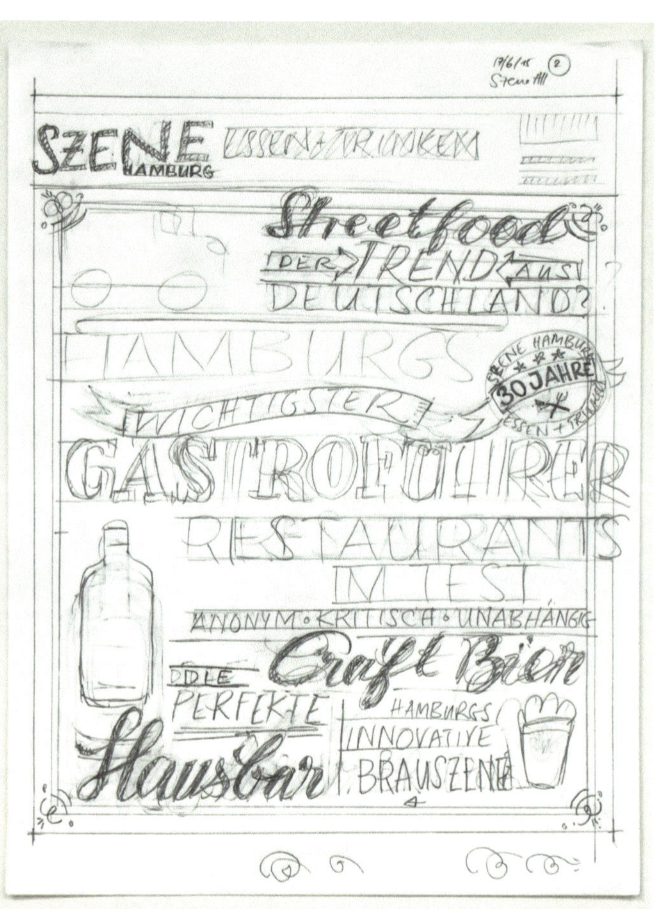


1. Entwurf

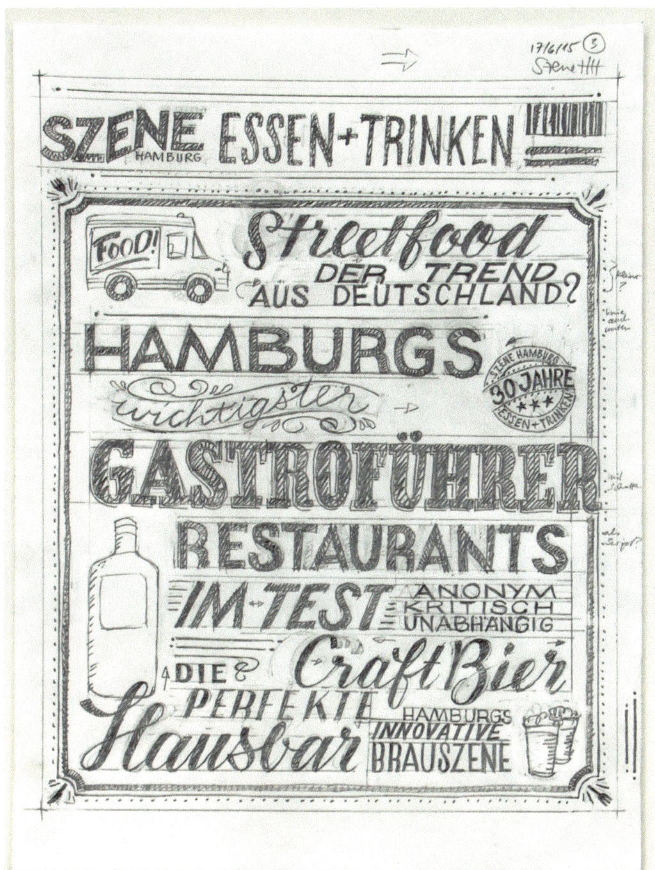


Überarbeitung

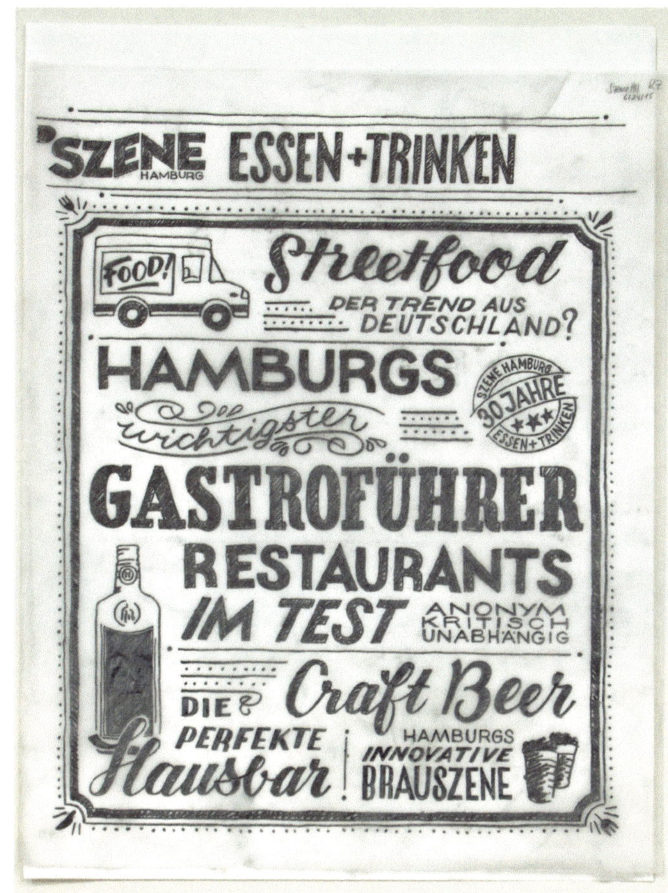


Reinzeichnung

**Vorarbeit** Das Cover des jährlichen Restaurantführers *SZENE Hamburg Essen + Trinken* sollte im Chalkboard-Lettering-Look illustriert werden. Der Text dafür war vielschichtig: Ein Block mit Logo und Hefttitel, der Titel der Ausgabe mit zwei Unterzeilen, drei Titelthemen mit Untertiteln, dazu mehrere Bildelemente.

In diesem Fall wurden keine Thumbnail-Skizzen gezeichnet, sondern der Text schreibend gegliedert und dann direkt in einem vergrößerten Format skizziert. Die Größe des Hefts entspricht ungefähr DIN A4; um mehr Spielraum bei den kleinen Schriftgrößen zu haben, ist die Zeichnung etwa ein Drittel größer.

**Rohskizze** So locker und schnell sie auch gezeichnet ist, in der ersten Skizze sind bereits viele wesentliche Entscheidungen über Schriftstile, Größenverhältnisse und Layout getroffen.

**1. Entwurf** Im nächsten Schritt werden diese Entscheidungen konkretisiert und die Schriftformen und ihre Anordnung weiter definiert. Hilfslinien per Lineal helfen bei der waagerechten Ausrichtung der Zeilen.

**Überarbeitung** In der Überarbeitung nehmen die Elemente weiter ihre Form und Platzierung an. Das Wichtigste ist am größten gezeichnet und Gleiches wird gleich behandelt, wie zum Beispiel die drei Titelthemen in Schreibschrift.

Zwischen der 2. Überarbeitung und der Reinzeichnung liegt ein Durchgang am Computer, bei dem die Elemente der gescannten Zeichnung in Photoshop zurechtgerückt und Feinheiten bei den Abständen korrigiert werden.

**Reinzeichnung** Auf einem Ausdruck der korrigierten 2. Überarbeitung folgt die Reinzeichnung. So erhalten die Striche eine einheitliche Stärke und den gleichen Duktus. Die Reinzeichnung wird gescannt, in Photoshop gesäubert und für den Kreidelook invertiert, sodass schwarze und weiße Flächen vertauscht sind. Das fertige Cover ist in der Galerie auf der folgenden Doppelseite zu sehen.

*Galerie*

# Illustrative Schrift

**Gezeichnete Schrift lebt sowohl von ihren einzigartigen, ausdrucksvollen Buchstabenformen und Kompositionen als auch oft vom sichtbaren Strich des Stifts. Formen, Komposition und Duktus zeigen, dass eine Hand am Werk war, um für diesen einen Zweck genau die richtige Anmutung zu schaffen.**

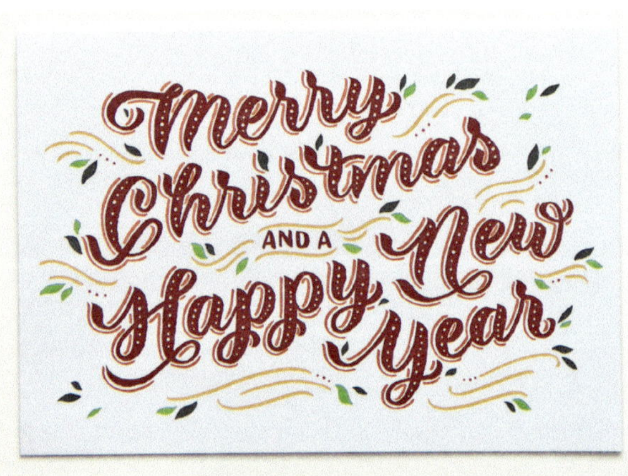


**Ornamental** Die guten Wünsche sehen aus wie mit dem Pinsel geschrieben, sie sind aber gezeichnet – ganz festlich mit vielen Schwüngen. G.W.A. Westphal Tee, 2015.

**Flow** Von statischen Serifenlosen umgeben, setzt das fließende „Meer“ einen Akzent. Die skizzenhafte Struktur und die lockere Verteilung der Textinseln unterstreichen die luftige Anmutung des Umschlags für eine literarische Anthologie.
Arche Literatur Verlag, 2016.

**Kombiniert** Auf dem Jugendbuchcover wiederholen die Schwünge der Schreibschrift die runden Formen der serifenlosen Buchstaben, trotzdem bilden sie einen deutlichen Kontrast.
Summer Girls Band 1,
Carlsen Verlag, 2016.

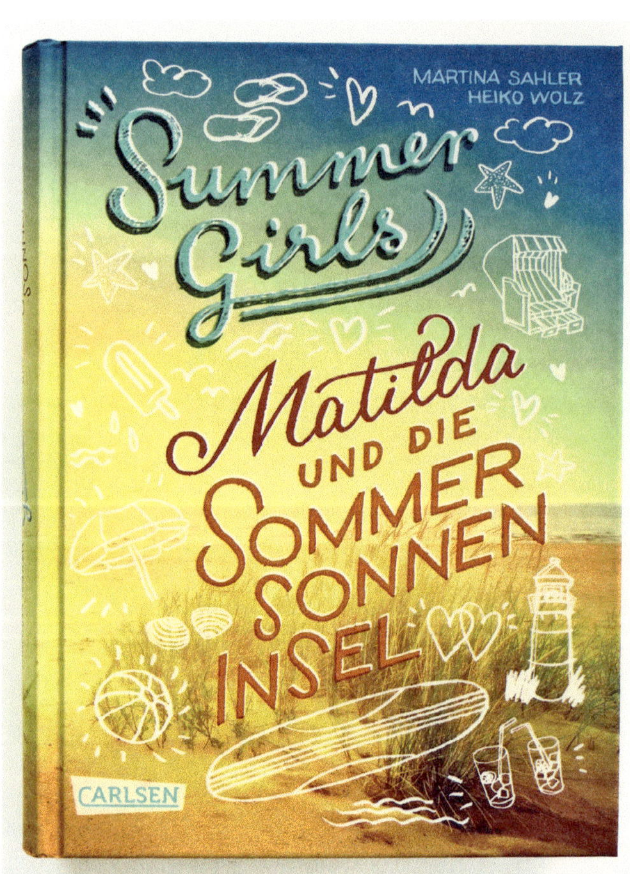

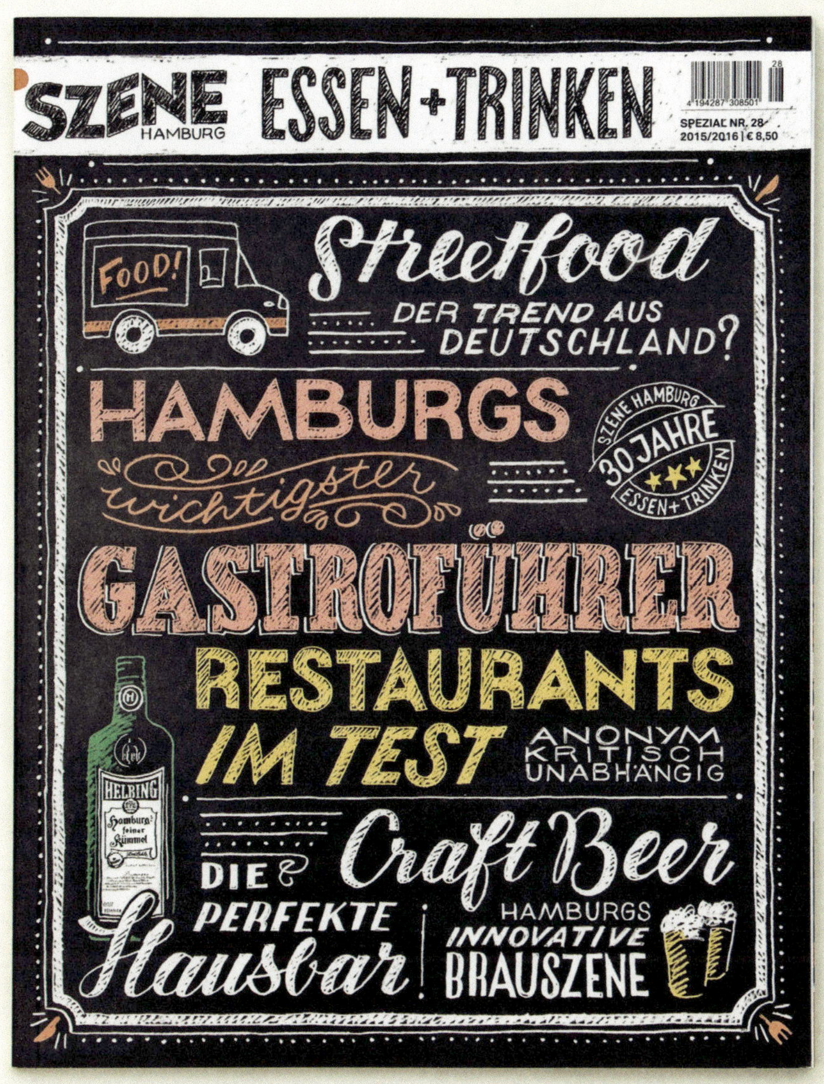


**Vielschichtig** Auf dem vollgepackten Magazincover grenzen Schriftstile und Kolorierung die Textebenen voneinander ab und lenken so den Blick. SZENE Hamburg Essen + Trinken, 2015.

**Einfach** Schlichte Sticker im Kreidetafel-Look, der in der Gastronomie so beliebt ist – wie passend für das Food Special der Zeitschrift FLOW. FLOW Food Special, 2016.

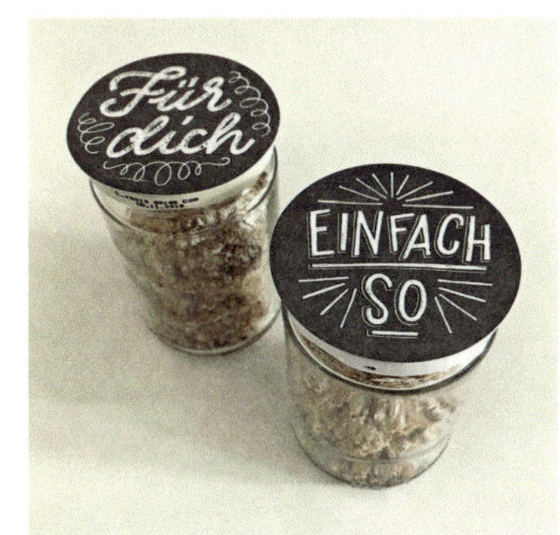


**Geschwungen** Auf dem Flyer für das Nachbarschaftsfest schreiten schlanke Versalien den grünen Venusberg hinauf. Weil unten die Elbe ist und oben die Sonne, lässt sich ausnahmsweise auch der Farbverlauf inhaltlich begründen. Venusbergfest, 2016.

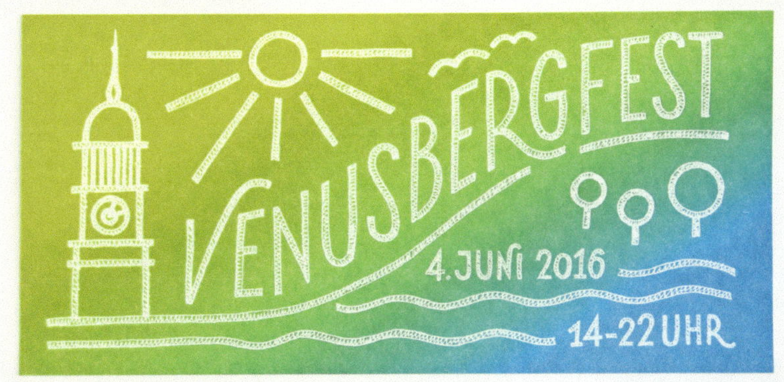

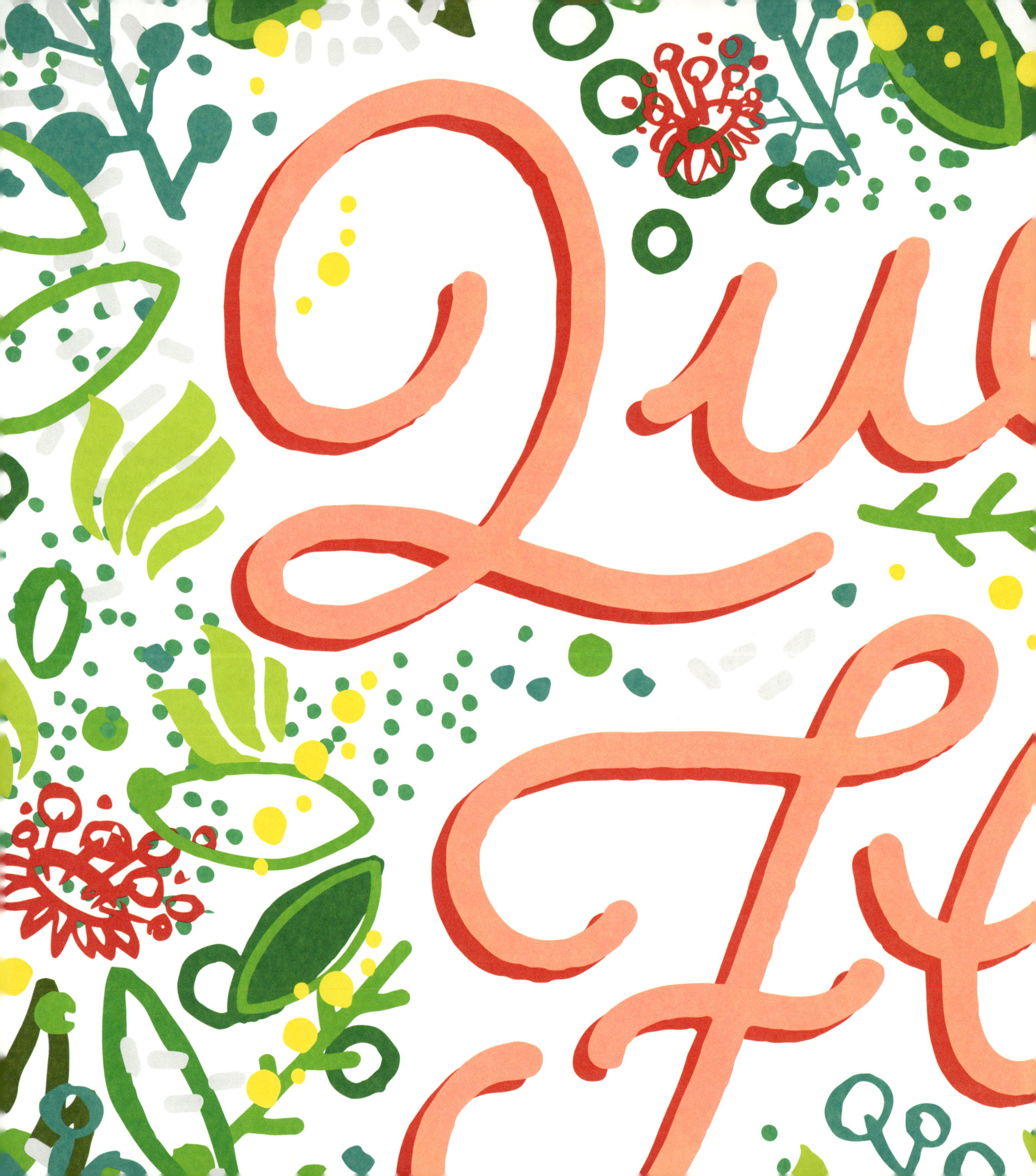

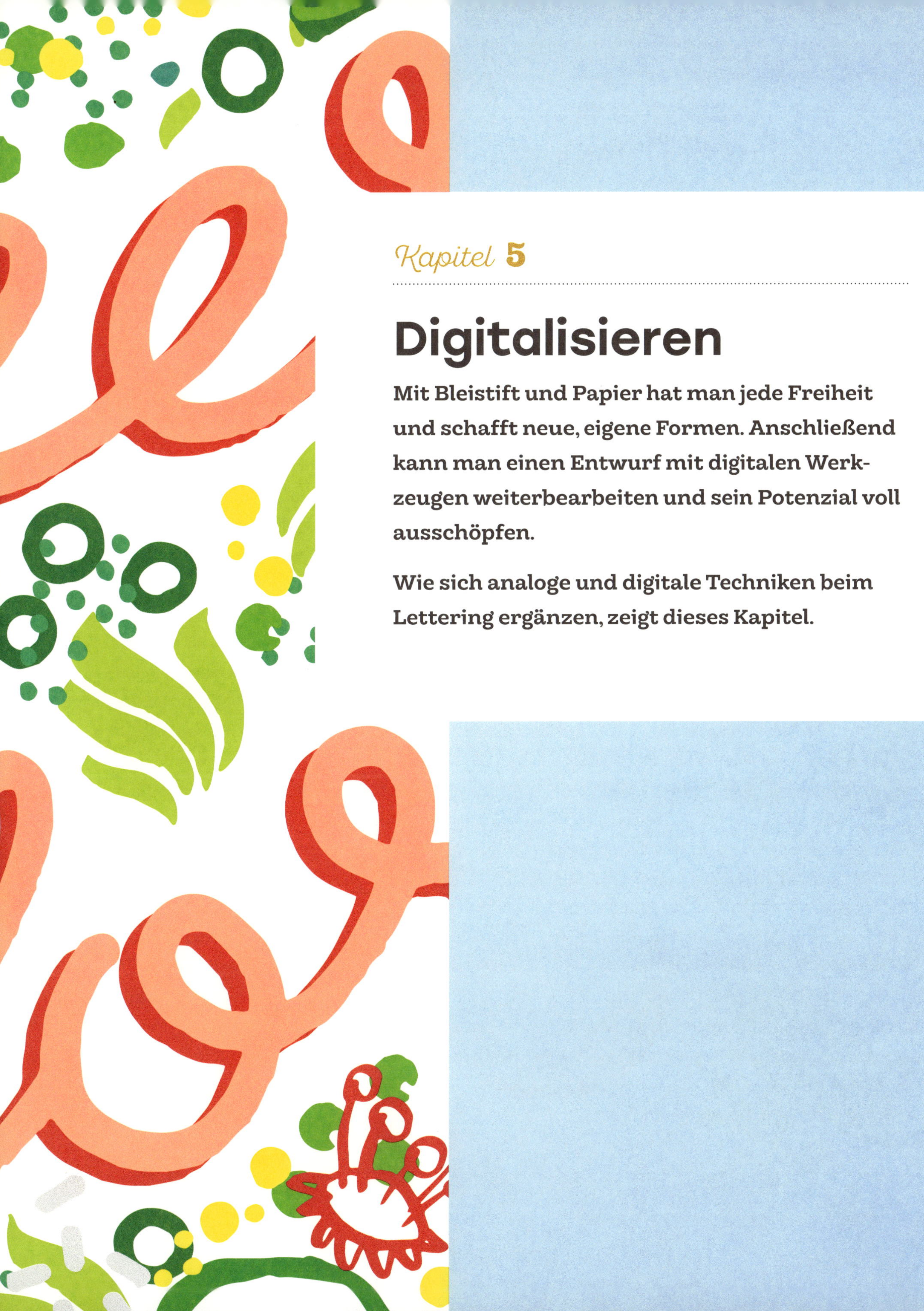

Kapitel **5**

# Digitalisieren

**Mit Bleistift und Papier hat man jede Freiheit und schafft neue, eigene Formen. Anschließend kann man einen Entwurf mit digitalen Werkzeugen weiterbearbeiten und sein Potenzial voll ausschöpfen.**

**Wie sich analoge und digitale Techniken beim Lettering ergänzen, zeigt dieses Kapitel.**

*Intro*

# Werkzeugkasten

**Viele beginnen mit dem Handlettering, weil sie den ganzen Tag am Rechner sitzen und endlich mal wieder etwas Analoges machen wollen. Doch die digitalen Werkzeuge sind eine hervorragende Ergänzung zu Bleistift und Papier – und die Hände braucht man dafür ja auch.**

Wie gut, dass es Computer gibt! Es spricht zwar vieles dafür, auf Papier zu zeichnen, aber die Möglichkeiten der digitalen Weiterbearbeitung analoger Werke möchte wohl niemand missen. Die digitalen Mittel machen den Lettering-Werkzeugkasten erst komplett, weil sie Arbeitsschritte vereinfachen, die man auch analog umsetzen könnte, aber oft nur mit viel mehr Aufwand und handwerklichem Können. Außerdem wirken sie stressmindernd, denn man kann Entscheidungen schnell wieder rückgängig machen und ohne Reue herumprobieren.

Nach dem Digitalisieren einer Zeichnung durch Scan oder Foto gibt es zwei Arten, sie weiterzugestalten: als Pixelbild oder als Vektorgrafik. Welche die geeignete ist, hängt von der Art des Entwurfs ab und davon, was damit geschehen soll. Ein Entwurf mit Bleistift- oder aquarellierter Tintenstruktur lässt sich am besten in pixelbasierten Bildbearbeitungsprogrammen wie Adobe Photoshop weiterentwickeln. Für ein Lettering, das genau definierte Konturen haben und skalierbar sein soll, wie zum Beispiel ein Logoschriftzug, eignet sich ein Vektorzeichenprogramm wie Adobe Illustrator besser. Vektorformen lassen sich auch farblich besonders flexibel bearbeiten. Vektorisieren kann man eine gescannte Zeichnung mit der automatischen Bildnachzeichner-Funktion oder manuell mit dem Zeichenstift-Werkzeug. Die automatische Vektorisierung ist eine Option, wenn man ein skalierbares Design braucht, flächige Farben verwenden will und etwas raue, unbearbeitete Kanten gewünscht oder unproblematisch sind. Die Konturen eines automatisch vektorisierten Entwurfs nachträglich zu glätten, ist dagegen mühsam. Wollen Sie glatte, klare Kanten, nutzen Sie den Scan lieber als Vorlage zum manuellen Nachzeichnen. Das digitale Zeichnen scheint anfangs zwar aufwendig, aber mit etwas Übung geht es gut von der Hand.

Dieses Kapitel gibt Tipps speziell für die digitale Bearbeitung von analogem Lettering. Dafür sind grundlegende Softwarekenntnisse die Voraussetzung. Falls Sie mit den Grafikprogrammen überhaupt nicht vertraut sind, finden Sie im Internet zahlreiche gute Tutorials. Die Hinweise in diesem Kapitel beziehen sich auf Adobe Photoshop und Adobe Illustrator. Die Programme von Adobe sind am bekanntesten, es existieren aber kostenlose Alternativen, Hinweise dazu finden Sie in der Materialliste auf Seite 23.

*Scannen*

# Punkt, Punkt, Punkt

**Wenn im analogen Entwurfsprozess alle Entscheidungen getroffen sind, ist ein Scan oder ein Foto der erste Schritt zum digitalen Arbeiten. Da es sich bei den Entwürfen meist um Bleistift- oder Schwarz-Weiß-Zeichnungen handelt, ist das Scannen unkompliziert, die Farbe wird erst später hinzugefügt.**

**Auswahl** Hat man einen Schriftzug viele Male geschrieben oder mehrere Versionen gezeichnet, verliert man leicht den Überblick. Daher ist es sinnvoll, vor dem Scannen auf den Blättern zu markieren, welchen der Schriftzüge man bearbeiten will. Dann muss man später nicht lange überlegen.

**Digitalisieren** Zum Scannen eines Entwurfs eignet sich ein gewöhnlicher Flachbettscanner. Scannen Sie Ihre Skizzen oder die schwarz-weißen Reinzeichungen bei einer Auflösung von 600 dpi. Zum Drucken genügen zwar auch 300 dpi, aber mit 600 dpi hat man etwas Spielraum bei der Größe der Zeichnung und kann sie, wenn nötig, auf ein größeres Format umrechnen. Legt man das Endformat auf 300 dpi an und verkleinert den Scan entsprechend, verschwinden außerdem leichte Unebenheiten an den Kanten der Zeichnung. Als tiff-Datei und nicht als .jpg gespeichert, erleidet der Scan keine Datenverluste.

Meist genügt ein Scan in Graustufen mit 8-Bit-Farbtiefe. Eine Bleistift- oder Finelinerzeichnung in Farbe zu scannen, vergrößert die Datei nur unnötig, bei einem Scan als rein schwarz-weiße Bitmap gehen zu viele Details verloren.

Um eine Zeichnung in einem entsprechenden Programm zu bearbeiten, sollte sie mit möglichst wenig Einstellungen gescannt werden. Helligkeit und Kontrast korrigiert man anschließend. Wollen Sie die Zeichnung vektorisieren, können Sie jedoch schon beim Scannen Korrekturen vornehmen, dann müssen Sie die Datei nicht in Photoshop bearbeiten, sondern können sie direkt in Illustrator öffnen.

Um einen Entwurf zu digitalisieren, der in einem Vektorgrafikprogramm nachgezeichnet werden soll, geht es aber auch ganz ohne Scanner. Scan Apps wie Scanner Pro und sogar mit ausreichendem Licht aufgenommene Handyfotos liefern eine Bildqualität, die für Vorlagen zum Nachzeichnen ausreicht. Verstärkt man Helligkeit und Kontraste, eignet sich ein Foto sowohl zum automatischen Vektorisieren mit der Bildnachzeichnerfunktion als auch zum manuellen Nachzeichnen mit Zeichenstift. Beide Verfahren sind ab Seite 139 erläutert.

**Bildarten** Ein Scan oder ein Foto von einer analogen Zeichnung ist ein Pixelbild, es besteht aus einzelnen Bildpunkten. Sie können es als Pixelbild weiterbearbeiten oder das Bild vektorisieren, je nachdem, wofür Sie es verwenden wollen. Der wichtigste Unterschied zwischen den beiden Bildarten ist ihre Skalierbarkeit: Pixelbilder bestehen aus einem Raster mit einer festen Anzahl von Bildpunkten, zum Beispiel 300 Punkte pro Inch (also Zoll) – oder 300 dpi. Man kann sie nicht wesentlich vergrößern, ohne dass sie dabei an Qualität verlieren. Vektorgrafiken dagegen werden mit Bézierkurven dargestellt, also mit geometrischen Linien und Kurven, die zwischen jeweils zwei Punkten in einem Koordinatensystem berechnet werden. Sie sind auflösungsunabhängig skalierbar, da sie bei einer Vergrößerung einfach neu berechnet werden.

# Pixel schubsen

**Einige Schritte bleiben immer gleich, aber es gibt viele Arten, Lettering digital zu bearbeiten. Auch wenn Sie schon eine eigene Arbeitsweise haben, probieren Sie die folgenden einmal aus und passen Sie sie an Ihre Gewohnheiten an.**

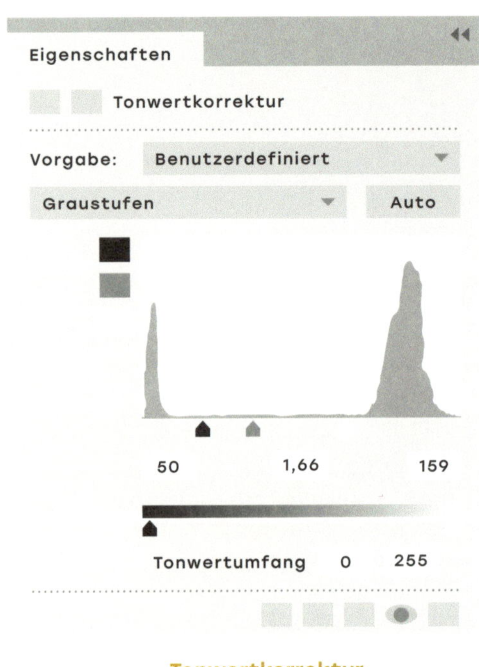


Tonwertkorrektur

## Scan-Bearbeitung

Um einen Entwurf als Pixelbild weiterzubearbeiten, öffnet man den Scan in einem Bildbearbeitungsprogramm wie Photoshop. Machen Sie als Erstes eine Kopie der Hintergrundebene, so behalten Sie für alle Fälle eine unbearbeitete Version des Scans.

**Tonwertkorrektur** Da die Zeichnung roh und ohne Anpassungen gescannt wurde, sind die weißen Flächen wahrscheinlich nicht weiß, sondern grau. Sorgen Sie deshalb zunächst für ein kontrastreiches Schwarz-Weiß-Bild mit wenig Graustufen. Dazu passen Sie die Tonwerte an und bestimmen so die hellsten und die dunkelsten Punkte im Bild. Nehmen Sie alle Anpassungen auf separaten Einstellungsebenen und nicht im Scan direkt vor, so können Sie sie jederzeit noch einmal ändern.

Legen Sie mithilfe des Ebenenmenüs eine Einstellungsebene für die Tonwertkorrektur an. In den Eigenschaften der Ebene ziehen Sie, wie links abgebildet, den schwarzen und den weißen Regler unter den Kurven von außen zur Mitte, sodass die hellen Bereiche heller und die dunklen dunkler werden. Halten Sie dabei die Alt-Taste gedrückt, wird sichtbar, welche Bereiche durch die Korrekturen ganz schwarz bzw. ganz weiß sind. Zoomen Sie das Bild auf 100 Prozent heran, um zu sehen, wie sich die Veränderungen der Tonwerte an den Kanten der Zeichnungen auswirken. Behalten Sie aber auch den Gesamteindruck im Blick.

**Gradationskurven** Die Tonwertkorrektur blendet den Farbton des Papiers und helle Schlieren und Radierspuren aus. Außerdem verschwinden hellere Stellen in der Schraffur oder Tuschezeichnung. Wenn nötig, können Anpassungen der Gradationskurve die Kontraste weiter verstärken oder zu helle Bildteile wieder etwas kräftiger erscheinen lassen.

Legen Sie auch für die Gradationskurven eine Einstellungsebene an. Eine leicht S-förmige Gradationskurve wie rechts abgebildet erhöht die Kontraste und lässt das Bild „knackiger“ wirken.

**Säubern** Nach dem Anpassen der Kontraste säubern Sie die Zeichnung auf der Kopie der Hintergrundebene. Bei einer Vergrößerung von 100 Prozent entfernen Sie eventuelle Verschmutzungen im Bild und glätten die Kanten der Buchstaben wo nötig. Verlieren Sie sich aber nicht zu sehr in Details, das Handgemachte, Ungleichmäßige macht ja gerade den Charme aus! Am Schluss kopieren Sie die gesäuberte Hintergrundkopie und die Bearbeitungsebenen zu einer neuen Ebene zusammen.

**Übersicht** Für den schnellen Überblick die Arbeitsschritte der Scan-Bearbeitung noch einmal als Liste:

1. Scan öffnen
2. Hintergrundebene kopieren
3. Tonwerte korrigieren
4. Gradationskurven anpassen
5. Zeichnung säubern, Ebenen zu neuer Ebene zusammenfügen

## Farbbearbeitung

**Farbwahl** Sie können die Farben für Ihr Bild spontan wählen und mischen oder Sie stellen vorab eine Palette zusammen und legen die Farben als Farbfelder an, aus denen sie dann nur noch auszuwählen brauchen.

Eine Möglichkeit besteht darin, Farben aus Fotos oder anderen Bildern zusammenzustellen, wie rechts im Beispiel. Sammeln Sie dazu Abbildungen, deren Farbigkeit Ihnen gefällt, sodass Sie bei Bedarf eine Farbkombination für einen Entwurf auswählen können. Welche Kombination passend ist, hängt davon ab, was Sie mit Ihrem Entwurf kommunizieren möchten, so wie Sie es in Ihrem Briefing bestimmt und in den Skizzen ausgearbeitet haben.

**Duplex-Farbmodus** Um einen schwarzweißen Entwurf farbig zu gestalten, kann man die gezeichneten Formen mit dem Zauberstab auswählen und die Auswahl auf einer neuen Ebene mit Farbe füllen. Der Nachteil dieser Methode ist, dass an den Kanten manchmal das Pixelraster sichtbar bleibt und der Zauberstab je nach Einstellungen die Konturen etwas verfälscht. Außerdem gehen eventuelle Oberflächenstrukturen dabei vollständig verloren. Färbt man eine Zeichnung mithilfe des Duplex-Farbmodus ein, lassen sich diese Probleme vermeiden.

Um ein Bild mit dem Duplex-Modus einzufärben, sollten Sie bereits recht genau wissen, welche Farben Sie wo in Ihrem Design verwenden wollen. Die Vorbereitung für diese Art digitaler Bearbeitung beginnt bei der Reinzeichnung.

**1.** Als letzten Schritt des Entwurfsprozesses zeichnen Sie alle Elemente, die die gleiche Farbe haben sollen, in Schwarz auf ein eigenes Transparentpapier. Diese Farbvorlagen scannen Sie und bereiten die Scans wie links beschrieben vor.

**2.** Legen Sie eine neue Datei im Endformat Ihres Projekts an, mit 600 dpi und in Graustufen. In diesem Dokument fügen Sie die Ebenen Ihres Entwurfs in Schwarz-Weiß zusammen und färben sie anschließend ein.

**3.** Kopieren Sie die bearbeiteten Scans auf einzelne Ebenen in das soeben erstellte Dokument. Stellen Sie den Mischmodus der Ebene auf „multiplizieren“ und reduzieren Sie ihre Deckkraft auf 20 bis 50 Prozent, damit die Überlappungen der Formen sichtbar werden. Benötigen die Positionen der Elemente noch Anpassungen, nehmen Sie sie jetzt vor.

Stimmen die Platzierungen, reduziert man alle Elemente, die später die gleiche Farbe haben sollen, noch einmal auf jeweils eine Ebene, sodass es schließlich pro Farbe eine Ebene gibt. Falls Sie Elemente ausgeschnitten und verschoben haben, weisen die Ebenen vielleicht „Löcher“ auf. Um in diesem Fall für die einzelnen Farbebenen einen vollformatigen, weißen Hintergrund zu erhalten, legt man unter jeder der zukünftigen Farbebenen eine weiße Ebene an und reduziert die Ebenen jeweils darauf. So liegen am Ende alle Elemente auf einem durchgängig weißen Hintergrund.

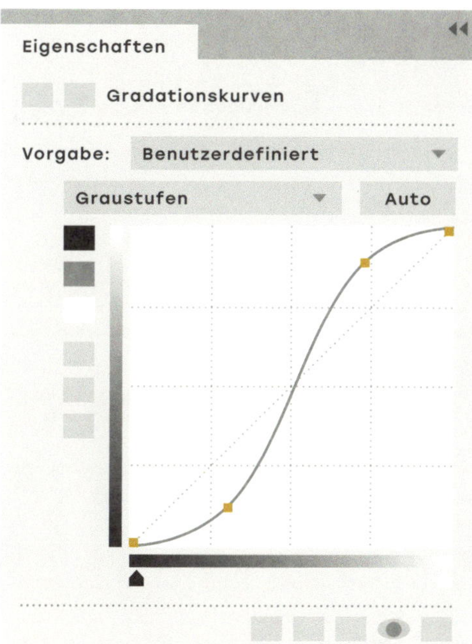


Gradationskurven

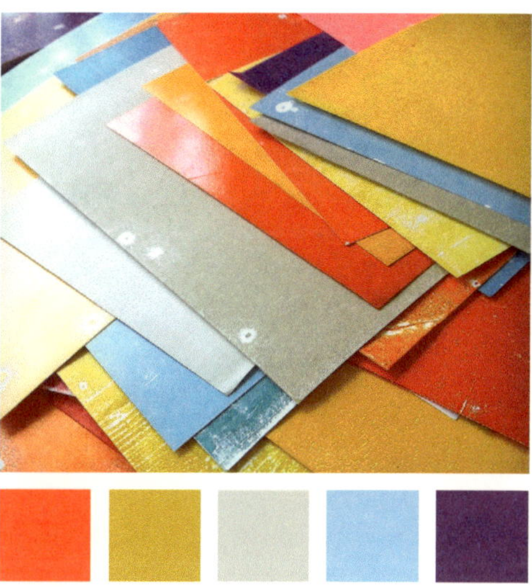

Farbwahl

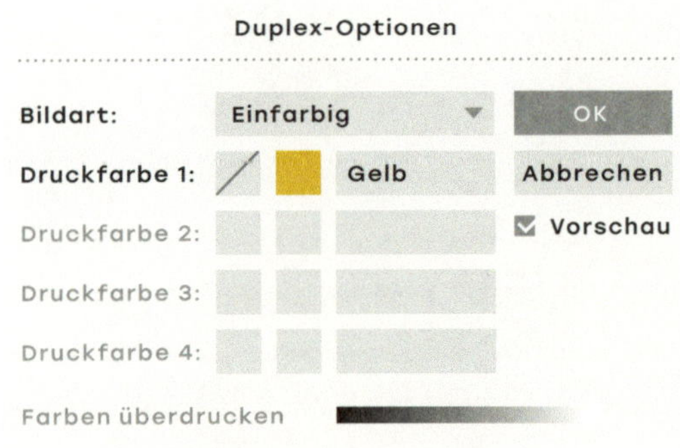


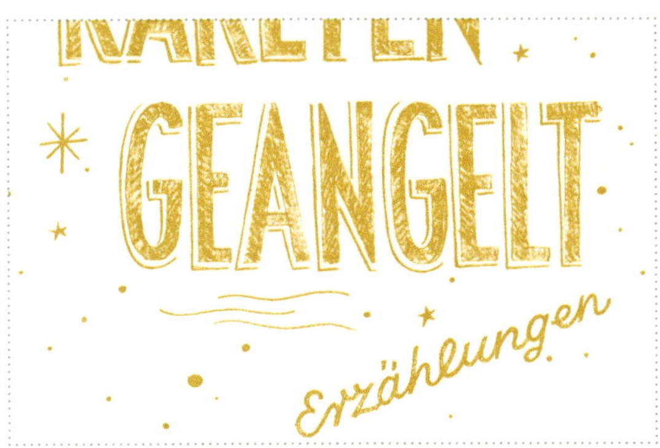


Duplex-Optionen

**4.** Als Nächstes werden die einzelnen Ebenen eingefärbt. Dazu wählt man eine der Ebenen aus, kopiert sie und fügt sie in ein neues Dokument ein. Mit einer Folge von Tastaturbefehlen geht das am schnellsten: **Strg + A**, **Strg + C**, **Strg + N**, **Strg + V**. Das neue Dokument wird dann automatisch in der Größe und im Farbmodus der kopierten Ebene angelegt. Deswegen ist es auch wichtig, dass alle Ebenen einen vollformatigen Hintergrund haben.

**5.** Ändern Sie nun unter dem Menüpunkt „Bild" den Farbmodus des Dokuments in „Duplex". Im Dialogfeld „Duplex-Optionen", das oben links schematisch dargestellt ist, aktivieren Sie die Vorschau und wählen bei „Bildart" „einfarbig".

Mit einem Doppelklick in das Farbfeld öffnet sich die Farbpalette. Sie können nun entweder mit dem Farbwähler oder aus den Farbfeldern eine Farbe wählen. In der Vorschau wird sofort sichtbar, wie die schwarzen Flächen Ihres Entwurfs in der gewählten Farbe aussehen. Bildteile, die nicht ganz schwarz sind, sondern zum Beispiel einen Grauwert von 70 Prozent haben, erhalten auch nur einen Farbtonwert von 70 Prozent. Daher lassen sich auch strukturierte Flächen mit dieser Technik gut einfärben. Haben Sie die passende Farbe gefunden, bestätigen Sie mit „OK".

**6.** und **7.** Wählen Sie wieder die ganze Ebene aus, kopieren Sie sie und öffnen Sie noch ein weiteres neues Dokument: **Strg + A, Strg + C, Strg + N.** In seinem Dialogfenster ändern Sie den Farbmodus in RGB, bestätigen mit „OK" und fügen die Ebene aus dem Zwischenspeicher ein – **Strg + V.** Die eingefärbte Ebene aus dem Duplex-Dokument wird beim Einkopieren in RGB-Farben umgerechnet. Stellen Sie den Mischmodus der Ebene auf „multiplizieren" und speichern Sie das Dokument.

**8.** Diese Schritte wiederholen Sie mit den übrigen Ebenen aus dem schwarz-weißen Dokument, bis alle Ebenen eingefärbt und in das RGB-Dokument übertragen sind. Für jede Ebene wählen Sie im Duplex-Dokument eine eigene Farbe.

**9.** Nach dem Einfügen der Ebenen sehen Sie, wie sich die Farbflächen überlappen. Idealerweise sind alle Elemente am richtigen Platz, aber häufig muss man in dieser Phase noch etwas justieren und Bildteile verschieben.

**10.** Dort, wo die Farben nicht miteinander multipliziert werden sollen, zum Beispiel auf einem farbigen Hintergrund wie rechts beim Beispielcover, ist es nötig, Formen mit weißen Flächen zu hinterlegen. Mit dem Zauberstab wählt man die entsprechenden Formen aus und füllt die Auswahl auf einer neuen, darunterliegenden Ebene mit Weiß. Die Farben der multiplizierten, darüberliegenden Ebene können sich nun nicht mehr mit der darunterliegenden mischen, da sich die weißen Elemente dazwischen befinden. Wenn man danach Elemente auf der Farbebene bewegt, muss man sie entsprechend auch auf der weißen Ebene verschieben. Tut man das nicht, entstehen Ränder – die manchmal aber auch einen interessanten Schatteneffekt ergeben. Auch das ist rechts im Beispiel zu sehen: Die weißen Flächen unter der gelben Titelschrift sind leicht nach rechts und oben versetzt.

Manche Bildelemente sollen auf einem transparenten Hintergrund liegen und müssen dazu auf eine neue Ebene kopiert werden. Gerade bei Buchstaben mit Oberflächenstruktur ist es leichter und zeitsparender, mit dem Zauberstab nicht die einzelnen Buchstaben auszuwählen, sondern die umgebende weiße Fläche (Buchstabeninnenräume nicht vergessen!). Dann kehrt man die Auswahl um. Verkleinern Sie die Auswahl um ein oder zwei Pixel, um einzelne helle Pixel an ihren Rändern zu vermeiden. Nun erstellen Sie eine neue Ebene durch Kopie. Auf dieser Ebene befinden sich nur die Elemente, die Sie kopiert haben, der Hintergrund bleibt transparent.

Kommt es nicht auf die Oberflächenstruktur der Zeichnung an, können Sie die Elemente auch auswählen, eine neue Ebene anlegen und die Auswahl darauf mit der Farbe Ihrer Wahl füllen. Eine Auswahl, die Sie voraussichtlich mehrmals benötigen, im Entwurf auf der rechten Seite zum Beispiel die Titelschrift, sollten Sie speichern.

**Übersicht** Die Arbeitsschritte der Farbbearbeitung noch einmal als Liste:

1. Farbebenen analog zeichnen, scannen und vorbereitend bearbeiten
2. neue Datei im Endformat in Graustufen mit 600 dpi
3. Farbebenen einfügen, positionieren, jeweils auf weißen Hintergrund reduzieren
4. die erste Ebene kopieren
5. neues Dokument: Farbmodus Duplex, in den Optionen eine Farbe wählen, kopierte Ebene einfügen
6. eingefügte Ebene auswählen und kopieren
7. neues Dokument: Farbmodus RGB, kopierte Ebene einfügen
8. Schritte 4 bis 7 für alle übrigen Farbebenen wiederholen
9. Positionen korrigieren
10. gegebenenfalls Bildelemente mit Weiß hinterlegen

Zum Schluss speichern Sie den Entwurf als neue Datei, reduzieren die Ebenen auf den Hintergrund und verringern die Auflösung auf 300 dpi. So bleibt die Datei mit den Bearbeitungsebenen für spätere Änderungen erhalten. Falls Sie das Bild drucken (lassen) wollen, ist es in den meisten Fällen nötig, den Farbmodus von RGB in CMYK zu konvertieren.

**Farbiger Entwurf 1** Die Reinzeichnung des Entwurfs rechts hat 23 Ebenen. Farbflächen und Schatten der Wörter, Bildelemente, Hintergrundstrukturen und so weiter liegen jeweils auf einer Ebene und sind so frei beweglich und flexibel zu bearbeiten. Der Gesamteindruck entsteht nicht nur durch die Komposition der Zeichnung, sondern auch durch das Zusammenspiel der Farb- und Tonwerte und der Mischmodi und Deckkräfte der einzelnen Ebenen, was viel Herumprobieren erfordert.

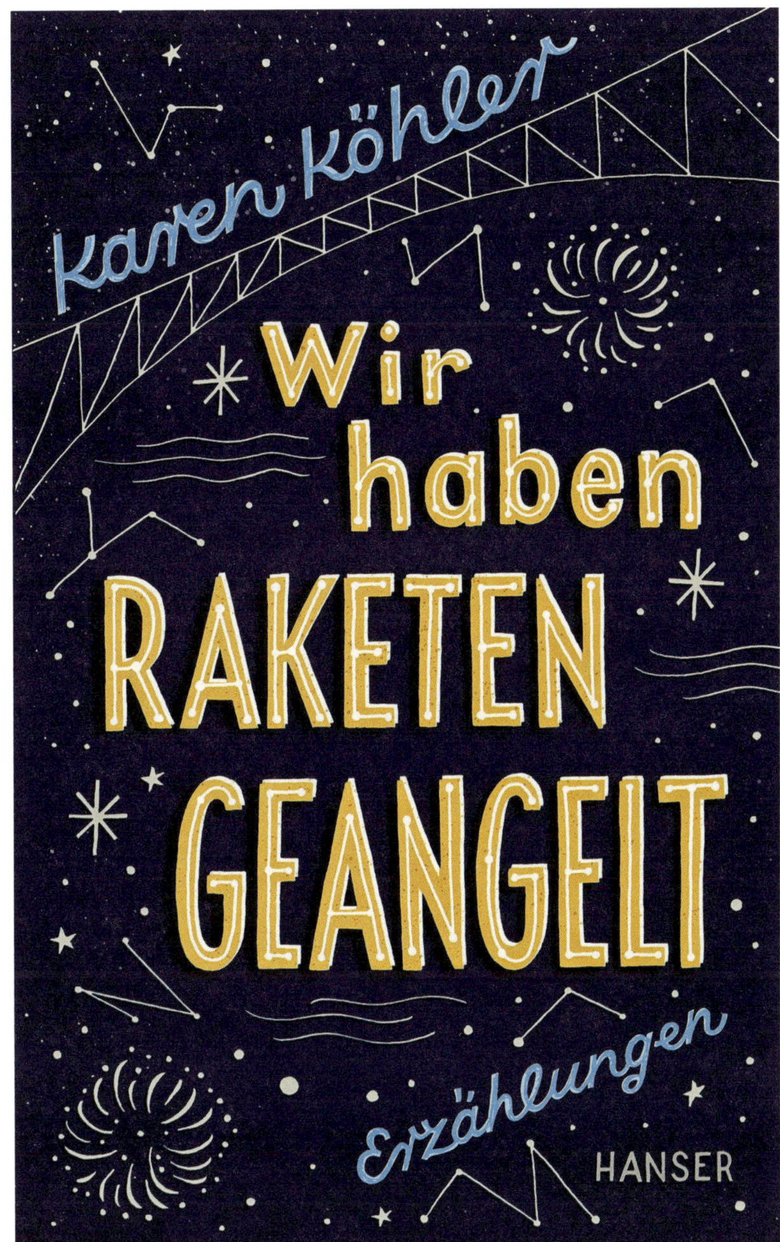


Farbiger Entwurf 1

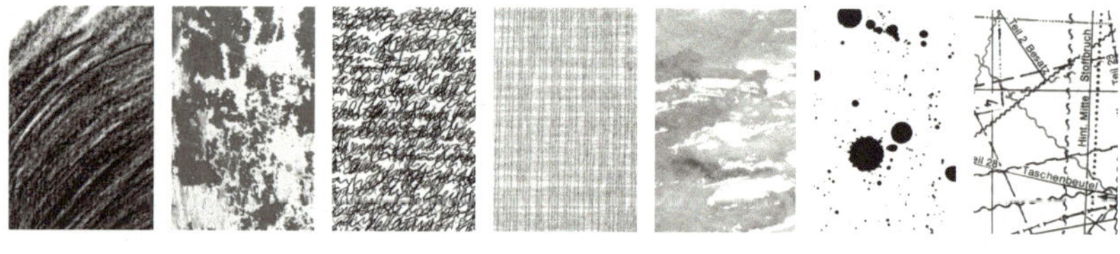

Strukturen

## Weitere Tipps

**Strukturen** Neben den Strukturen, die sich bei der Reinzeichnung möglicherweise aus dem Werkzeug ergeben, kann man einem Entwurf auch nachträglich Textur hinzufügen. Strukturen in den Flächen lassen ein Bild wärmer, lebendiger und emotionaler wirken. Sie unterstreichen Eindrücke, die Lettering meist ohnehin erwecken soll.

Individueller als digital erzeugte Oberflächenstrukturen sind selbstgemachte. Man gestaltet sie entweder von Hand oder indem man unterschiedliche Oberflächen fotografiert. Sie können Strukturen mit trockenen Pinseln malen, alte Wände und Fußböden fotografieren, Linolfarbe auswalzen, zerknülltes Papier scannen ... Oben abgebildet, von links nach rechts: mit Wachsmalkreide gezeichnete, grobe Schraffur, abgeblätterte Farbe an einer Wand, Überlagerungen einer Handschrift, Muster eines Küchentischs aus den 1950er-Jahren, wässrige Farbe auf Aquarellpapier, Tintenspritzer, Schnittmusterbogen.

Damit Sie diese Texturen in Ihren Entwürfen verwenden können, müssen Sie sie noch leicht bearbeiten: Wandeln Sie sie in Graustufenbilder um und erhöhen oder verringern Sie die Kontraste. Sammeln Sie diese Dateien in einem eigenen Ordner, damit Sie sie immer wieder verarbeiten können.

Kopieren Sie eine schwarz-weiße Struktur in die Duplexdatei, um sie einzufärben, und danach in die Datei mit Ihrem Lettering. Probieren Sie aus, mit welchem Mischmodus und welcher Deckkraft die Struktur am besten zum Entwurf beiträgt. Im Beispielcover auf der vorigen Seite ist eine Pinselstruktur mit 40 Prozent Deckkraft im Ebenenmodus „multiplizieren" über den Hintergrund gelegt, und gelb gefärbte Tintenspritzer sind mit der Titelschrift multipliziert.

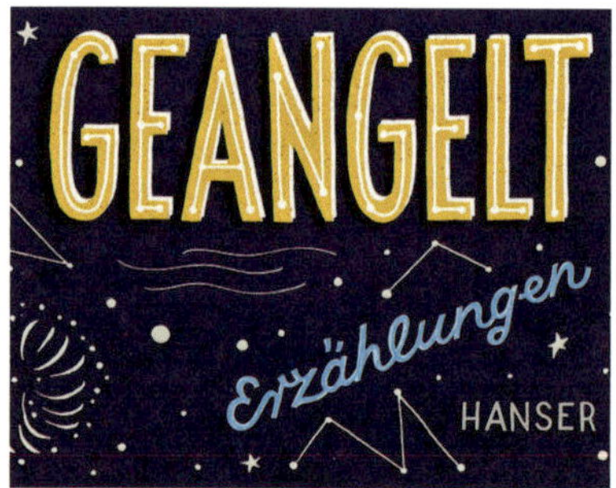


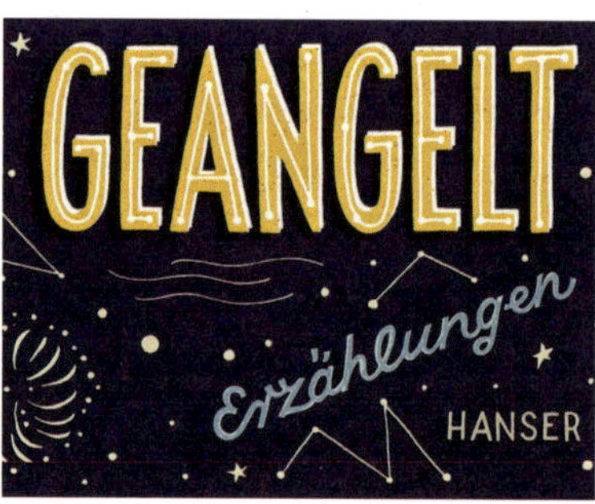


Farbfilter

**Farbfilter** Um die Farben eines Bildes zusätzlich zu harmonisieren, kann man am Schluss mit einer Fotofilter-Ebene einen farbigen Filter über die gesamte Fläche legen. Dieser Trick basiert auf dem Farbenmischen beim Siebdruck: Jede Farbe sollte einen Tropfen jeder anderen verwendeten Farben enthalten, damit sie miteinander harmonieren.

Legen Sie den Fotofilter als Einstellungsebene über allen anderen Ebenen an. Wählen Sie einen warmen oder kühlen Farbton mit einer geringen Deckkraft von 5 bis 20 Prozent. Der Farbfilter ist selbst im direkten Vergleich mit einem Bild ohne Filter kaum zu sehen. Er sorgt aber dafür, dass alle Farben einen gemeinsamen Farbstich haben. Um diesen für das Beispiel sichtbar zu machen, hat das rechte Bild unten einen gelben Filter mit einer etwas übertriebenen Deckkraft von 50 Prozent.

**Automatisierungen** Die Vorgehensweise bei der Bearbeitung von gescannten Entwürfen ist immer ähnlich. Daher lohnt es sich, in Photoshop für einige der wiederkehrenden Aufgaben „Aktionen" aufzuzeichnen und ihnen Tastaturbefehle zuzuweisen.

Aktionen speichern mehrere, aufeinanderfolgende Arbeitsschritte, sodass man bei Bedarf einfach die Aktion abspielen kann, statt die Arbeitsschritte einzeln zu verrichten. Zum Beispiel ist es sinnvoll, den Vorgang „Hintergrundebene kopieren und darüber eine neue Einstellungsebene für die Tonwertkorrektur anlegen" als Aktion zu speichern und ihm eine Tastenkombination zuzuweisen. Arbeitsschritte wie „Ebene multiplizieren" haben in Photoshop außerdem Standard-Tastaturbefehle. Routine-Abläufe können Sie damit effizienter erledigen.

*Automatisch vektorisieren*

# Autopilot

**Es ist verführerisch einfach, einen Entwurf mit der Bildnachzeichner-Funktion automatisch zu vektorisieren. Puristen raten davon ab, doch wenn es bei Ihrem Lettering nicht auf perfekte Formen und glatte Kanten ankommt, Sie ihn dafür flexibel skalieren und farblich bearbeiten wollen, ist dies eine gute Option.**

Ein Scan, der mit der Bildnachzeichner-Funktion nachgezeichnet werden soll, braucht klare Kontraste. Er muss dazu aber nicht unbedingt in Photoshop bearbeitet werden. Stattdessen können Sie die Kontraste entweder schon in den Einstellungen beim Scannen verstärken oder einfach den Rohscan in Illustrator öffnen und schauen, ob Sie mit dem Ergebnis der automatischen Vektorisierung zufrieden sind. Stellen Sie fest, dass die Formen zu ungenau wiedergegeben wurden, gehen Sie noch einmal einen Schritt zurück und erhöhen die Kontraste des Scans im Bildbearbeitungsprogramm wie auf Seite 134 erklärt.

1. Importieren Sie den Scan und wählen Sie ihn aus, dann öffnen Sie das Bedienfeld des Bildnachzeichners. Schalten Sie unten den Vorschaumodus ein, damit Sie gleich sehen, wie sich die Einstellungen auf die Buchstabenformen auswirken.

2. **Einstellungen** Nehmen Sie dann die folgenden Einstellungen vor oder probieren Sie eigene aus. Wenn Sie die richtige Kombination gefunden haben, speichern Sie sie als Vorgabe, so können Sie sie für ähnliche Scans immer wieder verwenden.

- **Vorgabe** Benutzerdefiniert
- **Ansicht** Nachzeichnerergebnis
- **Modus** Schwarz-Weiß
- **Schwellenwert** Der Schwellenwert legt fest, ab welchem Grauwert ein Pixel den weißen oder den schwarzen Flächen zugerechnet wird. Sie können verschiedene Werte probieren, ein mittlerer ist meistens gut geeignet.

Erweiterte Einstellungen

- **Pfade** hoher Wert; je höher der Wert, umso genauer entspricht die Vektorzeichnung dem Original
- **Ecken** mittlerer Wert; je niedriger der Wert, umso runder werden Ecken dargestellt
- **Rauschen** hoher Wert; dieser Wert legt die Größe der Bereiche fest, die beim Nachzeichnen ignoriert werden.
- **Methode** angrenzend, das heißt, die Vektorformen berühren sich, statt sich zu überlappen
- **Erstellen** Flächen
- **Optionen** Weiß ignorieren

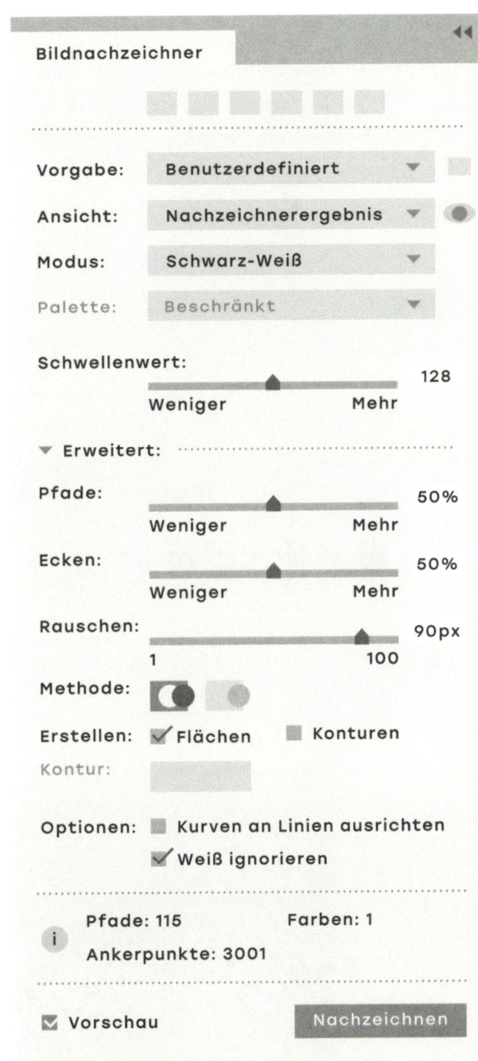

Einstellungen

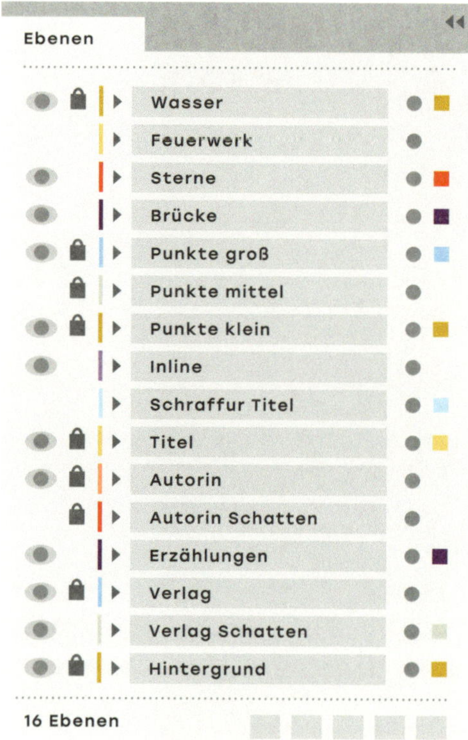


Farbebenen

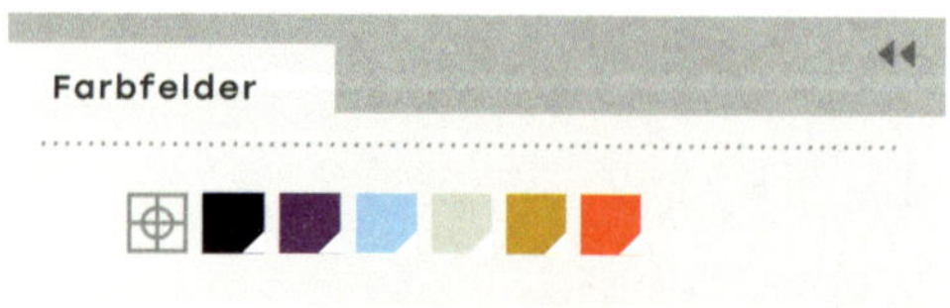


Globale Farben

3. Bestätigen Sie mit „Nachzeichnen" und warten Sie, bis die Pfade der Vektorformen berechnet sind.

4. Wandeln Sie das Bild in Pfade um.

5. Das Ergebnis der Umwandlung ist gruppiert. Heben Sie die Gruppierung auf, um die Elemente einzeln zu bearbeiten.

6. Löschen Sie die umgebende weiße Fläche und die weißen Buchstabeninnenräume.

**Übersicht** Automatisches Vektorisieren kurzgefasst:

1. Scan importieren und auswählen, Bildnachzeichnerbedienfeld öffnen
2. Einstellungen für die Bildnachzeichnerfunktion anpassen oder gespeicherte Vorgabe wählen
3. nachzeichnen lassen
4. Bild in Pfade umwandeln
5. Gruppierung aufheben
6. weiße Flächen löschen

Die automatisch nachgezeichneten Buchstaben haben sehr viele Ankerpunkte und keine schönen Kurven. Die können Sie mit dem Glätten-Werkzeug oder mit der Funktion „Pfade vereinfachen" etwas verbessern – aber lassen Sie es lieber bleiben. Es macht die Formen nicht schöner, sondern verfälscht nur, was Sie mit Bedacht gezeichnet haben. Außerdem ist das Kurvenglätten mühsam und – will man es gut machen – so zeitaufwendig, dass man den Entwurf ebenso gut von Hand nachzeichnen kann. Eine Anleitung dazu finden Sie auf Seite 144.

## Farbbearbeitung

**Farbebenen** Auch die farbliche Bearbeitung einer Vektorgrafik ist einfacher, wenn man Bildelemente sinnvoll auf Ebenen und Unterebenen gruppiert. So können Sie zum Beispiel alle Elemente, die auf einer Ebene liegen, mit einem Klick auswählen, ihnen eine neue Farbe zuweisen oder sie skalieren. Wie bei der Duplex-Technik in Photoshop kann es auch bei Vektorgrafiken sinnvoll sein, alle Elemente einer Farbe auf jeweils eine Ebene zu legen. Wie viele Ebenen Sie benötigen, probieren Sie am besten einfach aus. Die Illustration links zeigt das Ebenenmenü für den Entwurf auf der rechten Seite.

Falls Sie die Elemente für die verschiedenen Farben bereits in der Reinzeichnung separiert und anschließend einzeln gescannt haben, zeichnen Sie sie nun Stück für Stück mit dem Bildnachzeichner nach. Die vektorisierten Elemente verteilen Sie dann auf mehrere Ebenen. Besteht Ihre Reinzeichnung nur aus einem Bogen und hat keine überlappenden Formen, wählen Sie die Elemente aus, die Sie in der gleichen Farbe einfärben wollen, und legen sie auf jeweils eine eigene Ebene.

Benennen Sie die Ebenen, damit Sie sie leichter auseinanderhalten können. Um Elemente auf eine andere Ebene zu bewegen, wählen Sie sie aus und ziehen Sie dann das kleine farbige Quadrat in der Spalte rechts im Ebenenbedienfeld auf die Ebene Ihrer Wahl. Diese Methode verschiebt alle ausgewählten Formen ganz ohne sie zu bewegen und spart das Ausschneiden und Wiedereinfügen. Mit einem Klick in die Auswahlspalte einer Ebene können Sie auch gleichzeitig alle Elemente der Ebene aktivieren, so entgehen Ihnen keine.

Nun weisen Sie den Ebenen oder einzelnen Elementen Farben zu. Auch hier ist es ratsam, sich vorher eine harmonische Palette zusammenzustellen.

**Globale Farben** Legen Sie Farben in Illustrator als globale Farben an. Verändert man diese nachträglich, wird die Farbe überall im Dokument mitangepasst. Das heißt, Sie müssen nicht alle Elemente, die diese Farbe verwenden, einzeln auswählen, um den Ton zu aktualisieren. Globale Farben sind in den Farbfeldern mit einem kleinen Dreieck in der rechten unteren Ecke markiert. Lokale Farben hingegen werden nicht angepasst. Verändert man sie nachträglich im Farbfeldmenü, läuft man Gefahr, leicht abweichende Farbtöne zu verwenden.

**Farbiger Entwurf 2** Wie ein farbiges Pixelbild ist auch eine bunte Vektorgrafik das Ergebnis vieler Experimente mit Farben, Farbtönen, Deckkraft und Mischmodi der Ebenen. Probieren Sie herum und falls Bildelemente durch ihre Farbe plötzlich anders wirken als im schwarz-weißen Entwurf, verkleinern oder vergrößern Sie sie.

Die vielen Violett- und Blautöne im Beispiel rechts sind aus den Farben, die Sie links unter „Globale Farben“ sehen, gestaltet. Weil in diesem Entwurf keine Oberflächenstrukturen verwendet wurden, ist die Anmutung etwas klarer und ruhiger als im Beispiel für die Duplex-Farbbearbeitung auf Seite 137. Durch die rauen Kanten der automatisch vektorisierten Buchstaben und Bildelemente wirkt der Entwurf dennoch lebendig und handgemacht.

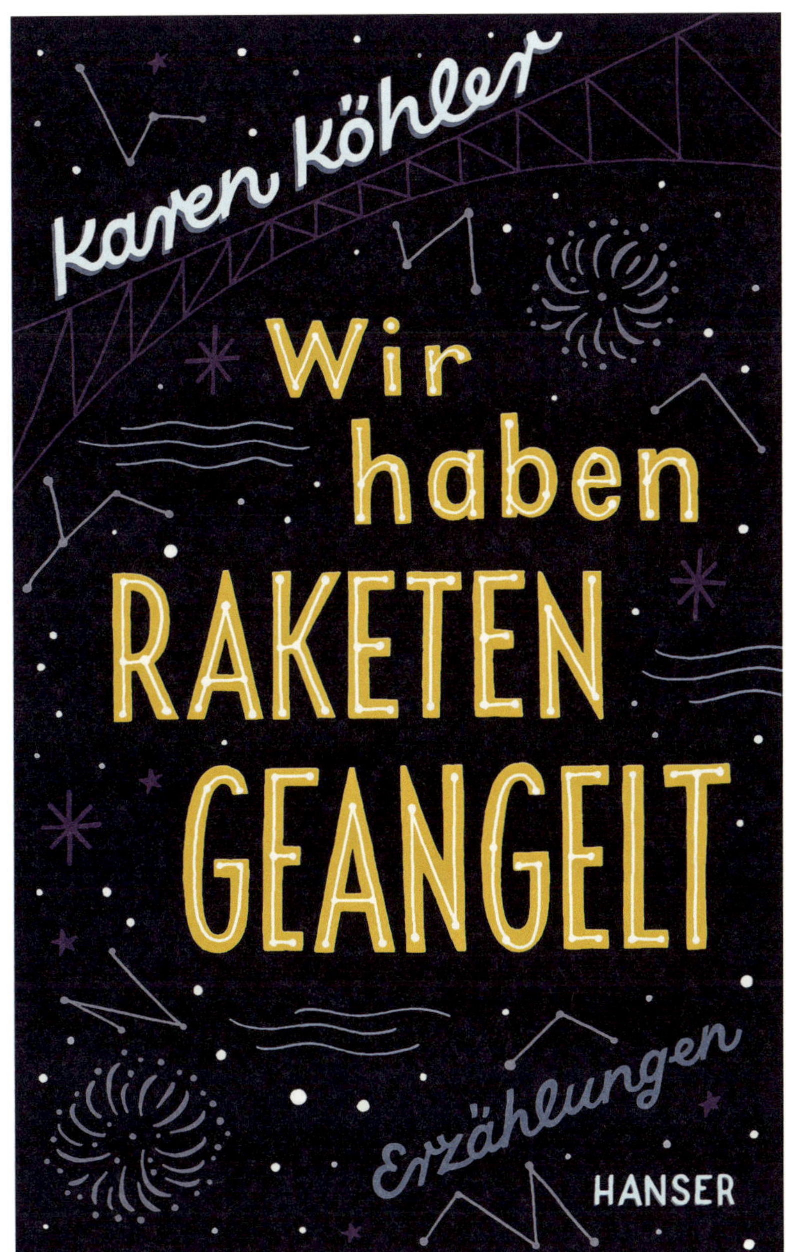


Farbiger Entwurf 2

*Bézierkurven*

# Rumkurven

**Buchstaben mit perfekten Kurven haben Flow und gefallen dem Auge. Es braucht viel Geduld und Übung, um sie mit Vektoren so zu zeichnen, dass der Blick darübergleitet, ohne hängenzubleiben. Nehmen Sie diese Tipps als Anker- – äh – Ausgangspunkt.**

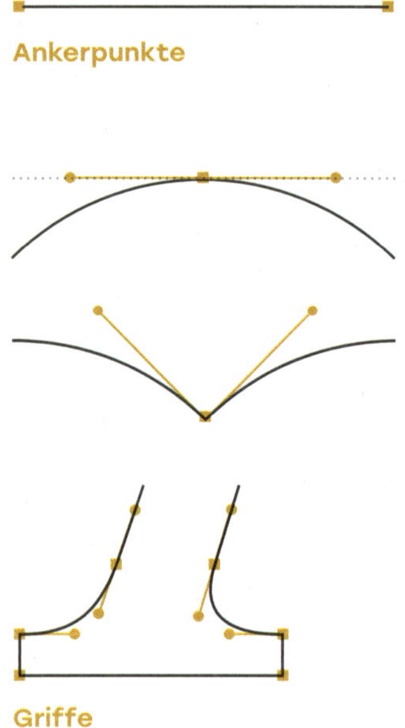


**Ankerpunkte** Vektorformen sind durch Pfade begrenzt, die von Ankerpunkten in Segmente unterteilt werden. Gerade Segmente haben Ankerpunkte ohne Richtungslinien, Ankerpunkte gekrümmter Segmente sind mit Richtungslinien oder „Griffen" versehen.

**Griffe** In den meisten Fällen bilden die zwei Griffe eines Ankerpunkts eine gerade Linie. Wo immer möglich, werden sie horizontal oder vertikal ausgerichtet. Dazu drückt man beim Positionieren der Griffe die Shift-Taste und beschränkt so ihren Bewegungsradius auf die senkrechte, waagerechte und diagonale Achse.

An Eckpunkten stehen die Griffe eines Ankerpunkts in unterschiedlichen Winkeln zueinander, dadurch entsteht statt einer Kurve ein Knick. Bei Punkten auf diagonalen Linien verlaufen die Griffe entlang der Pfadrichtung.

**Extrempunkte** In der Schriftgestaltung ist es üblich, mit Extrempunkten zu arbeiten und so wenig Punkte wie nötig zu setzen. Das heißt, man platziert die Ankerpunkte an die äußersten Punkte einer Form, dort wo eine horizontale oder vertikale Hilfslinie sie berühren würde. Hilfslinien sind auch ein guter Weg, um die Position der Extrempunkte zu finden.

Je weniger Punkte eine Vektorform hat, umso leichter lässt sie sich kontrollieren. Eine perfekte Kreisform hat nur vier Ankerpunkte, je einen in jeder Himmelsrichtung. Ihre Griffe sind gleich lang. Verschiebt man die Ankerpunkte oder verändert man die Länge der Griffe, verformt sich der Kreis.

Bei der Arbeit mit Extrempunkten muss man nur zwei Ankerpunkte und die dazugehörigen Griffe manipulieren, um eine Kurve zu verändern. Bei einer automatisch vektorisierten Form wären

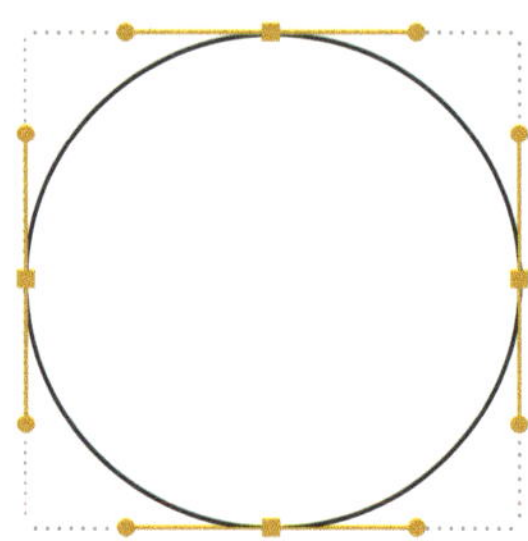


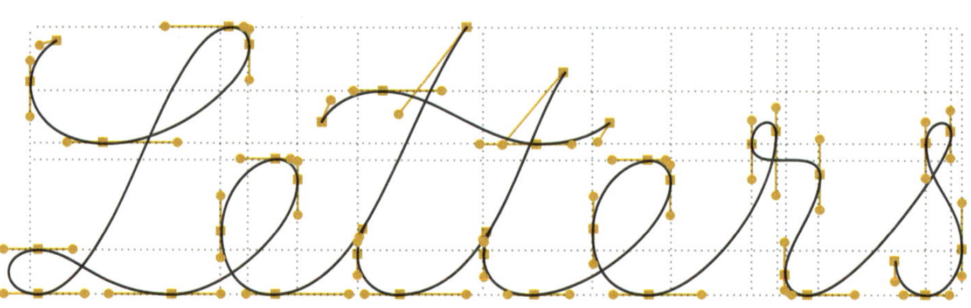

es zahllose Punkte. Durch die geringe Anzahl von Punkten und die besseren Steuerungsmöglichkeiten ist es einfacher, wohlgeformte Kurven zu gestalten.

**Kurven** Die Form einer Kurve ergibt sich aus der Position zweier Ankerpunkte und der Länge ihrer Griffe. Je näher die Ankerpunkte beieinander liegen, umso enger ist die Kurve. Sind sie weiter voneinander entfernt, ist die Kurve weicher.

Die Griffe einer Kurve sollten etwa gleich lang sein, sodass sie in gleichem Maße zur Krümmung beitragen. Ein Richtwert für ihre Länge ist etwa ein Drittel der Strecke zum nächsten Ankerpunkt.

Der Schnittpunkt der beiden verlängerten Richtungslinien bildet mit den beiden Ankerpunkten des Segments ein Dreieck. Die Griffe dürfen sich aber nicht tatsächlich überschneiden oder übereinander hinausragen, sonst entsteht in der Kurve eine Beule. Werden die Griffe so lang, dass sie sich überschneiden oder in der Verlängerung überschneiden würden, müssen die Ankerpunkte versetzt und die Griffe gekürzt werden.

Besonders bei Schreibschriften ist es wichtig, dass sich die innere und die äußere Kurve einer Form entsprechen. Sind sie sichtbar abweichend gekrümmt, wirken sie nicht wie die Kanten eines geschriebenen Strichs.

**Spitzen** Manchmal ist es sinnvoll, spitz zulaufende Endungen mit zwei senkrecht übereinander platzierten Ankerpunkten zu formen, statt nur mit einem. Die abgeflachte Spitze verhindert, dass die Form so aussieht, als würde sie in einem dünnen Strich enden.

**Offene Ecken** Einige Buchstaben lassen sich besser bearbeiten, wenn man ihre Ecken öffnet. Das heißt, dass der Pfad einer spitzen Form, wie der Innenform des **V** oder **A**, nicht nur einen Ankerpunkt hat, sondern zwei, sodass die Spitze aus der Überlappung zweier Pfade entsteht und nicht, indem er in einem spitzen Winkel aus nur einem Punkt entspringt. Dadurch lassen sich die beiden Seiten des Buchstabens separat verändern.

**Übung** Man kann sein Händchen für die Platzierung von Extrempunkten auch analog üben: Zeichnen Sie eine beliebige Form und markieren Sie daran die Positionen der Ankerpunkte. Versuchen Sie auch, die richtige Länge der Griffe abzuschätzen. Wenn Sie horizontale und vertikale Tangenten einzeichnen, finden Sie die Position der Ankerpunkte leichter. Anschließend können Sie die Form mit Vektoren nachzeichnen und überprüfen, ob Sie richtig lagen.

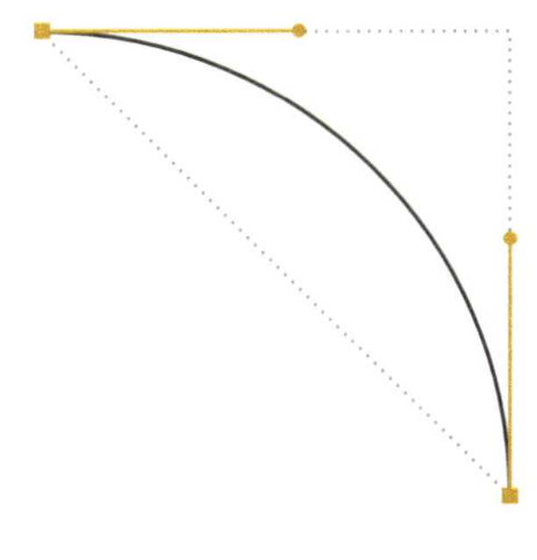

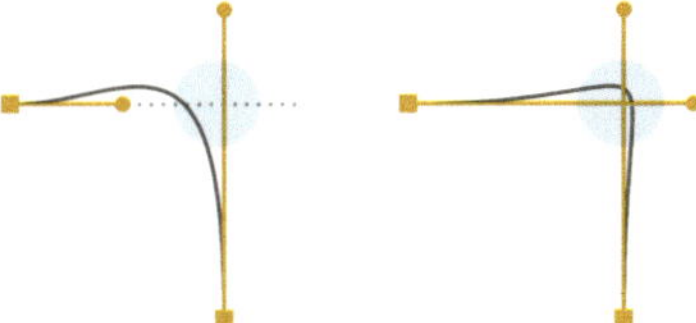

Kurven

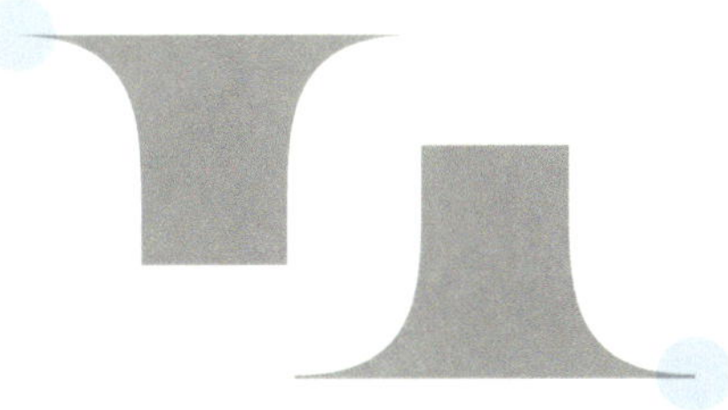

Spitzen

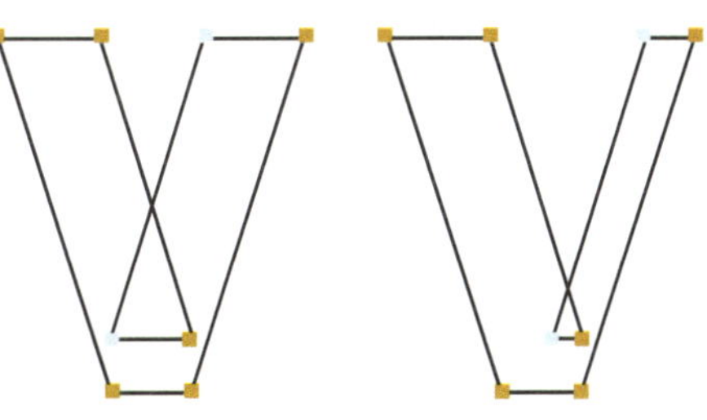

Offene Ecken

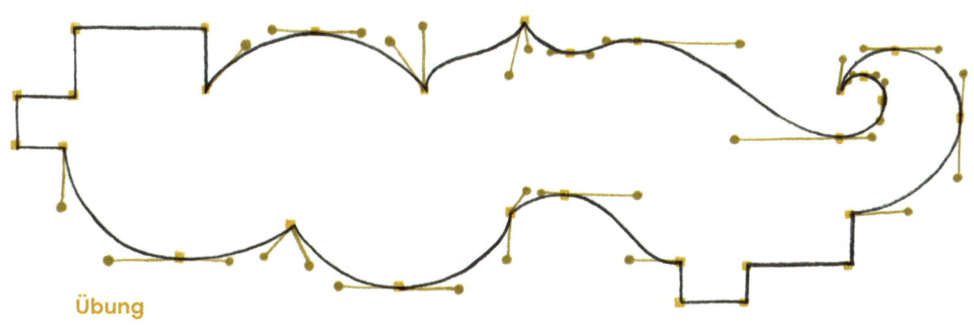

Übung

*Manuell vektorisieren*

# Pfade finden

**Um beim Vektorisieren die volle Kontrolle und ganz freie Hand zu haben, braucht man Fingerfertigkeit mit dem Zeichenstift-Werkzeug. Anfangs ist das digitale Zeichnen ziemlich mühsam, aber zum Glück sind Sie kontinuierliches Üben ja schon vom Brush Lettering gewöhnt. Schöne Kurven sind der Mühe Lohn.**

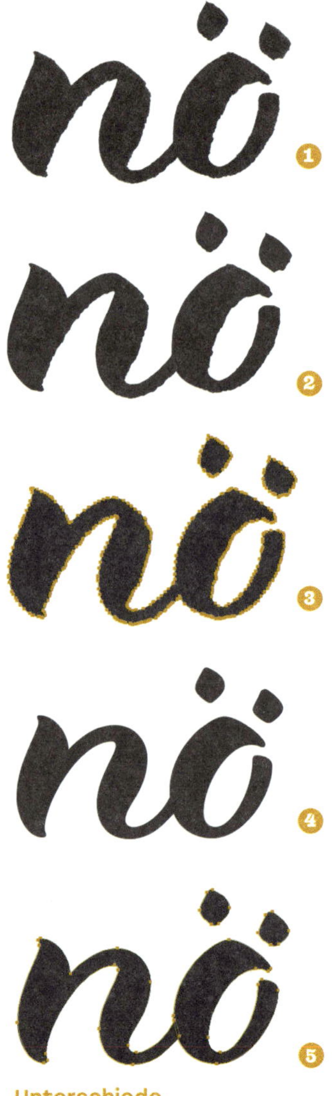

Unterschiede

Obwohl man mit den digitalen Werkzeugen alles ganz genau messen kann, unterscheidet sich die Herangehensweise beim manuellen Vektorisieren kaum von der beim analogen Zeichnen: Das Auge hat recht, nicht das Messwerkzeug. Die Kurven sollen harmonisch und handwerklich gut gemacht sein und die Formen konsistent, aber die Strichstärken müssen nicht auf den Millimeter exakt übereinstimmen und die Winkel nicht mathematisch genau gleich sein. So behalten auch perfekt vektorisierte Entwürfe ihren handgemachten Charme.

Zum Nachzeichnen eines Letterings eignet sich die Software Glyphs besser als Adobe Illustrator, denn das Schriftgestaltungsprogramm hat komfortablere Zeichenfunktionen. Allerdings kann man darin nur in Schwarz-Weiß arbeiten. Um die vektorisierte Zeichung farbig zu bearbeiten, müssen Sie sie am Ende in ein Vektorzeichenprogramm kopieren.

**Unterschiede** Der direkte Vergleich macht die Unterschiede zwischen automatisch und manuell vektorisierten Buchstaben deutlich: Das **nö** bei **1** wurde mit dem Pinselstift geschrieben und dann gescannt. Die Kontraste sind verstärkt, sodass das Wort rein schwarz-weiß ist. Für **nö** Nummer **2** wurde der Scan mit der Bildnachzeichnerfunktion automatisch vektorisiert. Die Übereinstimmung mit der Vorlage ist relativ groß. **3** zeigt, dass das automatisch nachgezeichnete **nö** sehr viele Ankerpunkte hat, nämlich über 1000. **nö** Nummer **4** wurde manuell nachgezeichnet. Es hat glattere Formen und gefälligere, fließende Kurven. Weil sein handgemachter Charakter dadurch weniger offensichtlich ist, hat dieses **nö** eine wesentlich andere Anmutung als die ersten beiden Beispiele. Nummer **5** zeigt, dass sich die Ankerpunkte der manuellen Vektorisierung an den Extrempunkten befinden. Daher genügen 41 Punkte, um die Formen zu definieren.

**Manuelles Vektorisieren** Im Prinzip ist Ihnen das Vorgehen beim digitalen Zeichnen bereits vom Zeichnen auf Papier vertraut: Mit der ersten Rohzeichnung halten Sie sich nicht lange auf, stattdessen korrigieren Sie in mehreren Schritten und arbeiten zügig vom Groben ins Feine, ohne sich in Details zu verlieren.

**1.** Als Vorlage für die Arbeit mit dem Zeichenstift-Werkzeug genügt ein Foto oder ein unbearbeiteter Scan Ihrer Zeichnung. Platzieren Sie die Vorlage in einer neuen Datei. Verringern Sie die Deckkraft der Ebene, auf der der Scan liegt, und sperren Sie sie – oder wandeln Sie die Ebene über die Ebenenoptionen in eine Vorlage um.

**2.** Auf einer neuen Ebene ziehen Sie sich Hilfslinien. Sperren Sie die Ebene, um sie zu fixieren. Abbildung **1** zeigt die Vorlage mit den Hilfslinien.

**3.** Legen Sie eine weitere Ebene an und zeichnen Sie Ihren Entwurf darauf mit dem Zeichenstift-Werkzeug nach. Setzen Sie die Ankerpunkte an den Extrempunkten. Halten Sie die Shift-Taste gedrückt, während Sie die Griffe horizontal oder vertikal ungefähr auf die richtige Länge bringen.

Abbildung **2** zeigt die Pfade, Ankerpunkte und Griffe des ersten Durchgangs, **3** die ausgefüllten Flächen. Die Strichstärken, Neigung und Abstände sind noch uneinheitlich und den Kurven fehlt der richtige Flow. Überkopf und verkleinert wie bei **4** wird sichtbar, wo die Schwächen liegen: Das **y** ist zu dunkel, die Öffnung der Schlaufe am **o** ist zu klein und wird daher in der Verkleinerung zu einem dunklen Fleck, **y** und **u** sind im Verhältnis zu **h** und **n** zu breit, das **k** ist zu groß.

**4.** Kopieren Sie die Ebene und beginnen Sie, die Formen zu verfeinern. Korrigieren Sie die Positionen der Ankerpunkte

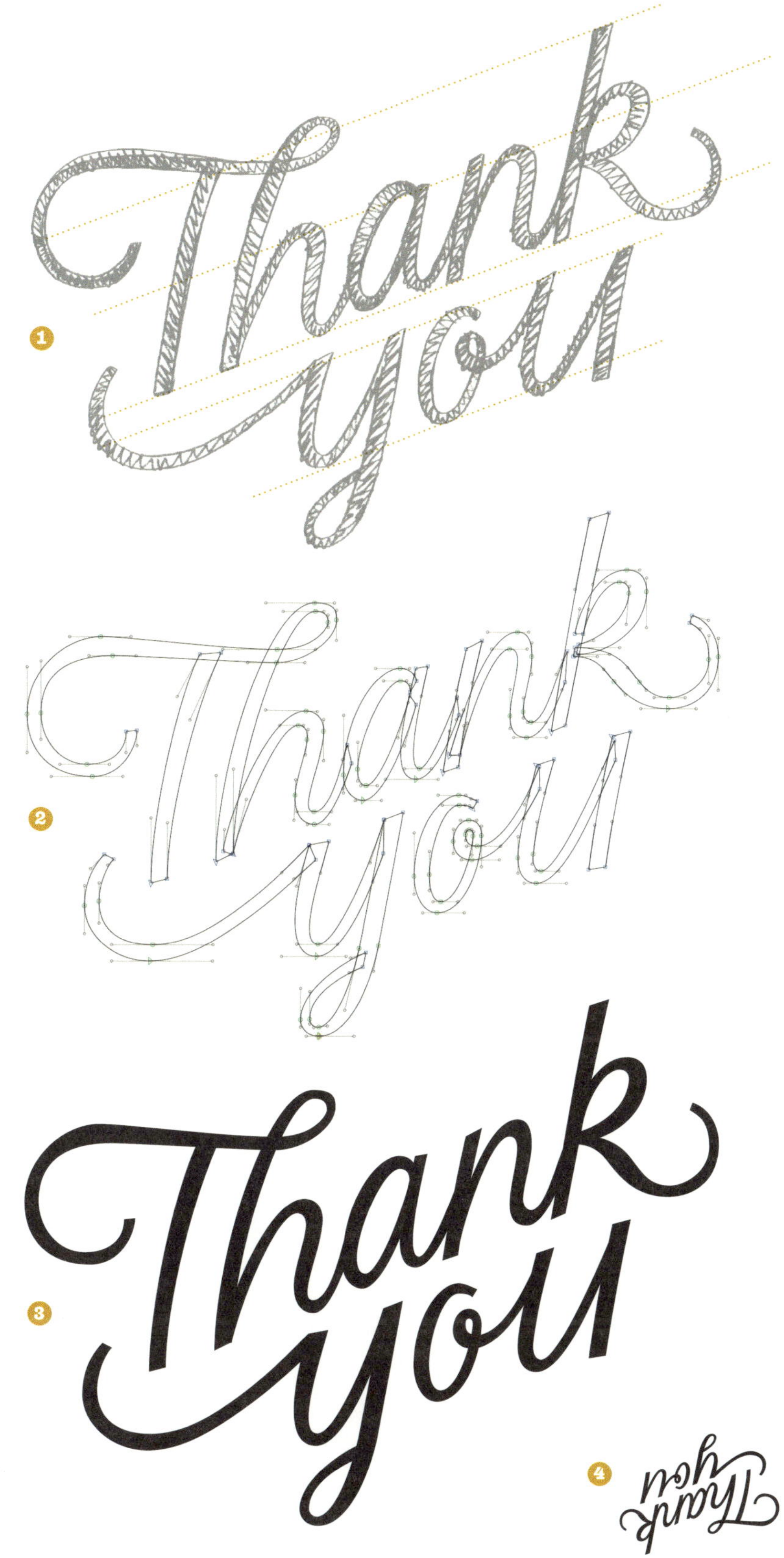

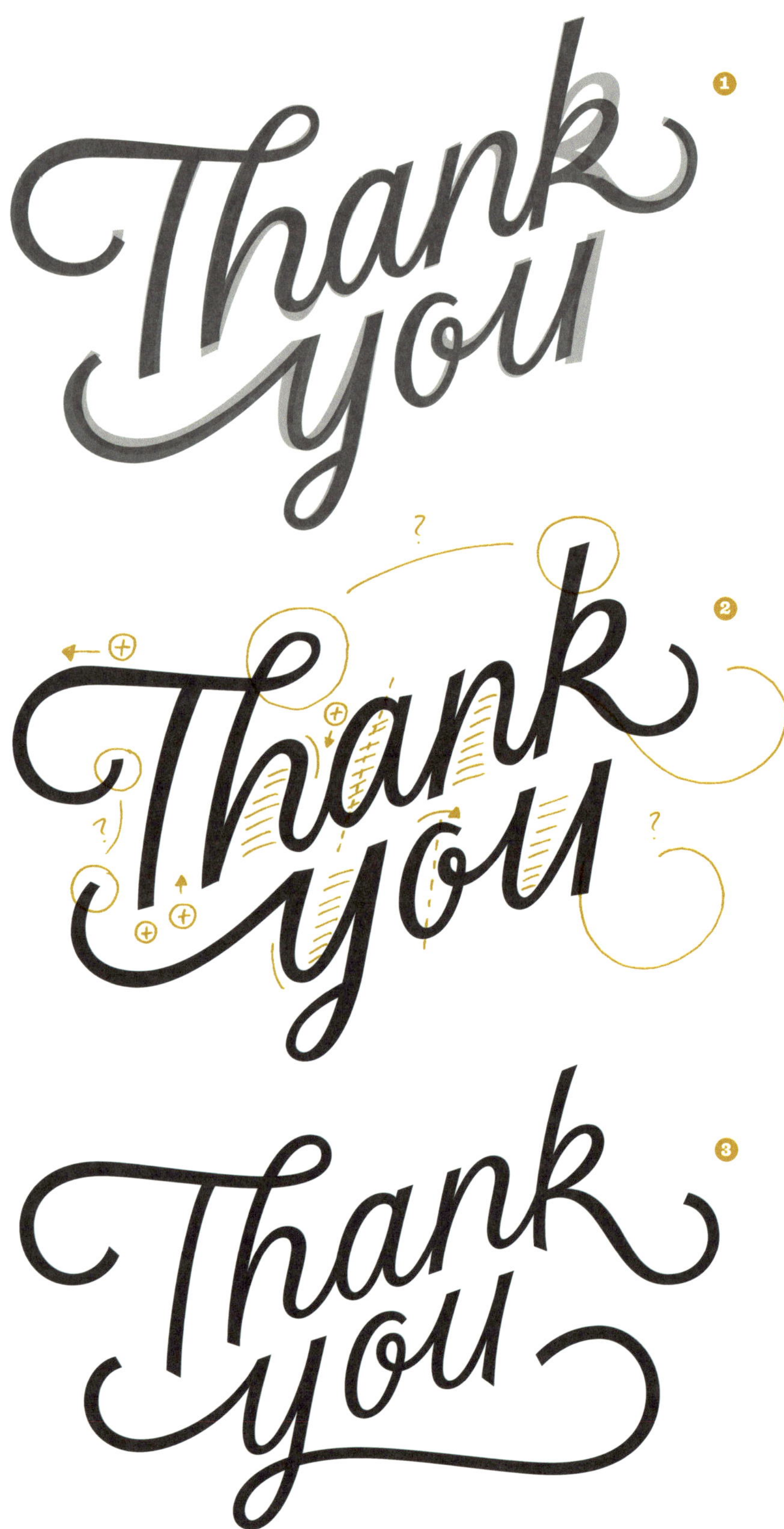


und die Länge der Griffe. Gleichen Sie Kurven, Formen, Neigungswinkel und Abstände an.

Stellen Sie sich dabei die gleichen Fragen wie beim Entwerfen auf Papier: Sind die Strichstärken einheitlich? Entsprechen sich die Formen? Endungen? Rundungen? Neigungen? Wie immer gilt dabei: Hauptsache, es sieht überzeugend aus.

Abbildung **1** zeigt die erste Überarbeitung, zum Vergleich liegt die Rohzeichnung in Hellgrau dahinter.

**5.** Drucken Sie einen Zwischenstand des Entwurfs aus. Betrachten Sie ihn mit analytischem Blick und notieren Sie, welche Korrekturen nötig sind. Eventuell hilft ein zusätzlicher, verkleinerter Ausdruck, da manche Fehler erst in der Verkleinerung deutlich zu sehen sind.

Bei **2** sind die Korrekturen handschriftlich vermerkt.

**6.** Legen Sie erneut eine Kopie der Ebene an und setzen Sie die Änderungen um, die Sie auf dem Ausdruck notiert haben. Gleichen Sie Formen, Winkel, Kontraste weiter an. Eventuell benötigen Sie auch eine Ebene mit angepassten Hilfslinien.

Abbildung **3** ist die Überarbeitung der ausgedruckten Fassung, ein Teil der Änderungen ist darin bereits umgesetzt. Die Buchstabenbreiten und -abstände sind nun einheitlich. Die Strichstärke ist harmonischer und insgesamt geringer, sodass der Entwurf luftiger wirkt. Das **y** steht weiter links und hat nun einen Schnörkel. Das Bein des **k** ist verlängert.

**7.** Drucken Sie erneut einen Zwischenstand aus und korrigieren Sie weiter, bis Sie mit dem Entwurf zufrieden sind.

**Übersicht** Manuelles Vektorisieren in Stichworten:

1. Vorlage im Dokument platzieren
2. Ebene mit Hilfslinien anlegen
3. Entwurf auf neuer Ebene mit dem Zeichenstift-Werkzeug grob nachzeichnen
4. Ebene kopieren, Entwurf verfeinern
5. ausdrucken, korrigieren
6. Ebene kopieren, Entwurf überarbeiten
7. ausdrucken, korrigieren, Entwurf erneut überarbeiten

## Weitere Tipps

**Einzelformen** Arbeiten Sie auch beim digitalen Zeichnen nicht mit Konturen, sondern mit Flächen. Legen Sie die Buchstaben außerdem als einzelne Formen an, Einzelformen lassen sich besser kontrollieren als eine große, verbundene Form.

**Überlappungen** Zeichnen Sie die Buchstaben als durchgehende, sich überlappende Striche, so wie man sie schreiben würde. Zeichnet man Konturen statt Flächen, ist es wesentlich schwieriger, die Striche eines Buchstabens durchgängig und die Anschlüsse richtig aussehen zu lassen. Außerdem birgt eine nachträgliche Anpassung der Strichstärken ein größeres Fehlerpotenzial.

Das linke **o** zeigt, dass Formen mit Überlappungen weniger Ankerpunkte haben, sie lassen sich daher leichter bearbeiten. Um die Strichstärke beim linken **o** zu erhöhen, müsste man nur zwei Punkte manipulieren, beim rechten **o** wären vier Punkte aufeinander abzustimmen.

**Einheitlichkeit** Auch die Formen gleicher oder ähnlicher Buchstaben wie **a** und **o** müssen nicht genau übereinstimmen, denn gerade die kleinen Abweichungen machen beim Lettering die Lebendigkeit aus. Manchmal ist es aber nützlich, die Einheitlichkeit von Formen zu kontrollieren. Dazu kopieren Sie eine Teilform, reduzieren ihre Transparenz und legen sie über den Buchstaben, mit dem Sie sie vergleichen wollen. So erkennen Sie, wie Sie die Kurven anpassen müssen.

**Kontrolle** Nehmen Sie beim Arbeiten immer wieder Abstand, indem Sie die Zeichnung sehr weit auszoomen, sie um 180 Grad drehen oder spiegeln. Das erleichtert es, sich ganz auf die Formen zu konzentrieren, ohne auf die Bedeutung der Buchstaben zu achten.

**Variation** Wollen Sie mit Ihrem Entwurf eine neue Richtung ausprobieren, kopieren Sie zunächst die Ebene, auf der Sie arbeiten. So haben Sie ein Backup und können verschiedene Versionen miteinander vergleichen. Außerdem sparen Sie sich die Mühe, dutzende Arbeitsschritte rückgängig zu machen, falls sich Ihre Idee nicht bewährt.

**Strukturen** Bei der Vektorisierung gehen Oberflächenstrukturen verloren. Sie lassen sich aber nachträglich hinzufügen. Entweder Sie verwenden digitale Strukturierungseffekte wie beim linken **a** oder Sie platzieren gescannte, analoge Strukturen mit Schnittmasken wie beim **a** rechts. Bei manuell nachgezeichneten Entwürfen bilden analog hergestellte, organische Strukturen einen schönen Kontrast zu den glatten Vektorkurven.

**Finalisierung** Ganz zum Schluss können Sie die überlappenden Einzelformen mit Pathfinder-Effekten zu einer Form vereinigen. Behalten Sie aber immer eine Arbeitsdatei mit Einzelformen und Ebenen, für den Fall, dass Sie später noch etwas ändern möchten.

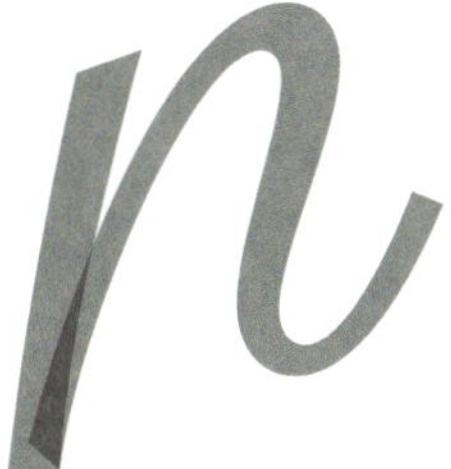

Einzelformen

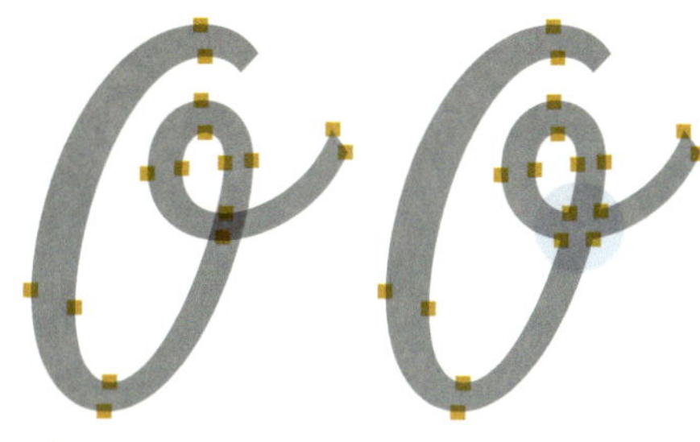

Überlappungen

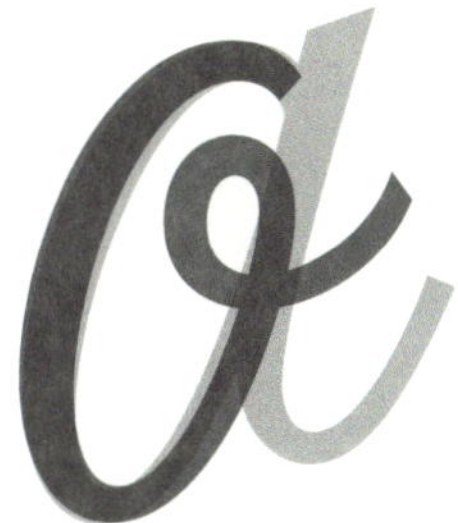

Einheitlichkeit

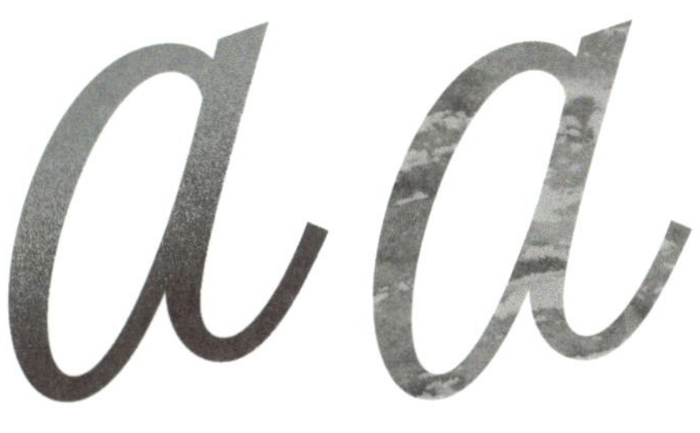

Strukturen

*Übung Logoschriftzug*

# Signature Style

**In einem Logoschriftzug, der auf kalligrafischem Schreiben beruht, wird der Charakter des Geschriebenen verdichtet. Ein Logo zeichnet sich durch seine Prägnanz aus, daher gilt Logodesign als eine der Königsdisziplinen der Gestaltung – aber probieren kann man es ja mal.**

All Things Letters

Vorlage

## Material

- **Papier** und **Transparentpapier**
- **Pinselstift** oder **Marker**
- **Vektorzeichenprogramm**

## Vorgehen

**Vorbereitung** Ein Logoschriftzug kommuniziert gleichzeitig als Bild und als Text und komprimiert die Essenz eines Produkts oder einer Marke in einem einprägsamen, wiedererkennbaren Wortbild. Logoschriftzüge haben außerdem die formale Besonderheit, dass sie oft in sehr unterschiedlichen Größen funktionieren müssen, auf einer Visitenkarte ebenso wie auf einem Poster.

Für dieses Projekt ist es daher besonders wichtig, dass Sie zu Beginn formulieren, was kommuniziert werden soll. Ähnlich wie in der Brush-Lettering-Übung auf Seite 88 drücken Sie die Message dann mit der Form der Schrift aus.

**Vorlage** Untersuchen Sie das Wortbild Ihres Schriftzugs und schreiben Sie es auf unterschiedliche Weisen mit Klein- und Großbuchstaben oder nur mit Großbuchstaben. Probieren Sie verschiedene Werkzeuge aus. Entwickeln Sie beim Schreiben charakteristische Formen für die Buchstaben, die das vermitteln, was Sie in Ihrem Briefing definiert haben.

Sie müssen den Schriftzug nicht so lange schreiben, bis alle Formen perfekt sind und die Abstände hundertprozentig stimmen. Ihre Versuche sollen aber eine klare Vorstellung von einigen formalen Eigenschaften der Schrift vermitteln. Diese bilden Ihren Ausgangspunkt für die digitale Präzisierung.

Der Schriftzug „All Things Letters“ in diesem Beispiel soll streng, kantig und dynamisch wirken. Ein Anfang dafür ist der mit dem Marker geschriebene, kursive, monolineare Schriftstil mit seinen spitzen, engen Formen.

**Scan** Wählen Sie einen Ihrer handgeschriebenen Schriftzüge aus, scannen oder fotografieren Sie ihn und verstärken Sie die Kontraste.

**Vektorzeichnung** Beim Vektorisieren geht es nicht darum, die Formen detailgetreu nachzuzeichnen, sondern ihre Eigenschaften aufzugreifen und weiter zu stilisieren. Sie können auf zwei Arten vorgehen: Entweder Sie zeichnen das Skelett des Schriftzugs nach oder Sie bauen ihn aus Einzelteilen auf.

Verfahren Sie zunächst so, wie im Abschnitt **Manuelles Vektorisieren** auf Seite 144 beschrieben: Öffnen Sie ein neues Dokument, platzieren Sie Ihren Schriftzug auf einer Vorlagenebene und legen Sie eine Ebene mit Hilfslinien an.

**Skelett** Auf einer neuen Ebene beginnen Sie dann mit dem Zeichenstift-Werkzeug zu zeichnen. Zunächst legen Sie den Schriftzug mit feiner Strichstärke als Skelett an und zerteilen die Formen, um sie später leichter bearbeiten zu können. Auf der Skelettebene lassen sich Korrekturen an den Abständen, Größen, Verbindungen und Neigungen der Buchstaben am einfachsten vornehmen, weil Sie dazu weniger Punkte bewegen müssen als bei flächigen Formen.

**Grobe Form** Kopieren Sie die Ebene und erhöhen Sie die Strichstärke. Danach wandeln Sie die Pfade in Konturlinien um, damit Sie die Buchstaben als Formen weiterbearbeiten können.

**Baukastenprinzip** Um das Charakteristische zu betonen, bietet sich bei einem Schriftzug mit vielen ähnlichen Formen auch das Baukastenprinzip an: Isolieren Sie ein Grundelement und bauen Sie daraus so viele Buchstaben auf wie möglich. Aus diesem Basiselement leiten sich auch die übrigen Formen ab.

Im Beispiel unten ist die Grundform eine Art geneigtes **v**. Die gelben Markierungen machen deutlich, dass sich die Form jedoch nicht mechanisch wiederholt, sondern jeweils an ihren Kontext im Wort angepasst ist. Bei **h**, **i** und **n** ist sie so gut wie unverändert, beim **l** und den beiden **e** ist sie weiter geöffnet, beim **r** weniger weit.

Skelett

Grobe Form

Überarbeitungen

Aus der gebogenen Form des **v** und seiner geknickten Rundung ergibt sich, dass auch die übrigen Geraden im Schriftzug gebogen sein könnten und die Rundungen gebrochen.

**Überarbeitungen** Die weiteren Überarbeitungsschritte entsprechen denen der Technik auf den vorigen Seiten. Entfernen Sie sich im Prozess ruhig von Ihrer Vorlage, aber achten Sie darauf, dass der Charakter des handgeschriebenen Schriftzugs erhalten bleibt und Sie die Grundstruktur der Buchstaben nicht überstilisieren und völlig verfremden.

Der Prozess des Verdichtens braucht meist mehrere Ausdrucke und Korrekturrunden. Oft ist es hilfreich, zwischen den Korrekturen etwas Zeit verstreichen zu lassen, um mit frischem Blick auf den Entwurf zu schauen und dann geduldig weiter zu tüfteln, bis die Formen harmonisch sind. Die beiden Beispielschriftzüge auf dieser Seite brauchen jedenfalls noch viel Zeit und Liebe.

Baukastenprinzip

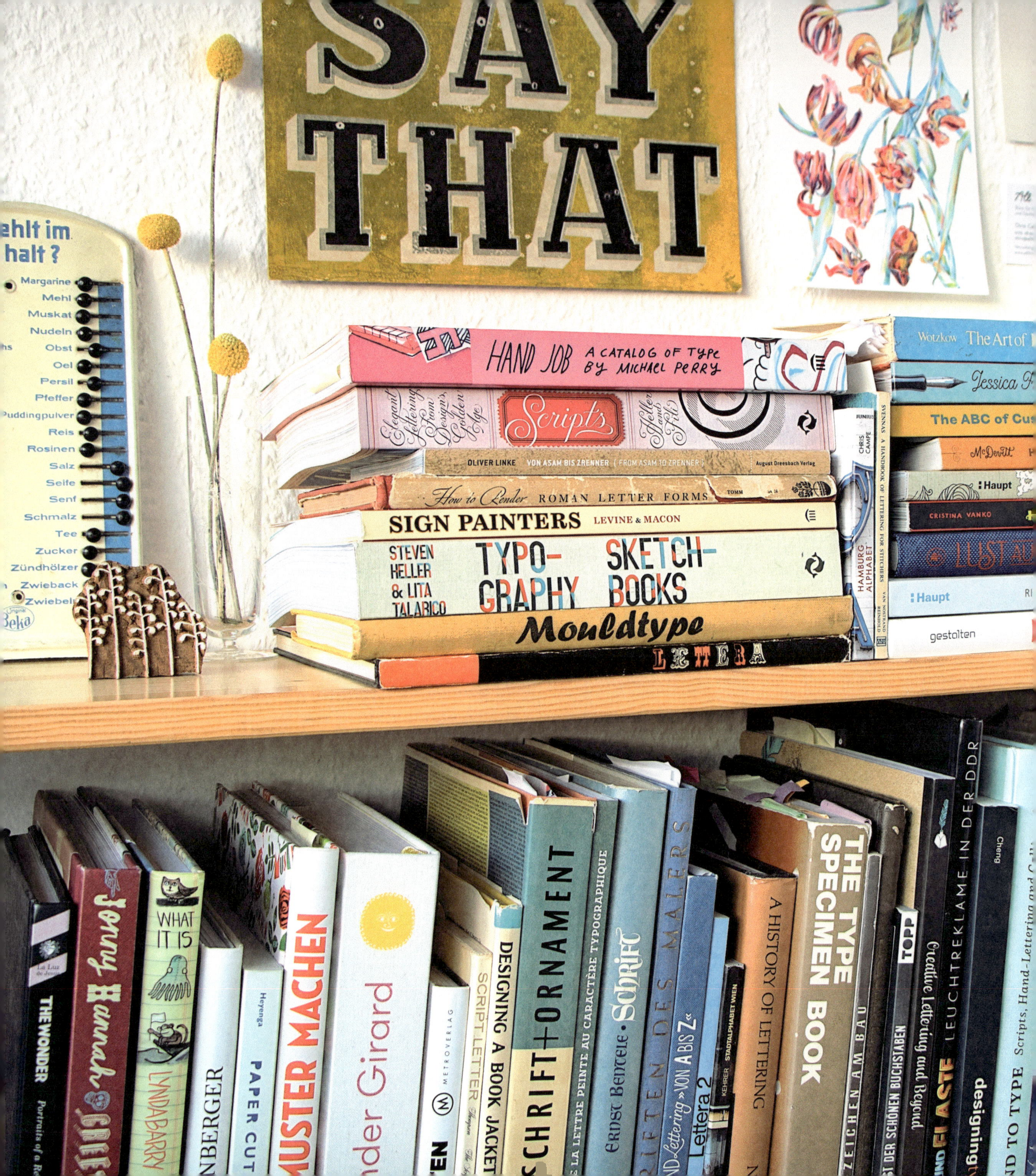

SAY THAT
HAND JOB A CATALOG OF TYPE BY MICHAEL PERRY
Scripts
Elegant Lettering from Design's Golden Age
Heller and Fili
OLIVER LINKE VON ASAM BIS ZRENNER (FROM ASAM TO ZRENNER)
August Dreesbach Verlag
How to Render ROMAN LETTER FORMS
SIGN PAINTERS LEVINE & MACON
STEVEN HELLER & LITA TALARICO TYPOGRAPHY SKETCHBOOKS
Mouldtype
LETTERA
HAMBURG ALPHABET
The ABC of Cus
Haupt
CRISTINA VANKO
gestalten
Margarine
Mehl
Muskat
Nudeln
Obst
Oel
Persil
Pfeffer
Puddingpulver
Reis
Rosinen
Salz
Seife
Senf
Schmalz
Tee
Zucker
Zündhölzer
Zwieback
Zwiebel
WHAT IT IS
LYNDA BARRY
PAPER CUT
MUSTER MACHEN
METROVERLAG
DESIGNING A BOOK JACKET
SCHRIFT+ORNAMENT
LA LETTRE PEINTE AU CARACTÈRE TYPOGRAPHIQUE
Ernst Bentele · Schrift
Lettering »VON A BIS Z«
Lettera 2
STADTALPHABET WIEN
A HISTORY OF LETTERING
THE TYPE SPECIMEN BOOK
ZEICHEN AM BAU
TOPP
DER SCHÖNEN BUCHSTABEN
Creative Lettering and Beyond
LEUCHTREKLAME IN DER DDR
designing
Scripts, Hand-Lettering and Calligraphy

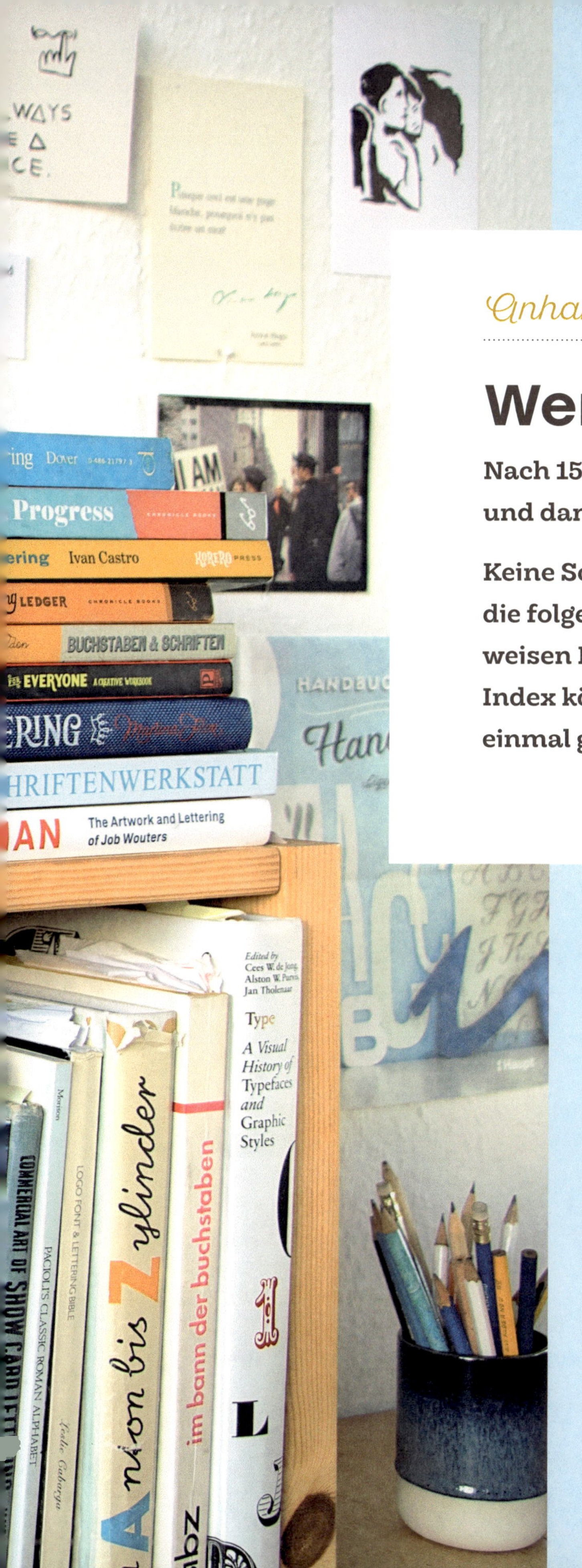


Anhang

# Wer, wie, was?

**Nach 150 Seiten sind Sie ganz und gar im Thema – und dann ist das Buch zu Ende. Was jetzt?**

**Keine Sorge, ein Buch führt zum nächsten und die folgenden Tipps für Bücher und Websites weisen Ihnen den weiteren Weg. Anhand des Index können Sie außerdem alle Inhalte noch einmal ganz gezielt nachschlagen.**

*Quellen*

# Wie weiter?

**Wer sich für Lettering interessiert, ist nicht allein. Man kann seine Neugier nicht nur mittels historischer Bücher stillen, sondern auch mit einer ganzen Reihe jüngerer Veröffentlichungen. Außerdem gibt es *sehr* viele Websites und Blogs zum Thema und durch Workshops und die sozialen Medien findet man leicht Anschluss an die internationale Lettering-Community.**

## Bücher

Das Internet ist gut und schön, aber es geht doch nichts über Bücher! Diese hier gehören in den Handapparat aller Lettering-Artists und sollten griffbereit neben dem Zeichentisch stehen.

### Lettering heute

Die beiden bisher besten Bücher über Lettering sind die von Martina Flor und Ivan Castro. Martina Flor hat Type Design studiert und erklärt Lettering vor dem Hintergrund ihres Spezialwissens. Ivan Castro gibt eine fundierte Einführung in mehrere kalligrafische Schreibstile als Grundlage für gezeichnete Schrift. Mit vielen Beispielen und ausführlichen Begleittexten veranschaulicht er das Wesentliche. Die andere Queen of Handlettering, Jessica Hische, erklärt im ersten Drittel ihres Buchs Schritt für Schritt ihren Workflow, die übrigen zwei Drittel sind eine Portfolio-Show. Beides ist aufschlussreich und unterhaltsam.

Ivan Castro, **The ABC of Custom Lettering**, A guide to drawing letters, Korero Press, London, 2016

Martina Flor, **Lust auf Lettering**, Ein praxiserprobter Workshop in zehn Schritten, Verlag Hermann Schmidt, Mainz, 2016

Jessica Hische, **In Progress**, See Inside a Lettering Artist's Sketchbook and Process, from Pencil to Vector, Chronicle Books, San Francisco, 2015

Mary Kate McDevitts und Christina Vankos Handlettering-Mitmachbücher sind charmante Anregungen zum Üben und Experimentieren. Frau Annika, Autorin des ersten deutschsprachigen Buchs über Handlettering, gibt Tipps und Tricks für Lettering-Projekte von der Glückwunschkarte bis zur Kreidetafel. Charlotte Rivers zeigt eine große Vielfalt an Arbeitsweisen.

Frau Annika, **Handlettering**, Die Kunst der schönen Buchstaben, Frech Verlag, Stuttgart, 2015

Mary Kate McDevitt, **Handlettering Ledger**, A Practical Guide to Creating, Serif, Script, Illustrated, Ornate and Totally Original Hand-drawn Styles, Chronicle Books, San Francisco, 2014

Charlotte Rivers, **Schriftenwerkstatt**, Fonts und Schriften von Hand entwerfen, Haupt Verlag, Bern, 2014

Cristina Vanko, **Handlettering for Everyone**, A Creative Workbook, Penguin Random House, New York, 2015

In Jan Middendorps großformatigem Band rahmt eine Reihe von Aufsätzen den Überblick über zeitgenössisches Handlettering. Michael Perry dagegen katalogisiert sehr vielfältige Lettering-Beispiele weitgehend unkommentiert. Steven Heller und Lita Talarico geben Einblicke in die Denkweisen von Type- und Lettering-Designern. Und die Vielfalt der Arbeit von Job Wouters ist schlicht atemberaubend.

Steven Heller, Lita Talarico, **Typography Sketchbooks**, Thames & Hudson, London, 2012

Robert Klanten (Hg.), **Letman**, The Artwork and Lettering of Job Wouters, Gestalten, Berlin, 2012

Jan Middendorp (Hg.), **Hand To Type**, Scripts, Hand-Lettering and Calligraphy, Gestalten Verlag, Berlin, 2012

Michael Perry (Hg.), **Hand Job**, A Catalog of Type, Princeton Architectural Press, New York, 2007

## Lettering früher

Anleitungsbücher aus den USA basieren auf dem uramerikanischen Gedanken, jeder könne alles lernen. Sie brechen ihre Inhalte in nachvollziehbare Schritte herunter und liefern verbindliche Erklärungen und klare Vorgaben à la „So wird es gemacht".


Ernst Bentele, **Schrift geschrieben, gezeichnet, angewandt**, Karl Gröner Verlag, Ulm-Söflingen, 1952

James Eisenberg, **Commercial Art of Show Card Lettering**, D. Van Nostrand Company, New York, 1945

Mortimer Leach, **Lettering for Advertising**, Reinhold Publishing Corporation, New York, 1956

Walter Schenk, **Die Schriften des Malers**, Fachbuchverlag Dr. Pfannenberg & Co., Gießen, 1950

Helm Wotzkow, **The Art of Hand Lettering**, Dover Publications, New York, 1967


## Type Design und Typografie

Wer wirklich in die Schriftgestaltung einsteigen will, braucht das Buch von Karen Cheng. Was die korrekte Verwendung von Satzschriften angeht, lässt Friedrich Forssmans Duden der Detailtypografie keine Frage offen. Hans Peter Willberg macht die Klassifikation von Schriften zugänglich.


Karen Cheng, **Anatomie der Buchstaben**, Verlag Hermann Schmidt, Mainz, 2005

Friedrich Forssman, Ralf de Jong, **Detailtypografie**, Verlag Hermann Schmidt, Mainz, 5. Auflage 2014

Hans Peter Willberg, **Wegweiser Schrift**, Erste Hilfe für den Umgang mit Schriften, Verlag Hermann Schmidt, Mainz, 2003


## Inspiration

Alte Schriftmusterbücher geben Anregungen im Originalkontext, die antiquarische Suche nach diesen vergriffenen Werken lohnt sich unbedingt. Ein besonderer Schatz sind Elsie Svennas Vorlagen für Stickbuchstaben, das Buch ist online als PDF zu finden, aber das gedruckte Original ist natürlich viel, viel schöner.


Armin Haab, Alex Stocker, **Lettera**, Standardbuch guter Gebrauchsschriften, Niggli, Teufen, 5. Aufl. 1963

Werner Pincus Jaspert, W. Turner Berry, A.F. Johnson, **Encyclopedia of Type Faces**, Blandford Press, London, 1970

Julius Markschiess-van Trix, Bernd Nowak, **Artisten- und Zirkusplakate**, Edition Leipzig, Leipzig, 1976

Robert Massin, **Buchstabenbilder und Bildalphabete**, Otto Maier Verlag, Ravensburg, 1970

Elsie Svennas, **A Handbook of Lettering for Stitchers**, Van Nostrand Reinold Company, New York, 1973

**The Book of American Types**, American Type Founders, Elizabeth, 1941

V & M Typographical Inc, **The Type Specimen Book**, Van Nostrand Reinold Company, New York, 1974


Eine Alternative zu den alten Titeln sind zeitgenössische Bücher, die historische Beispiele im Überblick darstellen. Gregor Strawinski unterteilt Schriften in seiner „typografischen Zeitreise" von 1830 bis 1990 zum Beispiel danach, wie sie im kulturellen Gedächtnis verankert sind und heute wahrgenommen werden.


Cees W. de Jong, Alston W. Purvis, Jan Tholenaar, **Type. A Visual History of Typefaces and Graphic Styles**, Taschen Verlag, Köln, 2009

Julian Rothenstein (Hg.), **Abz – Im Bann der Buchstaben**, Typografische Fundstücke aus der Zeit der elementaren Typographie, Verlag Hermann Schmidt, Mainz, 2003

Gregor Strawinski, **Retrofonts**, Über 400 der beliebtesten Retrofonts aus zwei Jahrhunderten Typedesign, Verlag Hermann Schmidt, Mainz, 2009


Das Interesse an historischen Schildern und Fassadenbeschriftungen scheint in dem Maße zuzunehmen, wie die alten Schriftzüge seltener werden. Es gibt inzwischen fotografisch-typografische Porträts vieler Städte und auch das Schwinden und Wiederaufleben der Schildermalerei ist gut dokumentiert.


Chris Campe, **Hamburg Alphabet**, Junius Verlag, Hamburg, 2010

Verena Gerlach, Fritz Grögel, Sébastien Morlighem, Fred Smeijers, **Karbid**, Von Schriftmalerei zu Schriftgestaltung, Ypsilon Éditeur, Paris, 2013

Nicolette Gray, **A History of Lettering**, Creative Experiment and Letter Identity, David R. Godine, Boston, 1986

Martin Ulrich Kehrer, **Stadtalphabet Wien**, Sonderzahl Verlag, Wien, 2009

Faythe Levine, Sam Macon, **Sign Painters**, Princeton Architectural Press, New York, 2013

Oliver Linke, **Von Asam bis Zrenner**, Auf den Spuren des Münchner Schriftenmalers Karl Blaschke, August Dreesbach Verlag, München, 2013

James und Karla Murray, **Storefront New York**, The Disappearing Face of New York, Gingko Press, Berkeley, 2008

Volker Plass, **Stadtschriften**, Was über Geschäften einst geschrieben stand, Metro Verlag, Wien, 2014

## Online-Ressourcen

Das Internet besteht in Wahrheit nicht aus *cat content*, sondern aus Seiten über Handlettering, Schrift und Typografie. Schauen Sie sich die Folgenden doch einmal an.

### Blogs & Websites

**alphabettes.org** Ein vielstimmiger, lebendiger und internationaler Blog über Schriftgestaltung, Typografie und Lettering von Frauen.

**chromeography.com** Chromeography ist nur ein Beispiel für die zahllosen Blogs mit inspirierenden Schriftbeispielen, in diesem Fall Schriftzüge auf Autos und anderen Geräten. Die Seite ist eines der Projekte von Stephen Coles, der auch Fonts in Use mitbegründet hat.

**fontsinuse.com** Diese riesige Sammlung von Schriften in Anwendung lässt sich nach Schriftart, Art der Veröffentlichung und Branche durchsuchen.

**kupferschrift.de** Die Typografin und Professorin Indra Kupferschmid schreibt verständliche Erklärungen zur Klassifikation von Schriften in ihrem interessanten und unterhaltsamen Blog.

**typecooker.com** Fehlt es an Ideen für neue Buchstabenformen, kann man mit dem TypeCooker nach Rezept zeichnen. Kontrast, Buchstabenbreite, Gewicht etc. – das kleine Online Tool von Erik van Blokland gibt Parameter vor, die es umzusetzen gilt.

**typografie.info** Seit 15 Jahren betreibt Ralf Herrmann ein sehr, sehr umfangreiches Typografie-Portal mit regem Forum. Unter anderem findet man dort Schriften nach ihrer Entstehungszeit gruppiert.

### Suchwörter

Neben dieser kleinen Auswahl von Websites dienen die Namen der Autorinnen und Autoren auf den vorigen Seiten als Einstieg für die Recherche im Internet. Damit kommt man schnell vom Hölzchen aufs Stöckchen. Ihre Suche können Sie außerdem vertiefen, indem Sie die englischen Ausdrücke googeln, die im Index für einige Begriffe aus dem Bereich Lettering und Typografie in Grau aufgeführt sind.

### Tutorials

Im Internet gibt es viele Lettering-Tutorials, sowohl als Text mit Screenshot-Bebilderung als auch in Form von Videos. Besonders der Umgang mit Software lässt sich online leichter erklären und nachvollziehen als anhand von Büchern. Die meisten dieser Tutorials sind allerdings auf Englisch verfasst und um sie zu finden, muss man wissen, wonach man sucht. Geben Sie zum Beispiel die Begriffe „Brushpen Calligraphy" für die Handhabung von Pinselstiften ein oder „Digitizing Handlettering" für Anleitungen zur digitalen Bearbeitung von Zeichnungen.

Auf **skillshare.com** bieten Mary Kate McDevitt, Martina Flor und viele andere bekannte Designer Video-Tutorials an. Die Plattform lohnt sich, schon um so manchem Lettering-Idol mal bei der Arbeit zuzuschauen.

## Workshops

Anbieter von Handlettering-Workshops kommen und gehen, diese Liste von Kriterien für die Auswahl von Workshops hat jedoch Bestand.

- Wer unterrichtet den Workshop?
- An wen richtet er sich? Laien? Anfänger? Profis?
- Welche Inhalte werden vermittelt? Auf welche Art?
- Wie lange dauert der Workshop?
- Wo findet er statt?
- Wie viele Teilnehmerinnen und Teilnehmer sind geplant?
- Werden die Materialien zur Verfügung gestellt oder muss man sie mitbringen?

## Materialquellen

Die meisten Materialien und Werkzeuge gibt es in Schreibwaren- und Künstlerbedarfsläden. Wenn Sie keine Möglichkeit haben, Ihren *local dealer* zu unterstützen, können Sie die Materialien bei Künstlerbedarfshändlern wie Boesner oder Gerstäcker problemlos online bestellen. In Berlin ist ein Besuch bei Modulor Pflicht.

*Index*

# Wo steht das geschrieben?

**Auf 160 Seiten kann man schon mal den Überblick verlieren. Hier im Index finden Sie ihn wieder, außerdem können Sie nachsehen, ob ein Thema, das Sie interessiert, an mehreren Stellen im Buch erwähnt wird. Und wenn Sie schließlich alle Seiten erschöpfend durchgearbeitet haben, erleichtern Ihnen die grau aufgeführten englischen Begriffe die weiterführende Suche im Internet.**

## B



## C



## D



## E

## G

## L



## M



## N



## O



## P



## R



## S



## T

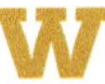

## About

**Chris Campe** ist ausgebildete Buchhändlerin und hat als Lokalreporterin bei der Walsroder Zeitung schreiben und fotografieren gelernt. Anschließend studierte sie Kommunikationsdesign in Hamburg und Paris und Kulturwissenschaften in Chicago.

Seit Sommer 2014 ist Chris Campe mit ihrem Designbüro **All Things Letters** auf Schrift spezialisiert und gestaltet *alles* mit Buchstaben: Bücher, Cover, Logos, Illustrationen, Räume und Schaufenster. Sie arbeitet für Verlage, Agenturen und Unternehmen, hat zwei Bücher über Hamburg veröffentlicht und gibt regelmäßig Lettering-Workshops. **allthingsletters.com**

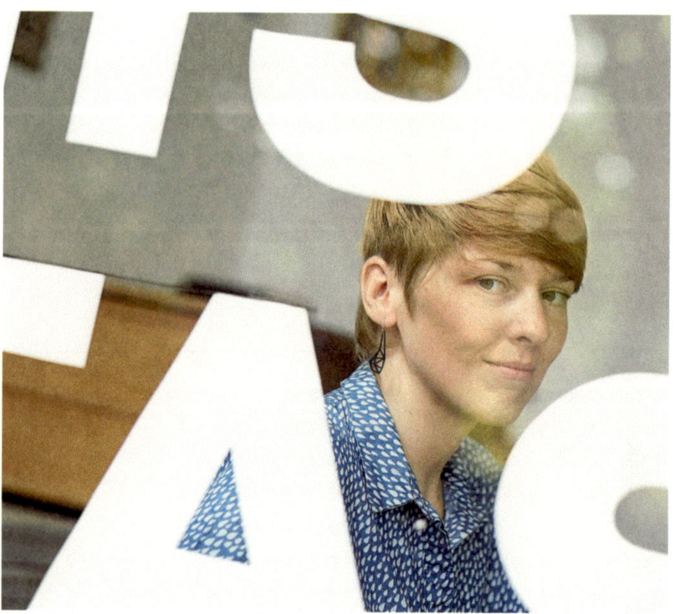

Foto: Verena Brüning, Berlin

DANKE! Elke Hanisch BERIT
DORO OTTERMANN HÖCK
Friederike Moldenhauer
HEIDI MÜLLER TOM CATMAN
Petra Rüth Jenna Gesse
JANINE BLECHSCHMIDT
ALBERT-JAN POOL Steffen Granz
Stefanie Weigele Hubert
Ulrike Rausch Jocham
DR KLAUS SCHADE CARL KAREN
RURY BRENNAN HANSER KÖHLER
VERLAG
Elena Albertoni Barbara
LUJÁN MARTELLI Calzolari
Konstanze Berner
Barbara MARTINA Sonja
Dechant FLOR & Knecht
ANJA SCHULZE Antke Engel JANNI
Elfriede Garbade-Campe FRØSE
Natali Abhyankar CARMEN Andrea
HEIKE BOGENBERGER MESSMER Wolf

# Impressum

**Konzept, Text, Bild und Gestaltung**
All Things Letters
Chris Campe, Hamburg

**Lektorat** Friederike Moldenhauer, Hamburg

**Typografische Beratung**
Albert-Jan Pool, Hamburg
Petra Rüth, Leipzig
Ulrike Rausch, Berlin

**Gestalterische Beratung** Jenna Gesse, Berlin

**Satzschriften**
**Adagio Serif** von Borutta
**Hernandez Niu** von Latinotype
*Sant'Elia Script* von Yellow Design Studio
**Stolzl** von The Northern Block

**1. Auflage 2017**

Bibliografische Information der Deutschen Nationalbibliothek: Die Deutsche Nationalbibliothek verzeichnet diese Publikation in der Deutschen Nationalbibliografie; detaillierte bibliografische Daten sind im Internet über http://dnb.dnb.de abrufbar.

**ISBN 978-3-258-60165-6**


**www.haupt.ch**

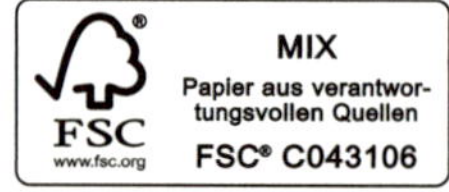


Gedruckt in Deutschland

Wünschen Sie regelmäßig Informationen über unsere neuen Titel zum Gestalten? Möchten Sie uns zu einem Buch ein Feedback geben? Haben Sie Anregungen für unser Programm? Dann besuchen Sie uns im Internet auf **haupt.ch**.

Dort finden Sie aktuelle Informationen zu unseren Neuerscheinungen und können unseren Newsletter abonnieren.

Der Haupt Verlag wird vom Bundesamt für Kultur mit einem Strukturbeitrag für die Jahre 2016-2020 unterstützt.